世界公民叢書

未來的・全人類觀點

譯序

陳蒼多

二〇一八年是海倫凱勒去世五十週年紀念。我忽然覺得可以用「不世出的奇才」來形容這位集盲、聾、啞於一身的偉大女性，因為她打敗了三種障礙，創造出比看得見、聽得見的人更偉大的成就。

那麼，這本日記的可貴之處何在呢？海倫凱勒曾說，如果老師安妮·蘇利文·梅西離世的話，她就會成為「真正」的聾盲人。蘇利文在教導了海倫凱勒五十年之後，於這本日記開始之前的兩個月去世了，海倫凱勒在成為「真正」的聾盲人後，如何去面對三重的打擊——失去了「老師」蘇利文，她等於失去了眼睛、耳朵和終生伴侶？答案就在這本日記之中。

日記起始於坐船前往英國、再轉往蘇格蘭，終結於前往日本訪問的途中，歷時約六個半月，但在這樣一部不算長的日記中，我們看到了一盞美妙的心燈照遍了她內心的各個角落，也照亮她所看不到的世界的各個層面。

首先在政治方面，她不諱言同情沙皇俄國（包括列寧）；憎惡德國希特勒的專權，並對英國的兩位首相格拉斯頓和狄斯累利提出深刻的評騭，筆鋒犀利，令政治家望塵莫及。此外他對猶太人與巴勒斯坦人的評論也一針見血：「我長久以來都覺得，解決猶太人問題的唯一方法是：讓他們有一個故鄉，可以在那兒平安無事地發揮他們在宗教、藝術和社會正義方面的天分。」就某個意義而言，這部日記也是世界歷史的重要文件。

除了世界大事之外，海倫凱勒對文學的造詣也可以從這部日記看出一二。她提到T・S・艾略特（T. S. Eliot）的名詩〈空洞人〉（The Hollow Men），並試圖去了解其含意；她顯然閱讀佩皮斯（Pepys）的大部著作《日記》；她閱讀雨果（Hugo）的《海上勞工》（*The Toilers of the Sea*）和《悲慘世界》。在莎士比亞方面，她引用史奎爾爵士的評論：「我們的時代不喜歡莎士比亞，因為他的藝術大部分訴諸我們的想像力，機械似乎抑制了想像力。」最難得的是，她在前往日本的船上閱讀了大部頭的點字版名著《飄》（*Gone With the Wind*）。海倫凱勒對詩的喜愛在日記中多處可見。除了艾略特的〈空洞人〉之外，她也提到了華滋華斯的〈勞妲蜜亞〉（Laodamia），並在日記中不時穿插富有哲理及美感的詩。她引用濟慈「美就是真，真就是美」的名言。在一月二十九日的日記中，他寫道，「在很有家的氣氛的高雅起居室中安靜地坐幾分鐘，花園中滿是丁香花，那種感覺很好。」她對植物和花頗多著墨。失去視覺、聽覺後觸覺特別靈敏的她，喜歡觸碰雕刻（如羅丹的《沉思者》），這也是她欣賞藝術之美的最直接途徑。

海倫凱勒見到的名人何其多，包括馬克吐溫、卡內基、卓別林、泰戈爾、愛因斯坦、蕭伯納等（還不包括外國君王）。關於愛因斯坦，她在日記中說，「我只能說，當我站在愛因斯坦身邊時，突然感覺好像地球的喧囂聲在他的個性所散發的大量友愛靈氣中變得靜寂……」關於蕭伯納，亞斯都夫人把海倫凱勒介紹給蕭伯納，海倫凱勒說，她多麼高興遇見他，但蕭伯納似乎對她沒有表現足夠的興趣，於是亞斯都夫人說道，「蕭先生，你知道，海倫小姐又聾又盲。」誰知蕭伯納的回答竟然是：「嗯，當然了，所有美國人都又聾又盲！」但海倫凱勒卻說，她一點也不惱怒，「我已很習慣他的奇怪、尖刻、投機性的言語。」

海倫凱勒對中國很感興趣，除了在日記開始不久的地方引用中國詩人張志和的軼事之外，也對當時的蔣介石、張學良等有所評論，尤其日記以有關中國的一則故事做為寓言性的結束，令人佩服她的博學。

她對財團的看法很契合時代的開明觀念：「商業的關聯已經從家庭事業擴展到財團……開明的政治家和經濟學家現今都很恐懼財團，視之為目前為止最有權威的寡頭政治。」

此外，海倫凱勒雖篤信基督，卻認同無神論的湯瑪斯．潘恩對民主、自由的追求；信仰基督的她也在最後一則日記中「強烈地認同佛家對於『不朽』的態度。」

最後，但並非最不重要的是，整部日記無時無刻穿插著對「老師」安妮．蘇利文．梅西的真誠懷念、孺慕之情，如果我再引用，就會洩露全書的「天機」了。

我想引用海倫凱勒最醍醐灌頂、振聾啟聵的一句話做為結論：「我利用我的受限之處做為工具，不是做為我的真正自我。」這樣一位海倫凱勒不成為「不世出奇才」也難。

思想的運作是很奇異的。
置身在群眾中時，思想會閃避我，就像心是一樣，
你必須在孤獨的狀態中跟思想對話，才會解釋得很清楚。

——海倫·凱勒

一九三六年十一月四日
於「德意志號」輪船上，前往英國途中

最深的悲愁是無止境的——它似乎是一個永恆的夜。愛默森（Emerson）說得很對：我們在旅行時，並不會逃離自己，會帶著憂傷走動，使得我們所在的所有地方和度過的所有日子都是朦朦朧朧的。

這是波麗和我在沒有「老師」同行的情況下的第一次航程。「老師」是我們陸地和海上旅行的生命與中心。我到現在才體認到，我在這個世界上將看不到她。我們的朋友們來送行，帶著只給波麗和我的花。我們有一個兩張床的房間，每天早晨提供只給兩個人喝的咖啡。以前都為「老師」朗讀的可愛又勇敢的波麗，現在在我能夠專心的時候，都經常用指頭為我進行閱讀的工作。那種讓我感覺被切成兩半的痛苦感覺，使得我無法再寫出一個字，來描述有關這些摧毀生命的改變。

大部分的時間我都自覺是一個夢遊症患者，只被一種強烈的信念所驅使著。這是很美妙的，因為這樣會有助於我在半途中跟「老師」切入她的新鮮又豐富無數倍的生活中。這也是很可怕的，因為這樣會無情地迫使我在還沒有想到自己的悲愁之前先想到別人的悲愁，迫使我在眼淚遮蔽所有星星時，為盲者舉起希望火炬，迫使我在工作的快樂消失時去完成一件又一件的事情。

十一月五日

這是一個可怕得無法言喻的日子。我正要開始脫離悲傷所導致的麻木狀態，每根神經都在顫抖。湧進我心中的痛苦似乎永遠無法加以遏止，但我知道這是心靈的健康回歸的徵象。

當波麗和我在甲板上漫步時，她有時會對我描述海鷗點水以及繞著輪船飛行的情況，還有小小的白色海燕飛越令人難以置信的距離——從三百哩到四百哩。

這些海燕飛到海那麼遠的地方，並沒有防禦力量，顯得很渺小，無法獲得任何救援，這樣是明智還是愚蠢呢？最初，我傾向於認為，牠們冒險飛得這麼遠，是違反自然律的，尤其牠們之中有很多都被凍斃，或者當牠們在水上睡眠時成為大魚獵食的對象。

但另一方面而言，牠們之中有很多飛到了「有陽光的陸地」，在春天來臨時得意地回歸到北方！

十一月六日

比大自然的奇妙更令人驚奇的是：心靈的力量。為何我們要拘泥於以無聲的思想或傳統的語詞去處理另一個世界？為何不自己乘著想像的翅膀，無懼地穿越「未知世界」的浩瀚無邊，進入所謂「天堂」的愉悅、有人情味卻又很神聖的溫暖中？

十一月七日

讓我很驚奇的是，我發現海燕在我心中喚起了清新的「勇氣—思想」。我仍然很疲累，每一次的身體使力都覺得很費勁，但我逐漸重獲我的「環顧四周」的習慣。我很激動地感覺到所有的德國人為了我們的舒適而表現的善意和殷勤，以及以令人愉快的談話為我們解悶所做的努力。「德意志號」的氣氛很像家，我並不感覺像陌生人。在每個地方，德國人對美的喜愛，我的手指都感覺到——菊花有大有小，質地細密，花瓣捲曲，呈圓形，很纖細，像雛菊，當我們在階梯爬上爬下時，它們出現在每個角落和樓梯平台，而舒服的房間則在最極限的空間中盡量安排各種現代的便利設施。

十一月八日

對於像我這樣命運不賞賜一位丈夫和為人母之樂的人而言，是有什麼世俗的安慰在等著我嗎？此刻，我的孤獨似乎是一種將總是很巨大的空虛。幸運的是，我有很多的工作可以做——事實上比以前更多——並且在做的時候，我將經常會很有信心，相信我未完成的願望會在一個視力從不會變弱、聽力從不會變鈍的世界中獲得極大的滿足。

經過一個燦爛的日子之後，波麗這個晚上一直在告訴我日落是多麼美妙。她說，天空與海充滿畫筆和墨水筆的力量所無法把捉的玫瑰色色調。我時常感覺到吹過的微風把大量的花瓣撒落在我身上；所以我可以想像日落是一座巨大的玫瑰園，花瓣顫動著，在空中飄浮，然後落進夜色的十一月夜晚。

十一月九日

今天我午餐吃法蘭克福香腸和德國泡菜——很多星期以來，這是我吃得津津有味的第一餐。（這些菜剛好是午餐菜單上的德國特別菜餚，也是我最喜歡的。）

我對於哲學、詩與旅行的喜愛正逐漸恢復。今天早晨，我很想永遠浪跡在海面上。E．

V・路卡斯（E. V. Luces）從《中國的傳記》一書中引用了一則很符合我的心情的軼事。八世紀的一位中國哲學家張志和把時間都花在釣魚上，但卻不用魚餌。他的目的不在釣魚。有一個朋友問他如何這樣茫無目的地遊蕩？他很快回答：「以天空為家，以明亮的海洋為經常的伴侶，以四海為不可分的朋友——你所謂的遊蕩是什麼意思？」

十一月十日

我第一次意識到時間。

佛雷德爾船長中餐時邀請我到他的船艙吃開胃菜，喝一杯雪莉酒。他說了一些有關漢堡地方「哈根貝克動物園」的軼事給我聽，讓我感到很愉快。他也告訴我說，有一個晚上在紐倫堡的另一個動物園，猴屋的門沒有鎖——忘記了——有一百隻猴子到處亂竄，在街道上造成人們的恐慌。第二天早晨，一個家庭主婦從火爐處轉身時，看到一隻猴子立在門口，拿起了一個鍋子緊蓋在頭上，必須叫一位鐵匠來為牠移除掉。

他說他航海已有四十二年之久，船長也當了三十二年，很懷念大帆船那已逝去的榮光。我很高興遇到這樣一位能幹的海員，這樣一個和氣的人，以及這樣一位全體船員都很喜愛以致稱他為「佛雷德爾爸爸」的船長。

今夜，我參加「德意志號」的惜別餐會。餐室轉換成像海底的模樣。我觸碰那些很像真的游來游去的魚。魚子醬放在形狀像魚的一塊冰上，端了過來。甜點之前，「尼斯湖水怪」——大約三十呎長的巨大怪物——先進來，笨拙又喧囂地走動，一隻眼睛是紅的，另一隻是白的，最後牠被一個穿著像水手的侍者殺死。所提供的蛋糕之一就是這隻怪物的模型蛋糕，我用手指觸碰，腦中出現一幅生動的「圖畫」。

十一月十一日

「一戰停戰紀念日」。「悲愁」把我帶到離這塵世很遠的地方。至今為止，我只以心的表面去感覺世界中的快樂，但我還是微微體認到今天是「一戰停戰紀念日」。當我們把十一月十一日稱為「世界和平日」時，我們將對大戰的死者表示多麼光榮的敬意啊。今夜波麗看到「利扎德燈塔」，我們很想念家，因為我們記起了一件事：當「老師」第一次看到康沃爾這地方時，她很為它的美及傳說與民謠的豐富著迷。

當我們接近多岩石又危險的康沃爾郡海岸時，年老的「海神」還是很忠於原形般呈現。

船正傾向一側；我們的皮箱掉落在整個房間。我躺在床上時，桌子幾乎是在我頂端，我的手在按滑動的打字機的鍵時，幾乎無法保持平衡。

十一月十二日
於倫敦柏寧飯店

暴風雨在黑夜中肆虐，我們睡得很不好。然而，我們卻一點也不暈船。我們在船上踉蹌走著時，船上的服務員非常仁慈地伸手穩定我的身體。

當我們走上舢板時，海水已平靜下來；坐在外面溫暖的陽光中令人愉快。我很強烈地感覺到「老師」在近處，可真令人難熬到無法忍受的程度。幾個夜晚之前，「老師」在夢中吻我，她那靠在我臉上的臉幾乎散發出青春、陽光和花香的氣息。從那個時候起，我就感覺到跟隨著、跟隨著、跟隨著她；我一直期望在什麼地方發現她——在倫敦或在她的塞爾特人的靈魂所喜愛的「蘇格蘭高地」。

每當我來到南安普敦，巨大的船塢和來自世界各地的輪船在裝貨和卸貨，都讓我感到很興奮。（我可以感覺到強有力的起重機發出如雷般的聲音伸入貨艙，裝上船貨後升高。）這一次我特別注意到船塢是多麼井然有序——作業不急促，不混亂。所有照顧我們行李的人都對我們很有禮貌，我們很容易就通過了海關。只稍微走點路後，我們就發現一列很小、很快速、很舒適的火車等著載我們到倫敦。

秋天的風吹來，我們身體打哆嗦。但在離開南安普敦車站後，有茶供應，不久就感覺到一種美妙溫暖穿過身體。我們急切地喝了四杯英國茶——是兩年來第一次品嚐到——並吃了四片很棒的英國麵包加牛油，然後安頓下來讀最近的報紙，以及倫敦《泰晤士報》一篇用詞審慎的社論，是關於很多德國人在蘇俄遭逮捕的消息。這件事顯示出，當像希特勒主義這種邪惡的力量散佈到國外時，無論有罪或無辜的人都會感到恐懼和受到懷疑。

我們在滑鐵盧車站搭計程車。讓我很驚奇的是，這輛計程車能夠載得下我們的十二件行李！我將永遠不會忘記我放在計程車頂端的兩個皮箱以及為文學作品準備的三大箱盲人點字便條，加上放在計程車裡面的另外七箱。我懷疑我們是否會活著到達「柏寧飯店」——我以為皮箱可能會穿過車頂掉落下去，但不久我就相信我們非常安全。我們的車子穿過被無數電燈光束刺穿的尋常倫敦霧層。波麗的指頭傳來陣陣興奮的脈動，列舉我們所經過的地方。

「海倫啊！國會大廈——妳記得，當『老師』在這兒時，我們跟伊安．佛雷色爵士（Sir Ian Fraser）在那兒吃飯。」

「西敏寺！……」

「購物商場！……」

「現在我們已經來到皮卡迪里……」
「哦，那是公園路對面的『綠色公園』！」
一種令人心傷的空虛感掠過我們心中，因為「老師」不在我們身邊，無法以她那種聲音來重覆那些名字。這種聲音充滿對於公園路的快樂回憶和對於再訪的期望，因為那兒的一切都讓她感到喜悅和寧靜。
我幾乎是噙著眼淚到達旅館。那兒的每個人，甚至櫃檯的職員、門房領班和接待員，都表現出一種友善的熱情歡迎我，讓我感到賓至如歸，也感覺不那麼孤獨了。在公園路，我們確實總是深深感覺到一種真正的英國人好客之情。

十一月十三日

昨天早晨好好哭了一陣子，洗滌了心靈的一些陰影，所以，我能夠看到更多生命明亮的部分，能夠跟一些人閒談著。
今天早晨到「美國輪船公司」，去問候我的好朋友穆爾先生，以及安排回國的事宜。他說他也會為我安排飛到巴黎，參加一九三七年一月二十九日柏格勒姆的湯瑪斯．潘恩（Thomas

Paine）雕像的揭幕典禮。

我從公司沿著「購物商場」和「皮卡迪里」走著。波麗對於美的東西極端喜愛，她在為我描述的每種櫥窗展示中，發現了令人讚賞的物品——書方面有珍貴的照明聖經、插圖很美的《天方夜譚》、菲立普．古伊達拉（Philip Guedalla）的《一百年》，以及《卡遜爵士的一生》，畫方面有華特（Watt）的《河景》，一個男孩的手臂抱著一隻天鵝的脖子，還有奇妙的動物以及——「哦，海倫啊！那兒有一幅很美的畫，是一位將軍騎在一匹黑色的戰馬上，他看起來是那麼像米格爾先生①！」

我很高興，波麗的眼中充滿迷人的景象。我以自己的感官知覺到新鮮麵包、酒館和駛過去的巴士的氣味。迷人的單瓣英國紫羅蘭散發出一陣香氣，我的心略微悸動了一下，我們走進花店去買一些。

藉由草和熾熱的葉子的氣味，我知道自己進入了「綠色公園」。那是一個幸福的角落，可以在那兒與大自然交流，遠離街上的交通量——為了走路的快樂而走路的男人、女人和孩童，沒有皮帶或口套的拘束而雀躍著的狗，還有鴿子與海鷗。我觸碰高貴的篠懸木和橡樹，享受草的柔軟感覺。痲雀很自負又無懼，我們幾乎踐踏到牠們。我們詢問：為何燃燒篠懸木的樹葉，得到的回答是：葉子要五年才會腐爛！它們的灰燼可以做為土壤的美好外衣。

①原註：M．C．米格爾先生（Mr. M. C. Migel），「美國盲人基金會」執行長。

在一個像倫敦這樣優雅的城市中，有什麼無止盡的魅力在等著我啊！在那兒，凡是對視覺、聽覺和觸覺而言有意義的東西都是我能力所及的。

查理與珍恩跟我們一起在旅館吃午餐。我們在餐室待很長的時間，閒談著。我確知，甚至英國侍者也很不耐煩，希望我們離開，好讓他們清理桌子。我們在房間中照樣滔滔不絕談著。我開始懷疑，英國人出名的沉默寡言是否存在。喝茶後，我們的朋友離開了，我們按照醫生的強制指示休息了一個小時。

七點鐘時，尼德②回來看我們。我們在房間吃旅館送來的餐，這樣我們就可以安靜地談到「老師」在世的最後幾天。我可以感覺到尼德握著我的手時那種悸動著的沉默悲愁。當時他在傾聽與閱讀我們所帶在身邊的有關在華盛頓「國家大教堂」中所舉行的葬禮和追思會的報紙記載，以及我所收到的美妙、獨特的訊息合集。

跟平常一樣，尼德有一顆堅如橡樹的心，任何的阻礙都不至讓他沮喪，命運多舛也不會讓他屈服。他一直到十一點半才離開，而我們只說出了想說的一小部分話。

十一月十四日

很早起床，這樣我們才能閱讀《泰晤士報》對歐洲令人驚慌的情勢所寫的評論。我強烈地警覺到氣氛中充斥著即將發生事情時的閃電，很想知道關係到德國航道的納粹新政變會導致什麼結果。

我虔誠地希望，所有的政治家都能意識到鮑德溫先生的警告：這世界正走向戰爭，但這對我而言並不是新聞。十八年來，我都努力要壓制一種強烈的恐懼：恐懼另一次世界大戰可能會發生，會引發更可悲的不幸。鮑德溫先生把「歐洲的重整軍備」斥之為一種無法想像的愚蠢，但他為何又提出這樣的說法呢？難道不是所有的歐洲國家——除了有一段時期的德國、奧地利、匈牙利以及當然的英國之外——都在一九一八年的一戰停戰紀念日之後繼續以瘋狂的速度加強軍備？

我心中充滿真誠的祝福，希望英國再度主導保護歐洲和平的努力。但我無法相信：英國的軍備越強大，「和平的確定性」就會越大。歷史教導我們說，艦隊和軍隊是很有挑撥性的，就像私人公開攜帶武器。戰爭之後所簽署的無數條約都沒有解決過事情。

---

②原註：愛德華·L·霍姆斯先生（Mr. Edward L. Holmes），「霍姆斯主圓規」的發明人，也是海倫凱勒十七歲以後的親密朋友。

我認為，艾登先生的勇氣想必是很非凡，因為他不顧一般人的不相信，努力要證明嘲蔑「國際聯盟」是不正確的。

我讀到西班牙殘忍戰爭的消息，內戰的恐怖再度讓我有椎心之痛。最糟的是，在這樣一個國家中，似乎沒有其他解決之道。在這個國家之中，好幾世紀以來，政府都建立在武力的基礎上，教育僅限於小部分的階級，寬容的美德遭受踐踏，而階級制度雖然外表看來很有詩意又浪漫，但卻像印度的種姓制度那樣僵化。我的心為那些保衛馬德里的人淌血，但我卻為那些犧牲生命以創造出一個更開明和文明國家的群眾流下驕傲的眼淚。除非最後的時刻到來，否則我不會相信他們超人的英勇終要遭受挫敗。

我懷著強烈的興趣，留心衛生部長金斯萊．伍德爵士針對「全面努力改善人民身體狀態」所發表的咨文。我想起我在不同時間讀到了表示憂心的文章，是有關英國和美國的「城鎮病害」以及缺少適當營養的問題。我很高興，英國議會和美國議會，正越來越強化我認為是政府根基所在的公共福利。我以渴望的心情關心廢除倫敦貧民窟的傑出工作，很高興這件工作會在兩年中完成。有關我在年幼時曾跟「老師」以及亞歷山大．格雷雅姆．貝爾（Alexander Graham Bell）❶造訪過的紐約「桑椹街」貧民窟的記憶，以及有關我在長大後曾看過的華盛頓特區和匹茲堡的可怕巷弄的記憶，仍然烙印在我心靈中。如果我在死時知道貧民窟的殘酷景象從文明中消除了，那會是一種很幸福的滿足。

大約十一點半時，馬克③開車子來找我們；我們坐車到他迷人的鄉間別墅，位於薩里郡皮爾布賴特（Pirbright）地方的「石南林」。天氣濕冷，偶爾會有陽光突然探頭。一路上充滿具有歷史趣味的景點，波麗飛也似的指頭幾乎無法趕上馬克簡潔的評語——「海德公園角落」及其懾服人心的「大砲」紀念碑；美麗又寬闊的公有地；狄克．特平（Dick Turpin）平時常表演偷走富有旅人的飽滿錢袋的「普特尼荒地」；理奇蒙公園及我用手去觸摸節瘤的橡樹，歷史可上溯到亨利八世的時代；我四年前造訪的漢普頓宮，泰晤士河總是蜿蜒流過多變、美妙的鄉村，穿進穿出。我記得伊莉莎白女王以華美的姿態來回於倫敦，所以我很想知道亨利八世前門漢普頓宮或在理奇蒙公園打獵時其旅程是什麼情況。

我們到達馬克的房子時，他的妻子在門口非常誠摯地歡迎我們。她表示希望我到那兒去造訪她，參觀她心愛的花園。我第一次看到他們那位很陽光、可愛的小男孩吉米。還有馬克夫人親切的妹妹希兒德小姐。馬克夫人和希兒德小姐天生耳聾，我們三人之間自然有一種特別的親密感。

我們在火旁烘熱雙手，然後吃一頓很不錯的老式英國午餐；在長途開車後，我們很享受這一餐。之後，我們漫步穿過花園和假山庭院。花園中沒有什麼花，但冷冽的空氣並沒有減弱從很多灌木，尤其是從迷迭香和黃楊樹籬，飄出來的香氣。波麗沉迷在山梨果和仍然附著在樹上

---

❶譯註：電話發明人。

③原註：W．馬克．伊加爾（W. McG. Eagar），「國家盲人協會」祕書長。

的葉子的燦爛色彩。在靠近房子的地方，我試圖擁抱一棵巨大的老紫杉，周長超過三十呎。兩隻可愛的雷克蘭狗薇絲克和所生的母狗伊格儂到處跟著我們。

馬克夫人曾送給我珍貴的狗邁妲，所以有兩隻狗跑來跑去，在草地上翻滾，我感到十分自在。我們檢視蘋果屋，發覺它幾乎完全符合瑪格麗特・德蘭在《如果這是我》（*If This Be I*）一書中對於賓州的水果倉的描述。我的手指愉悅地遊移於審慎分級的水果上方。香甜的小蘋果的味道一瞬間把我帶回我童年時代的果園。

馬克讓我看一個滿是相思鳥的室外鳥籠。當鳥兒聽到我奇異的聲音時，我可以感覺到牠們興奮地鼓翼。四周有很多白鴿，馬克為我抓了一隻。鴿子很自信地停在我胸部，不想離開，我們全都一起愛撫牠，牠也不想離開。最後，牠張開柔軟的翅膀，我的指尖有一種仙女般的感覺，像是一隻像雪一樣的羽毛扇子快速穿過空中。然後，我知道牠是一隻扇尾鴿子。我在一種輕微的興奮心情中，記起在阿拉巴馬州我家中的小鴿子朋友們；牠們時常棲息在我的頭上、肩上和膝蓋上，爭食麵包屑。

刺骨的冷空氣讓我打寒顫，但我們那天下午所喝的香茶，溫暖我們內心的深處。這些日子，我感覺幾乎像約翰生博士❷，喝了那麼多杯的茶……

我們很不捨地說再見；馬克先生和吉米帶我們去搭火車。當我窩在溫暖、舒適的火車小房間時，吉米把一束幾乎跟他的身體一樣大的芳香小樹枝放進我的臂懷中，「要我們認為：當我們待在旅館時，我們實際上是在鄉村中。」

十一月十五日，星期日

我的美妙的朋友H．H．羅傑斯曾協助我完成大學教育，他的女兒費爾哈文女士邀請我們到她位於倫敦西區公園街三十七號的房子吃午餐。我想走路過去，但倫敦的路拐個不停，波麗唯恐我們會迷路，所以我們就改搭計程車。

一個英俊的男僕打開計程車的門，引導我們進入一個美麗的大廳。另一個男僕帶我們進電梯。我走出來時，嗅到我經常在費爾哈文女士倫敦的家以及在柯羅斯公園所發現的大堆花。費爾哈文女士本人走向前來擁抱我；在這種柔情中，我再度感受到她的父親和她自己的友情。

聊了一會兒後，我們下樓去吃午餐。費爾哈文女士堅持乘電梯，因為這樣比較不費力。用餐的每個細節都令人愉快。我的親愛的女主人一直把佳餚和甜點挾到我的盤子上，以她那種可愛的低聲輕笑對波麗說，「我暗中這樣做」，但是，我發覺她這樣做，就告訴她說，我對甜食的喜愛會壞了我的身體，我不應受到誘惑。但我還是很喜歡那些佳餚。

再度進入舒適的客廳之前，費爾哈文女士在大廳中停下來，讓我看看來自柯羅斯公園且讓她得獎的美妙蔬菜。我沒有夢想到英國能夠栽種如此驚人的洋蔥！

我們坐在火旁，她的手放在我的手裡面。我們很親密地談到羅傑斯先生，談到我仍然多麼

❷譯註：英國著名作家與字典編纂者。

想念他的忠告，也談到「老師」以及她的去世在我的生命中所造成的可怕改變。有幾分鐘的時間我們一言不發。然後，為了讓我發出微笑，她拿出一件有趣的珠寶，放在我的手掌上。珠寶的形狀像是一串珍珠和鑽石葡萄，垂在一條多彩珍珠的項鍊末端。我看時，她從珠寶中編織出所能想像到的最美麗的景象！

這些透露手藝技巧的珠寶可真無止盡！我幾乎忘記提到我們用精緻的英國王冠瓷杯喝咖啡，杯子配上精美的金匙，上面印有「鵝媽媽」童謠，是費爾哈文女士很久以前所收到的結婚禮物。我的那支咖啡匙印著「吹笛者彼德」的兒子的圖像。

十一月十六日

今天早晨報紙的頭條新聞是南斯拉夫大攝政王保羅王子，他正在拜訪肯特郡公爵和公爵夫人。「南斯拉夫」這個名字讓我腦中湧現令人興奮的回憶：幾年前的夏天，我們曾去造訪這個國家，見到亞歷山大國王。

我很清楚地記得那次見面。我們到達王宮大門時，衛兵行致敬禮，車道沿途不同地點的兵士也這樣做。在王宮階梯的兩邊有更多的衛兵，穿著白色與深紅色衣服，佩戴金色肩章，帽子上有一個金色的「A」字。

穿著白衣的中年元帥以高雅的朝臣儀禮接見我們，幫助我們下車，吻我們的手，引導我們進入圖書室——那是一個美麗又高貴的房間，一片大落地窗對著一片草地，從那兒可以看到花園在遠處迤邐，像一塊波斯地毯。靠近房間的中央有一個巨大的地球儀掛在一大塊圓形木頭上。書櫥的門是雕塑得很精緻的鐵做成。夏宮建得像農人的小屋，但在其樸素中透露堂皇氣息。

我們已了解，元帥會告訴我們與國王見面的禮儀。我們等著，每個時刻都在預期他走進來，告訴我們要怎麼做。最後門打開，他以法語要我們跟著他，立刻引導我們進去見國王。我們不知道他是誰；我們還以為可能是另一個官員要給我們指示；但是當我的「老師」看到這個人站起來，走向前來跟我們致意，她知道他就是國王陛下，就很快在我的手中拼出「國王！」這個字。他跟我們握手，要我們坐下來。

任何地方都很難發現一個比他更優雅和友善的人。他對於我造訪南斯拉夫很感興趣，因為他派遣去參加紐約的世界盲人大會的代表，曾敦促我去拜訪國王在傑蒙地方所辦的盲人學校。我對於他對此事感到興趣表示感激，並說，他在南斯拉夫為盲人所做的事，等於為世界的盲人所做的事，立下國王的榜樣。他向我保證，我的來訪會激勵他做更多的事。我告訴他說，我多麼高興發現這個國家對美國如此友善。「妳感覺到我們的善意，我很愉快。」他回答，「那是深沉又真誠的。」我說，我很高興國王陛下在夏宮接見我，並笑著補充說，我總是對當國王的人感到歉疚，因為他們的擔子很重。他微笑著，我又說：「但在這個可愛的鄉下，陛下可以像最單純的臣民一樣享有快樂。」我談到大戰以後南斯拉夫以非凡的方式建立貝爾格雷德為首都，然後，我說我來自一個民主國家，但看到他在這樣短的時間為自己的人民所做的事情，我禁不住認為，一個好國王就是最佳的政府。他說，他聽說我的存在已經很多年，也讀了我的書，但他很想確實看到我的老師蘇利文小姐是如何開始教我的，以及我如何學會講以及讀嘴唇的訊息。我們當場做了示範。波麗說，國王很著迷，在陳述的過程中，目光不曾離開我們。他有幾次叫道：「可真奇妙！」他左邊的一張桌子上有一個碗狀東西，插滿高雅的玫瑰。之後，他取了其中一朵玫瑰，小心去除刺後，交給我。這是我們長久又有趣的談話的美妙又溫柔的高潮。兩天之後，我們到達留布李安拿地方，那兒的使節正式把國王送給我的簽名照片交給我——鑲著美麗的金框，上方是一個王冠及一個首字母「A」，代表「亞歷山大」（Alexander）。之後我被授予聖沙華勳章。據說，每個國家都有一個空著的王座等著一個勇敢的人來攫取。南斯拉夫並沒有空著的王座。國王亞歷山大一世是完全藉由他的個性、決毅、勇氣和遠見而當了國王。他是一個偉人，安置在一個做偉大事情的位置上。我聽說他在馬賽遭暗殺後感覺很震驚，那種震驚至今仍然強烈地留存在我的記憶中。

稍後。今天下午，一些朋友來喝茶，我們談了幾小時。有誰聽說過女人太累而致無法談話呢？我們的客人離開之後，我感覺像一顆被擠乾的檸檬。我認為我們應該躺下來休息，但波麗說，去散步可能對我們比較好。出發時，我們發現天在下雨，但還是出去了。我們穿過一大堆汽車和計程車，走到「大理石拱門」再回來。波麗大肆抱怨天氣，因為天很黑，幾乎看不到任何東西可以向我描述。

我們經過約克公爵和公爵夫人住的房子，以及威靈頓公爵在滑鐵盧打勝仗之後獲贈的暗黑舊房子。面對皮卡迪里的那道大門，想必大約有十五呎高。我覺得在大門之中所觸摸到的精緻鐵鑄品似乎是約翰・羅斯金（John Ruskin）所深感遺憾的那一種。我繞了一圈，觸碰上方有長鐵釘以及有刺鐵絲的木牆！我想知道那個奇異地方的更多事情。

在更遠的地方，我們看到一個人在刺骨的冷風中坐在一張長椅上，我感到很驚奇，禁不住想到W・H・戴維斯（W. H. Davies）那本很有啟發性又很基本的作品《一位流浪者的自傳》（*The Autobiography of a Super-tramp*）。然後就是燈光明亮的「多卻斯特旅館」以及「格羅斯文納大廈」，美妙的裝飾讓波麗想到「無線電市」。

喜悅的火花在我心中飛躍，因為波麗想到那宏偉的技巧表現——那藝術「中心」，音樂和無線電電波從那兒散發到各處。機器創造了魔法。我時常被問及是否認為機器在破壞人的最佳特質。我回答：不，每種機器都是人心支配物質的一種延伸。「洛克斐勒中心」具體化了一種大膽的理想主義。它閃亮著，高飛著，用亮光照耀黑夜，以它的懸垂花園美化了白天，為想像力增添了翅翼。它是一種天才的奇蹟，不僅在建築方面如此，在建造它的有組織勞工方面也是如此。我相信，一看到「洛克斐勒中心」，就算沒有進入它的巨大廳堂，都會感到心智昂揚，對於城市應該是什麼模樣產生出一種較高超的想法。有人可能會說，建這樣一座奢侈的娛樂中心是很瘋狂的行為，但它確實是對於「美」的一種預言，將會以它的天空之光刺穿最黑暗的「街道深谷」，為無情、擁擠的生存空間增加人文的氣息。

波麗忽然在我手中拼出以下這句話：

「一個女人靠在一個燈柱……為什麼，哦，為什麼？」

這是活絡我的想像力的另一種神祕。

細雨變成一種黏答答的濃霧，特別令人感到不舒服，因為它使得大量發自汽車和煤煙的氣味懸浮著。然而，掠過我們身邊的亮光和汽車，加上我們沉思著這麼多人都匆匆趕往何處呢，我們的散步就變成了一種冒險。倫敦的生活充滿了各種情境的趣味。

回到旅館後，我們脫下一件件濕透的衣物——帽子、外衣、鞋子和襪子。在雨中流浪後加倍了洗熱水澡的快感！……

十一月十七日

波麗和我七點起床。雨仍然下得很大。一個朋友昨天說，他不記得倫敦有任何一個秋天下了那麼多雨。

我讀到《泰晤士報》的一個消息，心中很高興：康納利（Connelly）的《綠色草原》（*Green Pastures*）終於要在英國演出。幾年以前我看到它以戲劇的形式演出，深為感動。我認為，經由幽默與喜悅氣息的擴散，我感覺到了阿奇巴德・魯德雷吉（Archibald Rutledge）稱之為「美國最仁慈的種族」的美國南方農場黑人的強烈信心。我希望每個黑人都擁有像我同樣的權利和利益，同時我也希望他們不要犧牲那種像基督一樣的美妙和睦美德，將就白人的世界偶像。

剛從待了三小時的「國家盲人協會」回來。可真是人來人往、接待和送行頻繁的地方！馬克總是匆忙打著一通通的電話，自然很難跟他講上一句話。然而他還是設法滿足我所有的願望。

我所借的書：

肯尼茲・格拉姆（Kenneth Grahame）的《柳樹中的風聲》（*The Wind in the Willows*）。

兩本有關倫敦的書，一本是E・V・路卡斯（E. V. Lucas）的《倫敦的流浪者》（*A Wanderer in London*），另一本是H・V・莫頓（H. V. Morton）所著。當別人對我提到這個城市的不同部分時，或當我走過這些地方時，我希望最後這本書能提供我一種方向感。

接下來是奧瑪・開儼（Omar Khayyam）的《魯拜集》（*Rubaiyat*）。我的一個朋友，即紐約「湯瑪斯・潘思紀念協會」的主席路易斯先生，在我們上船之前，送了一本裝幀優美的《魯拜集》到「德意志號」給我。除了擁有它感到自傲之外，我想要以點字法享受閱讀這本書的樂趣。

「瑪麗・巴希——」（Marie Bash——）❸我對這個驚人的俄文名字的記憶像蠟燭一樣熄滅。我已經很努力要記好這部世界經典的書名❹，每次我都認為它安全地儲存在我心中。我已開始說「巴希－那個－謝夫！」我所認識的其他人都有跟我一樣的困難，因此我就保住了面子。

我也訂了《每日郵報》的點字版，因為我想要讓波麗免於花無數小時為我閱讀很長的新聞以及時常出現的傑出社論。

我訂了新的點字寫作機。這正是快速寫作所需要的，「讓我內心相當滿足」，就像佩皮斯（Pepys）所會說的。「國家盲人協會」的雷克力夫教我如何操作機器。機器結合了所有重要的需求——內點、隔行書寫、輕壓字鍵、手臂的休息位置，加上一個容易攜帶的盒子。我將會很歉疚地對跟我旅行很多年的又小又舊的「史坦茲比－韋恩」牌子說再見。

在那兒時，我很高興又見到伊安・佛雷色爵士。他跟以前一樣英俊又誠懇。我們被介紹給羅雷先生，他是很有魅力的人，正是詩人華爾特・德・拉・梅爾（Walter de la Mare）的侄子。他告訴我說，他已在美國住了一段時間，特別是在紐約和芝加哥。每個人都同時在講話，波麗在努力要告訴我事情時不斷被打斷，所以她的句子很像片斷的義大利麵。

此時在「國家盲人協會」正在展覽穿著不同國家衣服的洋娃娃。我無法待下來看其中很多的洋娃娃，但我愛上其中兩個。一個是伊麗莎白公主最喜歡的芭蜜拉，是一個可愛的寶貝，亞麻色的鬈髮繫著小小的紅色蝴蝶結，穿著一套柔軟的冬服，戴著帽子，加上綁腿和鞋子，全是紅色的。另外一個是瑪格麗特．羅絲公主的布麗姬，一身白色的夏日絲服，腿裸露，穿講究的拖鞋，整體而言很可愛。協會的公關經理柯克金先生跟我面談，要拍我抱兩個王室洋娃娃的照片。他甚至要一張我使用新點字寫作機時的照片！我腦海中湧現《魯拜集》中的一首詩，開頭是：「我們永遠像是在一場秀中移動……」協會的人又為我選了一個洋娃娃，讓我觀賞。我欣然以指頭觸摸，知道洋娃娃戴著高雅的頭飾加上一支大梳子，穿著西班牙女人的頭紗和流線型精緻蕾絲服。

就在這樣觸碰時，勾起了舞蹈家拉．阿珍婷娜（La Argentina）的影像。我幾年前在紐約看過她，她還邀我在幕後跟她聊幾分鐘。一位譯員為她的西班牙語和我的英語做翻譯。她很溫柔又善解人意。在忙碌的一天後，她盡力讓我看她以公主、農家女或待嫁少女身分所穿的衣服。所以，我經由我的十隻「眼睛」知道她如何在腳步和手勢中創造出百合蓓蕾在微風中顫動、鴿子在鼓翼或者海浪在輕唱的效果。她在面對熱情的觀眾表演完之後顯得多麼迷人又快樂。對她而言很幸福的一件事是：她不必經歷「西班牙革命」。她表現出戲劇性的優雅模樣穿上一件由感

---

❸譯註：海倫凱勒忘記了這位以日記作品出名的俄國女作家的名字。她的全名應該是瑪麗．巴希柯謝夫（Mari Bashkirtseff）。

❹譯註：指這位女作家所寫的傑作《日記》。

恩的農人們為她織成的衣服；她曾在這些農人貧窮與生病的時候幫助他們。她說，她穿著這件衣服跳舞時感覺最快樂。

這則與「協會」無關的敘述，象徵生命不斷從一種經驗轉換到另一種經驗，還有，一件東西，甚至一小片蕾絲，也會觸動記憶的飛翔！……

回到我們的旅館，我觀察到，倫敦新的計程車與舊的相比，顯然是一大改進，比較穩定溫暖又舒適。經過了這一切活動後，我們回來時肚子很餓，我吃了一頓最喜歡的午餐——綠色沙拉和餅乾混合濃軟乳酪。我大量吃沙拉，不僅因為喜歡，也為了保持身材，但是，啊呀！這是很困難的事。四點時，我到「伊令製片廠」，跟雷斯利．巴勒少校和他的妻子穆麗兒吃飯。穆麗兒是我終生的朋友詹姆士．柯爾．拉夫醫生的女兒。拉夫醫生是傑出的耳科專家，是蘇格蘭聾人的最熱心辯護者。我們談到他，也想到他。飯後我打電話向在西基爾布萊的拉夫醫生及他的妻子致意。我希望他懂得我所說的一切——這是我生命中第二次鼓足勇氣，在電話中嘗試我的不完備言詞！

拉夫醫生的智力和精力是一種恆久的奇蹟與啟示。不久之前，他歡慶七十九歲生日。他的女兒說，父親一星期進行四十三次手術。他剛寄了另一本書《聾人與常識》（*The Deaf and Common Sense*）。我特別喜歡這本書，因為它有助於一般讀者更加了解耳聾及其孤立的結果，並加速人們去同情那些處於很多人所逃避的沉寂世界中的人。

對我而言，耳聾比起目盲一直都是更大的障礙。耳朵聽不到，讓人更難行走於知識的途徑。聾人很渴望聽到一個字，就像盲人很渴望觸碰到一本書，然而，要找到跟聾人談話的人，比找到提供盲人點字書的人更難。我很高興說，這不曾是我個人的經驗。「同情」讓我與人社交的日子變得很愉快。宗教與哲學減輕了我的悲愁；但我仍然不滿足，因為我想到，由於別人的輕忽或沒有耐心，有多少聾人處於監禁和孤獨的狀態之中。我意識到，雖然我時常渴望幫助盲人和聾者，但卻做不到，感到很難過。要減輕兩者的不幸，一輩子的努力也不夠。還要努力保護人類的眼睛和耳朵，免於受到疾病、意外和無知的傷害，所以這種工作更加倍困難。因此，我很勉強地把自己的活動幾乎完全限制在於「黑暗國度」中生活的人。

穆麗兒的丈夫巴勒少校以很有啟示作用的方式跟我談到他在化學製品方面的工作。他相信化學製品是肉體生活的基礎，一旦科學進步，就可以製造出足夠的化學製品，以比現今更省錢的方式提供每個人食物、衣服和住所。這個話題對我而言算很新奇，我感到很困惑。我並不知道獲致這些驚人的成果的過程，但我確實知道這是一種大膽的實驗，而人類一種美妙的靈視正在照亮整個紛亂、籠罩著恐懼和世界，如此有助於促進這種實驗。我會努力去更加了解其細節。巴勒少校推薦我閱讀一本他認為對外行人有幫助的書《以後的一百年》。一旦有了這本書，我將開始另一次令人興奮的歷險，預見未來的文明景象。

我在接近午夜時回來，接到一則業務訊息，需要立刻寫一封很長的信。此時是一點半；我的眼睛拒絕再張開。我們必須在六點半起床，打點行李，因為我們要乘坐「蘇格蘭家火車」前往格拉斯哥。跟往常一樣，我要整理好我自己的包包，這樣我才會知道所有的東西放在何處，不用依賴任何人。

十一月十八日

以莎士比亞的話來講，我的眼睛仍然為睡意所「封閉」，但一杯熱咖啡已喚醒我，足以讓我能夠寫作了。

早餐吃英國培根和蛋——到達倫敦後第一次吃這種食物，多麼可口啊！我剛對波麗說，我很喜歡這種辛苦的工作，而英國人的生活方式讓我能夠在身心安和的情況下做這種工作。昨天，天氣給了我們最嚴厲的考驗，我大聲說，「人可能來，人可能去，但雨永遠持續。」無論如何，今天空氣感覺起來比較沒有那麼沉重，我想我們將會有一趟很愉快的行程。

十一月十八日，在前往蘇格蘭的途中

秋日，有陽光，經由打開的窗子嗅到仍然綠色的田野和落葉的氣味。牛群安靜地吃著草；

鄉村從草原變成被煙燻黑的城鎮，然後再變成「吹著和風」的多草小山，以及跟樹木和大荒野中的陽光玩起捉迷藏的溪流。

波麗和我單獨坐在火車上的小房間，一直到午餐時間，我幾乎無法相信。「老師」以前經常跟我們一起旅行英國。她對於美的熱烈喜愛，加倍了我們在看到和觸碰景物時的愉快感覺。我想她想必在睡覺，否則她會以拼字的方法在我手中描述亮光、色彩或飛雲的魅力。

我渴望她陪伴我，這種渴望的心情幾乎使我喪失氣力。儘管她有懷疑的時候，但她對我的信心——即「我們的心靈相互親近，至死不渝」——的挑戰並沒有白費工夫。我振作精神，想到她賜給我幸福，讓我看東西不費勁，也不痛苦，又很愉快、自由地享用她的力量。

我的腦海中浮現她的影像，明亮、生動，在她所重新發現的朋友之中散發魅力和歡樂。我愉快地意識到，她在這個世界上所珍視的可愛特性在她四周閃亮，有如一種靈氣。雖然我無法接觸到她了，但我知道她沒有忘記我們曾一起旅居在黑暗中，她也想要跟我分享無限高貴的知識和她那沒有障礙的生活的快樂。每種惱人的貧窮、每種加以忍受的失望、每種孤獨和誤解的痛苦，以及她努力要維持到生命結束，但卻不能如願的視力，無疑都有其美妙的回報。

不，也許我不應該說回報，而是她的內在個性的展現——內在個性及其令人夢想不到的活絡眼力和讓耳朵敏於較高貴的和諧狀態的力量。她的工作和榮耀是在於教導別人，所以我想像她很溫柔地接待感官有障礙的人從這個世界前往下一個世界，並教育他們說，他們不必在靜寂狀態中摸索，也不必埋葬在其中，更不必踉蹌地走在淒涼的路途中。誰知道呢，這也許就是她在我會傾聽的心中所低聲傳達的訊息。我的心靈確實意識到她的存在，我無法——我不會——說她死了；我現在不會這樣說。

我好像仍然意識到我的心不靈光。被強迫與一個親愛、獨特的同伴分離，似乎就是與自己的一個不可或缺的部分硬行分開。我第二次變得聾盲，雖然努力要以愉快的心情談話、努力要對一個已改變的世界再度感興趣，並經由與「老師」的指引和心智不一樣的替代性指引與心智生活下去——我發現這一切都像急劇的痛苦悸動那樣阻擾著我。然而，隨著時間的推移，清新的生命在我心中悸動著，我越來越有力量把握現今的責任與機會。

我訴諸所買的一本書，即安德烈．莫洛瓦（André Maurois）的《狄斯累利的一生》（*Life of Disraeli*）。它有如一位國際主義者那樣吸引我，是一個法國人以法文寫及英國最傑出的政治領導人物之一，內容生動，很有教育作用，對於一齣預告性的帝國戲劇中的所有演員盡可能表現得很寬宏大量，以公正的眼光看待精神價值和歷史的宏觀觀點，如此提供了一種平衡的力量。

我不記得有誰比莫洛瓦以更令人印象深刻的方式描述格拉斯頓和狄斯累利。格拉斯頓表現出健全的自信，因正直而佔有崇高的地位，就像一隻龍公然對人類的宿敵吐火，並在國內砍除巨樹，相信自己是上天派來的伐木者，應該剷除大英帝國中那些象徵腐敗政治的濃密、有害草木。狄斯累利雖然經常生病，年紀又大，呼吸困難，走不動了，然而卻努力要以不屈不撓的意志帶領英國走出歐洲的災難性衝突，並計畫把一個以武力為基礎的帝國改變成一個聯邦，人民可以自治，擁有一個威嚴的國會。六十年過去了，到了現在，這個具政治家風格的策略才贏得廣大的擁護者！雖然我知道這兩位政治上的巨人都同樣很真誠，但我卻偏愛狄斯累利，因為他有遠見，對所有民族都表現得很和善又寬容，並且又具想像力和啟發性的幽默。他不曾或忘自己的座上銘：「生命太短暫，卑鄙不得。」「民主」的意思是：所有的人都免於被一個人或很多人所壓迫，這正是我想生活在一個較健全、卓越的社會的希望的基石。但是格拉斯頓的黨派觀念很強，因此昧於他自己的人民以及國家整體的最終福祉。

我闔起書，躺靠在椅子上，第無數次對於文學提供我的財富和自由嘆為觀止。

稍後——寫於波斯維爾地方的牧師住宅

今天在蘇格蘭快車上吃午餐，一位侍者認出我，讓我很驚喜，他在我上一次到蘇格蘭旅行前的三年看到我。他說，我當時送花給他，他帶回家給母親。我記不得花的事，但知道他不曾忘記我，心中感到很溫暖。

今天下午的茶特別好喝，因為有一個很愉快的蘇格蘭女人坐在旁邊與我們一起分享。波麗喜歡她健康的臉孔，而我很高興聽到她美妙的閒談打動所有旅者共同的心弦。我注意到她在織襪子，我說我很羨慕她的手工藝。我一直很喜歡創造出有用或吸引人的東西，但我很少能夠挪出足夠時間滿足這種本能。

忽然，波麗在我手中拼出以下文字：「海倫，我們現在到了格拉斯哥！」她身為牧師的哥哥及他的妻子正在等我們。他們熱情地擁抱我們兩人，讓我覺得我也回到家。我們沿著月台走著時，一名來自「中央旅館」（「老師」、波麗和我時常下榻此地）的腳伕非常親切地跟我打招呼。我接受那些做世界性工作的人的誠摯致意，感到很自傲。

在牧師還沒有把車子開進車道之前，牧師住宅的門早就打開，每個人都擠在階梯上歡迎我們——包括在格拉斯哥大學念書的最大的兒子大衛；唯一的女兒愛菲；以及兩個年紀較小的男孩羅伯與約翰；非常忠於做家事的女僕珍恩；甚至加上名叫史基的狗。大家爭著要把我們的行李拿進來，孩子們表現出感人的關懷心情引導我上樓到我的房間。

我在這兒已經幾小時，兩個男孩還不知道我可以自己四處走動；他們很怕我會跌倒或撞到什麼東西。我很高興有這兩位可愛的小武士關照我的安全與舒適。

我們已經變成愚蠢的城市人。波麗和我衣著較薄；儘管穿著毛上衣，在坐車穿過濃霧時身體還是哆嗦著，但牧師書房中的火，加上珍恩準備的可口蘇格蘭清湯，我們很快就感到很溫暖。晚餐後，我們聚集在火旁，聽著、說著無數的小事，只有一個眼色、聲調或一個手勢才可以真正詮釋這些小事。我感覺到波麗的指頭不像幾個月以來那樣充斥著濃濃的哀愁意味，心中就感到很舒服了。狗兒史基躺在我腳旁，大腳爪靠近炭欄，鼻子幾乎位於火中，似乎不介意被烤熱。此時牠對我表現得很深情，就像牠是兩個月大的小狗時的樣子。我是在一九三二年八月時第一次看到牠，當時湯姆遜家人、「老師」、波麗和我到「史基之島」享受一次迷人的旅行，在回到本土的途中，於洛恰斯的一間旅館逗留。我們坐在陽光中，旅館的兩隻小狗在我們四周跳來跳去，愛菲跟牠們一起玩。我們買了其中一隻給她，做為我們一次最快樂的旅行的活生生紀念品，所以牠的名字就叫史基。牠與散發著石南氣息的小山、閃亮的湖以及岩石和荒地顯得和諧一致。雖然現今長大了，但仍然很可愛——是狐狸狗和大狗㹴或長毛垂耳狗交配後的肥胖、滑稽產物——耳朵很長，腳很大，不亞於紐芬蘭狗。

十一月十九日

今天早晨渴望起來工作，無法等待洗澡水已準備好的通知，決定在臥室來一次海綿冷水澡。我認為，只要洗得得法並不會有傷害！我開始發抖了，過程就像修女經歷苦行。我必須長時間摩擦身體，用毛巾擦乾，以融解我的指頭和腳趾的霜，再喝三、四杯熱茶和一碗蘇格蘭粥。一頓愉快的家庭早餐是開啟一天的生活最好的方式。我很高興地注視著孩子們享用他們的蛋和茶。甚至在忙著準備上學時，他們也記得要跟我吻別，我也感覺比較願意清除障礙以採取行動。

昨夜我發現，除了從紐約帶來的很多工作之外，還有一堆美國信件。壓力很大，所以我最初想要去住一間安靜旅館的房間，像隱士一樣生活，以處理這些額外的信件，但是我們的問題幾分鐘之中就解決了，倒是很意外。

牧師和他的妻子以可能想像到的最親切方式幫助每個人。他們對「老師」深具愛意，急於紓緩我們的負擔，力勸波麗和我跟他們待在一起，保證讓我們享有隱私與安寧。可真棒，我們擁有貼心的朋友，就算在一天的工作時間中，桌子、椅子和地板上放滿郵件、一台打字機、一台點字機、手稿和書籍，他們也不介意。客廳已經看起來像被颶風掃過，但至少我們有了開頭了，而「開頭是最難的」！確實是沒有像這樣險峻的路，走起來很費勁，但帶著愛意工作就可以緩和困難的程度。

牧師住宅中另一件快樂的事是，孩子們的笑聲和精神抖擻的模樣，排除了讓我感到困惱的憂鬱感覺，除非我處在警戒狀態，否則我無法排除這種感覺；我需要內心感到恬靜才能完成任何事情。

我們四周堆滿了弔慰的信。波麗花了三小時在我手中拼出它們的內容。一再出現的字眼「喪失」、「死亡」、「分離」在字頁中伸延。我心不在焉地說了一句愚蠢的話，波麗顯得很緊張，尖銳的言詞在我們之間快速來往。有幾分鐘的時間，我們不發一語坐在那兒，流出刺眼的淚水，心中出現挫折感。然後我們崩潰了，記起「老師」曾祈願我們可能重聚。我們此時已讀了四百到五百封信以及讚詞，也送出卡片，感謝別人對我們的同情，但信件仍然氾濫為患。

這則日記是天賜的幸運。它幫助我調整心情，回到規則的工作中。說出我所喜歡的事情，我的快樂加倍了；寫出「憂鬱」、失望和困難後，它們就變得不值一提了。

今夜，我去欣賞詹姆士・布立迪（James Bridie）的戲劇《黑眼睛》（*The Black Eye*）。這部戲很有趣，充滿生動的對話。每個人對於蘇格蘭人的精湛業餘演出都表現得很狂熱。遺憾的是，我無法聽到喬治．溫多斯磋（George Windlestraw）的聲音；他的美妙發音法很受讚賞。這種純淨的表演，對時常厭惡紐約的病態「性」戲的人而言，具有提振精神的作用。

十一月二十日

今早降了很濃的霜。花園中仍然綻放著玫瑰。這兒的冬青樹長著纍纍的果實，但山鳥很快把它們吃掉，到了聖誕節就不會有果實留下了。

波麗和我讀了更多開啟我心靈創傷的信。這一大堆信衡量出「老師」被人愛戴和尊敬的程度；我的痛苦衡量出她對我而言是多麼珍貴的事實。但是，每個時刻都想起一個人的生命最可貴的部分已不再，則是令人無法忍受的。

今天晚上，我們造訪了波斯維爾城堡煤礦場。我聽說，這個煤礦場使用多麼現代的機器，並且採取每種措施，保障礦工的安全。

我被用車軸帶到九〇〇呎長的地層。我們八個人擠在籠狀物中，從一邊晃動到另一邊，感覺很刺激。下降時，我感覺像是從井中掉落。我觸碰我們行走其間、滿載著煤的長串柵欄，以及推動它們的無止盡繩子。兩邊的牆，有的是堅固的岩石，有的是用磚塊造成；縱樑強而有力；人們在看到柵欄接近時可以逃進庇護處或人孔。

「人們怎麼看到那些暗黑的孔呢？」我問道。所得到的說明是：庇護處漆成白色，很容易跟全黑的四周分辨。在穿過只亮著安全燈的隧道時，我想著：「飛行員盲目地在霧中飛行，而在深坑中採礦的礦工，是少數能夠想像目盲狀態的人。」

雖然我知道空氣流通，但我預期會嗅到令人不快的氣味，結果幾乎只偶爾嗅到小油燈和煤氣燈的氣味，感到很驚奇。礦工很親切地讓我檢視他們的燈、罩衫和器具。他們在煤礦中鑽了一個四呎深的洞，準備把它炸開。他們對我們相當尊敬，問我們是否要進行炸開前的射擊事宜，我們同意這樣做了。波麗射得很準。我很笨拙，必須嘗試三次。兩噸的煤礦陷落在地表上，很大的噪音震撼我身體的每個細胞。切割的機器在五分鐘之中穿過六呎厚的煤礦，我經由雙腳意識到機器的嘎扎聲。在這樣的一次歷險中有像波麗這樣一個人陪伴我，可真是幸運。她不能畏懼，觀察也敏銳，渴望與我分享具教育性甚至危險性的經驗。

回到地面後，我造訪旋轉引擎室以及小小的發電站。發電站供電給機器，有標針顯示礦坑每個部分所使用的電量。我在燈艙中看到人員一直在使用的安全燈，清理得很乾淨，裝滿了油。接著他們為我展示一個滿是金絲雀的鳥籠——是另一種安全措施。一旦金絲雀偵測到毒氣，牠們會從棲息的地方掉落，這就表示人員要離開礦坑。我希望每個地方的煤礦都以相當智慧和人性的方式開採，但我知道情況並非如此。

十一月二十一日

今天孩子們在家。我很高興，因為我喜歡他們在我工作時靠近我。打字機很吸引他們，他們很好奇地看著我；但他們很安靜，我沒有受到打擾。

牧師在每個醒著的時刻都很忙。除了吃飯的時間以及有時在晚上之外，我幾乎沒有看到他。他的教區很大，時常要走很長的距離去拜訪病家或喪家。他似乎沒有時間休息。

今天，點字版的《每日郵報》有一篇文章特別對我有鼓勵作用，那就是，羅斯福總統努力要促成與南美的和平關係。美國和南美越早體認到，彼此的合作和理性的評估對它們的福祉是極其重要的，則商業和財政的利益就越不可能造成西半球文明的分裂。

十一月二十二日

波麗和我在聖布利德教堂聽她的哥哥以「我豈是看守我兄弟的嗎？」經文為主的動人講道。他以簡單然而卻有力的方式敦促聽眾要注意到一個現象：他們疏忽了與他們每日生活在一起的人的生理和心智需求。例行公事的習慣性容易麻痺心靈、僵化心智，所以我們忘記對於較不幸的人的責任，他們就變成了慈善事業的對象，而不是成為我們要在上帝的綠色草地中保護其安全的兄弟。波麗在為我詮釋時，我感覺到，湯姆遜先生自己過著敦親睦鄰的豐富生活，其講道的力量勝過任何的言詞。這座重建過的教堂透露美妙的提示和象徵意味。建築這座教堂的人相信宗教與藝術是一體的。

我整個下午閱讀瑪麗亞．巴希柯謝夫（Maria Bashkirtseff）的法文《日記》。日記中透露怪異、奇想、反叛的精神——從一位性情不定的孩子的呼喊到一位十八歲藝術家的淚水和狂喜——我的指頭都無法放下這本書。

瑪麗亞在序言中說：「如果這本日記不是明確、嚴密、絕對的真理，那我就沒有理由把它寫出來。」多麼天真的語詞啊！每個人都以自己的方式詮釋言詞，因此，不會有兩個人以同樣的眼光看待任何事情。論述的真實性像行船一樣曲曲折折前進。只藉由感情的真誠以及目標的正直，我們才能把握論述的方向。

對於一位十二歲的女孩而言，這是多麼悲悽的祈願：「哦，上帝啊，讓我此生快樂，我將會感激！」

再者，她表現出早熟的世故筆觸寫道，妻子不應該穿著家居服、戴著起居室帽子、鼻子上擦著冷霜，出現在丈夫面前，也不應該要錢美化自己。她表示輕視男人，視之為根本的自我主義者、充滿陰謀、嫉羨和欺詐的念頭。她在十六歲時宣稱，凡是不可悲的事都是愚蠢的，凡是不愚蠢的事都是可悲的。但她在內心深處卻非常勇敢，並且，她夢想成為偉大藝術家，所以充滿騷動的二十四年生涯是很高尚的。

十一月二十三日

七點半起床。從九點到一點，我寫出並沒有讓我感到安慰的信。雖然疲累、沒有休息，但是當孩子們像陽光一樣進入房間時，我很高興。午餐後躺下來一會兒，再寫三小時的信。晚餐後寫一小時。有時我對自己的一雙手感到不安；我太經常使用雙手來寫作、閱讀、傾聽談話和閱讀人們的嘴唇的訊息，但工作是抵抗失望的唯一堅固堡壘。

十一月二十四日於西柯爾布萊德

很早起床，因為拉夫夫人要在十一點開車子帶我到西柯爾布萊德待幾天。花很長時間寫信，只有半小時的時間整理行李和穿衣，但是我為了能夠在看到親愛的朋友而感到高興，忘記了匆忙行事的辛苦。

起了黃色的濃霧，開車很危險。我們有兩次在格拉斯哥迷路；甚至在正確的路上，也沒有人感到一會兒的安全。人們提著燈走過去，在六小時的行程中汽油的氣味徘徊在我臉部四周，我都快窒息了。我們到達時，拉夫醫生把我們匆匆引進生了火的書室，甚至沒有等到我們脫掉外衣和帽子，因為他急著要讓我們感到賓至如歸，並聽到一些消息。吃完飯後，他談到他為聾人雜誌所寫的一篇有關「老師」的文章，希望知道我們是否滿意。他的文體很清晰，他的同情心非常敏銳，我們怎麼可能不滿意？他也提供了我一個舒適的角落，讓我能夠避開別人，努力寫完我的信。

我很高興收到今日英埃條約批准的消息，因為這就朝向以人民的聯盟取代基於軍國主義的帝國走了一步。任何黨派都幾乎沒有提出評論，因此我希望這可能永久證明是一種真正的持久力量。埃及自然欲求完全的獨立，但至少這個條約可以使這個國家在實際上不讓自己的權益受到另一個侵略者的侵害。我讀到徵兵確實很困難的消息，覺得很滿意。在這兒，沒有人會在討論另一次「大戰」的可能性時，表現出對任何國家的敵意，但會對人類感到疑懼和悲愁。

多麼可以激發想像力的美妙字語描述啊！牛津大學的醫生和研究員聚集在一起，穿著學術性衣袍，有一會兒的時間一言不發，親見具公益精神的寬宏大量所造成的奇蹟，然後他們站起來，為努菲德爵士歡呼達五分鐘之久。他捐獻兩百萬鎊給牛津從事醫學研究，是另一位贊助世界的人物，像小約翰．D．洛克菲勒一樣，他放眼往後的好幾世紀，看出各個國度中的健康是人類進步不可或缺的保證。

十一月二十五日

拉夫醫生今天早晨單獨吃早餐。我進去時，他跳了起來，為我切培根和蛋，輕拍我的手，哄誘出我的食慾。但跟他在一起，我不需要哄誘，蛋很好吃，火很溫熱，他對於《格拉斯哥前鋒報》的新聞提出簡潔、一針見血的評論，使得早餐成為大事一件。

八點半開始寫作。女僕艾格妮在十一點時端來一杯熱茶，拉夫夫人加入我們的行列——很可喜的短暫休息。正當我們要喝完茶時，一直在注意看有什麼重要事情可以告訴我的波麗說，霧已散去，她能夠在窗外看到崎嶇、高聳的哥菲爾山——它是阿倫島的顯要山脈。記憶即刻把我帶到那個島，因為「老師」曾在一九三二年六月跟我們到那兒拜訪布洛狄克城堡的蒙碰色公爵與公爵夫人。一切都是多麼令人愉快啊——他們表現出真誠的慈善；公爵很欣賞我的手藝；我們走遍古堡，觸碰一張有刀痕的巨大橡木桌，可上溯到沒有使用盤子的十四世紀；岩石庭園很可愛，由公爵夫人親手照顧。穿「高地」服裝的公爵像一個詩情畫意的人物，引導我們穿梭在樹木與花壇之間，而他親切的女兒珍恩夫人為我採集一大束花。我也記得公爵夫人跑著——是的，跑著——上山，到城堡那兒，是為了讓我們在離開之前有一杯熱茶喝，還有，一旦發現時間很晚了，就攔住小舟，讓我們可以快快上船。

又寫了更多的信，直到拉夫醫生回家。他以那種人們模仿不來的方式講了有趣的故事讓我笑；現在我要上床了，一定會睡得很安穩。

十一月二十六日

這間房子除了本身透露甜蜜的家的氣息之外，也與我喜愛回憶的事件有關。房子的對面是「德爾文」，是一間有玫瑰隱藏其中的小屋。我受邀接受格拉斯科大學的法學博士榮譽學位時，由於拉夫醫生親切的安排，我在那兒度過一九三二年的六月。我以驚奇的心情再一次體驗了那個日子——「老師」對於我接受這項榮譽感到很快樂；「布特大廳」有著很大的彩色玻璃窗戶，像一間教堂；拉夫醫生坐在我身邊；羅伯．賴特爵士為我戴學位帽，我聽著拉丁文致詞，感到驚惶。那只不過一天之久。如果我要說出我們那個月每一天、每一小時所經驗到的美妙親切待遇，那麼，這種記錄就會永無止境了。

今天在家的拉夫醫生邀請戲劇家詹姆士．布利迪來吃午餐。詹姆士．布利迪的真正名字是馬佛博士。最初我認為趕不上他談話的速度。我想像那就像他的戲劇《黑色眼睛》——讓我想起蕭伯納——中的對話。然而我卻很高興發現，跟他談各種話題是很容易又愉快的事。我們討論了《睡眠的教士》這部戲；我很遺憾沒有看過，也沒有讀過，但我決定取得這本有現在點字版的作品。我問他是否會對我說明作品的意義，他笑著回答：「我自己都不知道呢，也許妳讀完後能夠告訴我！」

外面花園中，天氣很溫暖，好像不曾有霧靄冰冷地籠罩在這片土地四周。牛畜躺在牆壁遠處的陽光中，波麗說，她所聽到的唯一聲音是山鳥、畫眉鳥、知更鳥和椋鳥的吱喳聲。我在這兒時，通常會在水蠟樹樹籬旁邊來回坐著，每隔幾分鐘就走到一邊，去愛撫一堆堆的花，因為花香撲鼻，但我仍然受制於工作未完成所加諸的專制壓力。

十一月二十七日

這是第五天起霧——霧很濃，火車和船隻嚴重誤點，還出現車禍。拉夫醫生一直在說到紅外線做為在這種流動性的黑暗中看到東西的方法。我應該想到，不久就會有刺穿霧層的燈光設備裝在所有的車子和船上，因為這種燈光對於公共安全是那麼重要。在前往波色維爾之前，拉夫夫人給我們茶喝，讓我們感到溫暖又強有力。在蘇格蘭，爐火上似乎一直有茶壺，以便為每個人提供「一杯慈善」。我們在聖恩諾奇旅館跟索墨斯（Somers）④吃飯。他非常喜歡「老師」。晚上大部分的時間我們都談到「老師」。沒有言語可以用來形容我們在談及「老師」在世最後日子時，索墨斯是以多麼溫柔的神情傾聽著，或者他在談及他們一起閱讀的書，以及談及持續到深夜的有關政治和社會問題的長篇大論時，他是表現出多麼欣賞的模樣。這些回憶特

---

④原註：索墨斯．馬克，是海倫凱勒第一次在紐約認識的蘇格蘭人。

別具有安慰作用，因為它們更新了我對於「老師」的年輕感覺。

十一月二十八日早晨於牧師住宅

年輕人在我四周笑著和跳著舞，我精神為之一振。孩子們全都學會手操字母，他們把在學校做什麼告訴我，幫我問問題，並把答案告訴我。我不知道自己比較喜歡哪一者？是約翰費勁拼出來的圓胖字詞？還是羅伯瞪羚似的指頭從一個字母滑到另一個字母——當他興奮時時而會給我一種跳躍的印象？

我的工作對我提出堅持、不斷的要求，所以我幾乎沒有時間跟孩子們在一起，雖然我有他們陪伴是會再度感到年輕的。

在寫及手時，我想起羅賓孫．傑佛斯（Robinson Jeffers）的一首有關一幅畫在岩石上的畫的詩，很是獨特又神祕，我時常想到它。

〈手〉

靠近塔沙雅拉地方的一處狹窄峽谷中一個
山洞裡面，
有人用手畫了一個岩石拱頂，
在微光中出現很多隻手、一堆的人的手掌，
如此而已，
沒有其他畫。沒有人說出
那些已死的羞怯、安靜的棕膚人們
是意在表現
宗教或魔術，還是要在藝術的安逸中，
留下自己的蹤跡；但在經過了很多年
之後，這些小心呈現出來
的特殊記號現今就像密封的信息
在表達說：「看啊：我們也是人；我們有
手，不是爪。
所有的人都在恭賀

你們這些有著更靈巧雙手的人，你們
在美麗的國家中
取代我們；就享受這個國家一季吧，享受它的美，
然後下來
由其他人取代；因為你們也是
人類。」⑤

稍後。今天下午搭火車到丹迪，去拜訪波麗的姊姊瑪格麗特。沿著蜿蜒、結霜以及有些地方山影朦朧的特伊河行走。太陽正要下山。波麗的指頭隨著色彩的變化而快速動著——「粉紅！……藍色！……淡紫色！……綠色！……金色！……玫瑰色！……薰衣草色！……哦，海倫啊！水是一片光潔的金黃！……我的眼光所及，天空是綠玉色！」

黑暗降臨——突然的、完全的黑暗。

晚上，於丹迪的「德萊伯大廈」

我們剛遇見史各特夫人。瑪格麗特跟她待在一起作伴——瑪格麗特那雙反應很快又小巧的手流利地敘述家中的事，充滿對別人的信心，不管忍受著什麼失望都是如此——那雙手會紓緩悲愁，更增強快樂……史各特夫人漂亮又聰明。很高興知道她是十個孩子的堅強母親，又獲得

二十二個孫子的鍾愛。她的兒子都結婚了，只有一個在「大戰」中喪命，女兒也是除了一個跟她住在一起外全都結婚了。

十一月二十九日於「德萊伯大廈」

太陽在八點二十六分升起，在三點四十二分西下。九點吃早餐。我覺得那覆蓋在蛋上的小小瓷器女人很有趣。

我帶著打字機，不管到什麼地方都帶著。史各特夫人好心把舊育兒室交給我，做為工作的地方。窗子八呎高，全都是光線可透的玻璃。我喜歡太陽下山後熱氣還在房間徘徊很久的時間。

我今天寫作時精神不是很好。希望捕捉不同的心情，所以就走出去，在地上漫步。我觸碰到的一切都傳送一種掠過我心中的快樂想法——月桂樹樹籬、冬青、山毛櫸和紫杉、厚厚的草

⑤原註：引自《親愛的猶大》（*Dear Judas*），一九二九年，霍拉斯·利維萊特（Horace Liveright）所提供。

皮，仍然在野外佔有一席之地的玫瑰和菊花。史各特小姐讓我看她的九隻小獵犬，其中五隻是小狗，她溺愛牠們，達到可笑的程度，就像我溺愛我的丹麥狗，我的兩隻雪特蘭柯利狗和雷克蘭狗。我到英格蘭或蘇格蘭任何地方都很滿足地觀察到，花園在人們的家庭生活中扮演多麼重要的角色。

今夜我們坐在客廳，聽聖安德魯教堂的禮拜儀式廣播，由波麗在我手中拼字傳意。打字一直到晚上十一點。

十一月三十日

早餐前寫信，希望回完一個月所累積的信。很喜歡可口的甜瓜以及吐司塗上我在紐約的家時經常訂購的丹迪里醬。史各特夫人在午餐和晚餐時提供我們的美妙咖啡，是來自她的女兒在肯亞的拿利歐比的大農場。

史各特夫人和她大部分的家人都很喜歡旅行；聽她敘述各種多彩多姿的經驗，就像讀很棒的書。今天下午有很多人跟她喝茶，包括她耳聾的姊姊。這個姊姊儘管是個聽障，卻花了五年時間單獨一人訪問日本、中國、印度和非洲。我心中充滿對她的羨慕之情。我會只為了這樣獨立的生活而做很多犧牲！

剛從我們的朋友亞伯丁侯爵夫人那兒收到一封充滿親切之情的信，邀請波麗和我到位於亞伯丁的「戈頓大廈」去跟她吃午餐。她已經從「國際女人和平俱樂部」主席的職位中退休，寄給我美妙的道別演說。她的演說中的高貴言詞勢必強化了聽眾的意念。她相信世界和平將戰勝那種今日似乎顯得無法征服的邪惡。這種信念是我自己的信念的一種支撐力量。我聽說，光為英國就準備了四千萬份防毒面具，而愛丁堡大學醫學院的學生正在接受處理毒氣中毒的訓練，內心有時會很沮喪。一旦人們預期越來越可怕的毀滅方法會出現，並做準備，情況看來確實很無望。

十二月一日

今天早晨又寫了兩小時，然後，我搭火車到亞伯丁。在車站接我的是亞伯丁夫人的牧師貝德先生以及她的祕書麥肯乃吉夫人。貝德先生不斷想到國際事務，為人民之間的和平與善意熱心地工作。我希望此刻能夠像他一樣對於人類的團結、文明感覺很受激勵。

亞伯丁夫人在大廳見我，我再度對她高貴的美留下深刻的印象。吃飯時，她主導談話，表現出難得的莊嚴高雅結合以溫柔之情。她的理想主義和她活絡的智力在她談著一個接著一個的話題時，像亮光一樣閃耀著——話題包括和平、教育、書籍、政治和花園等方面的消息。我談到莫洛瓦的《狄斯累利的一生》這本書。我說，我喜歡狄斯累利勝過格拉斯頓，並說出我的理由，她似乎很驚奇。她很快就說——我可以從她放在我手上的手感覺到她的眼睛一閃——「我會送給妳一本有關格拉斯頓的書，會剷除妳腦中的那些異論。」她又說，這兩個人都是她自己的家人的朋友，而狄斯累利對她的母親很殷懃。她把我的手放在一尊格拉斯頓的半身像上。格拉斯頓的臉孔確實不像會讓想像力或哲學「純化自己的罪惡感」，或者——我必須補充說——會讓心境改正他的高度偏見！

亞伯丁夫人要我為她種一棵樹，所以我們就進入花園去栽一棵楓樹。她把一隻鏟子放在我手中，已故的國王喬治五世曾用這支鏟子在「柯羅瑪大廈」栽種他的樹。我翻動土，把土鋪在樹根上方，心中溫柔地想到每次我們造訪蘇格蘭時我們跟她和亞伯丁爵士在他們好客的家中所度過的快樂時光，想到他們送給我們的很多花，想到他寄給我們的有關我們各人以及她們最喜歡的山的畫作，有些是由亞伯丁夫人自己畫的。我們之間存在著這種微妙的深情連繫關係，對於人類會更快樂的看法也一致，所以我很難跟她說再見。

十二月三日於波色維爾牧師住宅

今天早晨我們離開丹迪時，山上有雪。史各特夫人表現出體貼的好客之情跟著我們一路上到波色維爾。她借給我們兩張精美的毯子來保暖。我們很高興，特別是在冷冽的風吹進火車上的小房間的時候。此時風勢加強，我其實感覺到風在「咆哮」，在裂口中撕扯著、吼叫著。

牧師住宅提供安全的符咒，抗拒那種一直追蹤我們的憂鬱；符咒包括孩童的笑聲、令人精神清爽的樸素、奮鬥以及刺激性的智力。我多麼感激這個避風港，讓我免於嘈雜和經常的打斷，我會感覺很煩躁，因為我回想起三十年之間數千次親筆簽名、在書和照片上署名，以及接受訪問時思緒如飛。在不斷強調盲人的需求的信、口信和文章中，我必須表現得多麼謹慎與專注啊！

然而幾乎沒有人體認到這一點，並且我也很少享有那種屬於作家特權的隱私。一位仁慈的女主持人對我說：「今天早晨，妳將可以獨處，」於是我專心於需要花一整天才能完成的特難工作。結果我首先就被要求下樓，去喝五分鐘的茶。我發現也許有十個訪客，他們不是待五分鐘，而是一小時、兩小時、三小時！他們離開時，我所剩的最後一點點耐心已經像「堤防的雪」一樣融化，因為我知道我將無法重新捕捉寫作心情或我正在追尋的靈感。在這樣的時候，我都很想中斷與人類的交際關係以及任何其他種類的關係！

又爆出一大批信件，意味著要辛苦努力幾星期之久。我的打字機旁有一堆未讀的點字信，似乎在譴責著我。兩隻手真的太少了——我應成為一位百臂巨人。

一封海外電報像晴空霹靂一樣出現，邀請我春天去訪問日本，幫助日本人去相信他們的盲人可以脫離痛苦，成為有用、自尊的人類。波麗和我先要解決一些困難的問題，之後我們才能去進行這種規格以及具國際意義的工作，但我們決定無論如何要完成此事。

波麗剛剛在我手中以拼字方式傳達了一個異常的消息：所的報紙都報導說，內閣正面臨一種極為棘手、困難的情勢，因為國王愛德華八世想要跟一個已離婚兩次的女人結婚。除非他放棄這個女人，否則一個極為嚴重的憲政危機可能會跟著而來，將對大英帝國造成影響。我在沉默的恐懼中很想知道：人民已對這個國王表現出深愛之情，他的名字為整個大英帝國領地的人所尊敬，那麼，他會採取一個違反他們的原則的措施？還是他會放棄一個意味著「以建設性的方式領導一個國家聯盟的大好機會」的王位？

人們心中懷有的世俗希望
會變成灰燼——或者會變得興旺
像沙漠灰濛表面上的雪一樣，
發亮短短的一兩小時後——不久就不見。

所有的國度的習俗都正在改變；新的慣例正在建立起來；具自由精神的人們不會屈服於權威對

他們的家庭生活所施加的規範；但無論這個束縛帝國的問題以何種方式解決，都一定會有一個悲劇因素存在。

我對於王太后微感悲愁之情，因為雷鳴與閃電正出現在她頭上方。我很驕傲地記起一九三二年六月十八日那天，「老師」、波麗和我奉王室的命令參加白金漢宮的園遊會。

我們站在八千人的群眾中，置身在一個世界帝國的榮耀中，似乎像是一個夢。在一段距離的地方是瑪麗王后和如今已故的國王喬治五世，置身於一個金色和深紅色天篷下，向客人致意，包括來自東方、穿著華美衣袍的君王，還有衣著耀眼的拜火教女信徒，以及來自天涯海角的傑出人物。最後，一個侍從武官告訴我們說，王后和國王要接見我們，於是我們走上斜斜的草地到王室帳篷。他們非常親切地跟我們握手。喬治國王問波麗：我是否懂他所說的一切？他希望看看人們如何跟我交談，而「老師」做了一次短短的讀唇示範。王后與國王對我們的工作表現出強烈的興趣，說我們的工作多麼奇妙。王后問我是否喜歡我的英國之行。我告訴她說，我對於英國花園是多麼著迷。

「妳看不到花，怎麼去喜歡它們呢？」她問道。

我加以說明：我嗅花香，感覺花、葉和莖的美。

國王喬治多麼親民啊！我對他的印象是：他象徵英國人所讚賞的強有力、樸實、努力工作的男子氣概。我們也喜歡瑪麗王后；她的王后風度讓我們覺得她很直率又親切。她的手像母親的手，不幸的人可以在她耳中傾訴他們的悲愁和困惑。

十二月四日

昨夜，家中的人聚集在火旁，就像英國數以百萬的其他家庭——對於國王想要結婚的消息感到震驚——就在此時，大衛拿來最新的快報。國會預定要在星期一開會，討論這個問題，並徵詢各處領地的意見。廣播整天都承載著重擔，英國歷史上最奇異的戲劇之一正要迅速達到高潮，透露出很急迫的氣息。

十二月五日的《點字版郵報》刊載十一月三十日「水晶宮」被燒燬的詳情。我感到很驚慌，因為我想到那壯觀的風琴、「貝伊德電視公司」的研究實驗室中的器具，以及王宮中的所有藝術品都毀了。現在我再也看不到一個曾具自身的歷史和傳奇的倫敦地標——幾代的人都以愉快的心情將這座王宮視為娛樂和歷史趣味性的中心。以一座新的建築物取代它，並無法補償一座獨特的建築的損失，因為這座建築典藏了一八五一年一次無以倫比的展覽品——所有國家的藝術與產業。

第一間盲聾者的假日之家已經成立了！那就是位於赤郡霍伊雷克地方「三位一體路」的「友誼大廈」。我內心的感受集各種愉快之大成，因為我今日讀到消息，知道「友誼大廈」是在六月底成立，使得一百二十七個有這種雙重障礙的人——其中有很多人不曾有過假日——可能帶著充滿陽光的心情去造訪它。我知道盲聾者在很多年之中已經自己籌募了四百鎊以上的善款，心中微微感到驕傲。

我在一九三二年夏天寫一封信到倫敦《泰晤士報》，要求有閒暇以及希望做善事的人應該學習手操字母，拜訪盲聾者，跟他們談話，帶他們去散步，以其他方式讓他們的內心感到快樂，但我從來沒有夢想到，才四年之後，他們就會有「友誼大廈」——這是在他們的孤獨沙漠中的一片可喜的綠洲。現在，我似乎清楚為何上帝讓我失去視覺和聽覺的原因了——也就是說，經由我，祂可能劈開一塊以前不曾打破的岩石，讓快速流動的河流穿過最荒涼的生命。我感到很滿足。

艾蜜麗·狄金生（Emily Dickinson）在以下的詩行中多麼絕妙地表達了我對「老師」的過世的感覺！：

「天堂」的很多部分已經從「塵世」消失
所以必須有一個「天堂」，
縱使只為了讓聖者遵奉
他們所做的宣誓。

這首詩見於《未發表的詩》，作者是新英格蘭最羞怯、最脫俗的詩人。這部詩集是我從「美國盲人印刷所」所收到的珍貴禮物之一。另一項禮物是凡·多倫（Van Doren）是《世界散文選集》，共二十六卷，包含了二十個國家的傑作。

十二月五日

就「英國新聞界」的紀錄而言，我相信這是第一次在今日新聞中不見「宮廷消息」。據說，辛普遜夫人❺已經消失。這一切預示著什麼呢？這是一部巨大的戲劇，是語言的藝術所不及的——一個國王籠罩在沉寂的氣息中，一個帝國取決於他的下一個公開動作。

十二月六日

今天早晨到聖布里德教堂。很感謝有一處象徵真正的崇敬與美的靈地，我們可以在其中逃離世界的愚蠢喧嚷。然後，我們可以從我們的生命之書中去除物質方面的掛慮。

那書就像一張可重複書寫的羊皮紙，上面
寫著時間與地方的瑣碎事件，
看啊！藏在下面的「理想」更新了。

波麗和我待下來，觀賞一個嬰兒接受施洗。他在儀式中微笑、發出低語聲的模樣真可愛。

我記得自己曾在類似的場合，手臂中抱著我的教子一小時之久。牧師（正在把教子引導到天堂）花了很長時間譴責魔鬼，我都懷疑他比較想到魔鬼還是比較想到說出下面這句話的上帝：「除非你變成像這個小孩那樣，否則你無法進入上帝的王國。」

空氣冷冽；我們走回家時，我感覺到融雪的嘎扎聲。太陽探頭進入門口，散發令人愉快的溫暖，時間很短，然後，東風再度吼叫著穿過裂口。我感覺到狗兒史基在每陣大風吹過來時忽然抬起靈巧的頭部，露出敏銳的好奇神情。我在英國不曾經驗到兩個相同的日子；天氣總是在創造出有趣的事情。

我很驚奇地聽到吉爾伯特．穆雷教授已經宣稱約翰國王是「金雀花王朝最聰明的國王」。我不是那麼容易信服的！我一直認為約翰國王就男人和統治者而言都是極為愚蠢又倔強的。

十二月七日

今天外在環境沒有發生什麼事；但對我而言，從來沒有一個日子是枯燥無味的。我內心有

❺譯註：即國王愛德華八世所要娶的女人。

一個「自我」經常在觀察、檢視以及進行哲理的探討。我無法望出窗外，無法看到臉孔的表情或聽到聲音的語調；然而，我卻能夠接觸到多麼豐富的經驗啊！我在內心檢視、衡量和注意每個手勢、每個腳步和每一種愉悅。只有當我已經盡我的能力清楚地說出我在人類之中所認知到的最佳情況，我才會滿足。當我充滿同情心、憤怒或喜悅時，那種不明確的因素才似乎顯得最重要。也許這是真正的我。可是，那麼多不同的「自我」掠過我的意識，我幾乎不知道自己是什麼樣的人。

牧師在餐桌旁以一種迷人的方式唸感恩祈禱，讓我讀他的唇。我希望更多的人唸感恩祈禱；這確實讓每餐都變得很可口，幫助我們記住：是主滿足了每種有生命的東西的願望。

仍然沒有「宮廷消息」。最後三天似乎是一個暗黑沉寂時期。

今天，我在通到教堂的墓地四周散步。我的感覺跟蘇格拉底一樣。他的朋友問他要把他埋在何處？他回答說：「你們把我的身體埋在何處並不重要，因為你們無法抓到我。」我一再經過墓碑時，都去觸碰它們，並沒有感到不安，但我不斷想著：世界上有多少人正在為歷史悠久的機構、國王和宗教信仰而挖掘墳墓。鳥兒正啄走冬青果。我很想知道牠們如何在夜晚保暖。我聽說，有時牠們的翅膀幾乎凍結在牠們發現了遮蔽處的樹枝上，在早晨時掙扎著要脫離。

十二月八日

我們剛收到羅斯郡丁格沃地方的朋友的四隻好看的肥胖鷓鴣。丁格沃地方離我們度過第一次漫長假日的「南阿坎」不遠——是從一九三三年六月到一九三四年九月跟「老師」一起度過的一個「安息年」。雖然我們感激所收到的這份禮物，但是當波麗打開盒子而我觸碰到有著柔絲般羽毛的無力、靜止不動的鳥兒時，卻禁不住淚水盈眶。我想著，牠們將不再在陽光溫暖地照在「南阿坎」的田野時，振動著沾附露珠的美麗翅膀，也將不再在我們曾坐著、夢想著的荒地中啄食了。

哦，在高地的「古老農屋」度過的那一年多麼美啊！記憶多麼時常打開門，於是我就站在那兒，浴在溫暖的陽光中！麵包屑從我們的手中落下，要用來餵鷓鴣、雉雞和畫眉鳥——當我們接近牠們時，牠們並不動。蜿蜒的芬芳草地再度在我的腳下伸延，我自己一個人走著，用牧羊人的手杖來引導我的步伐，同時春天把一波波荊豆花、金雀花、山櫨和野玫瑰的強烈香氣傳送過來。這就是自由！因為我不曾置身在能夠單獨漫步這麼遠的距離的地方。

十二月九日

一夜非常平靜的睡眠。但是當我讀到有關「荷蘭皇家」班機在柯羅伊頓發生空難的消息時，那種時常在我上方伸展其黑亮的翅翼的憂鬱又回歸了。隨著這架飛機，生命在同樣可怕的突然中墜落在我四周，發出轟然巨響，而我無論醒著或睡著都渴望生命的存在。

在罹難者的名字之中，我注意到德・拉・希爾瓦先生（Señor de la Cierva），是旋翼機的發明人。我記得他一九三一年四月在白宮，當時「老師」、波麗和我見了赫伯特・胡佛主席和夫人。我接待正在紐約舉行的為盲人工作的「世界會議」的代表團。在特別邀請而舉行的招待會之後，我們跟主席一起吃午餐。在談到盲人之後，我問他有關我們已經在地上看到的旋翼機的意見。他說他很有興趣，認為很有前途，然後他提到德・拉・希爾瓦先生。我記得主席表現出令人愉快的真摯模樣和不矜持的樸實態度。他懷著希望談到政治情勢和再現的繁榮景象，但是，當我告訴他說，我擔心我們的經濟問題會有很多年的時間不會獲得解決，他卻很入迷地聽著。我說到他的工作很了不起，他卻安靜地說：「妳不會每天遇見像我這樣無趣的人！」「老師」和我對於他的謙虛留下深刻印象。他確實有智慧知覺到自己的侷限——這是遠比他偉大的人所缺少的特質。

今天我們跟拉夫醫生的女兒瑪若麗和她的丈夫楊格博士吃午飯。拉夫醫生和夫人也在場，跟平常一樣表現得很親切，對我們所做的事很感興趣。很自然地，愛德華國王的婚姻計畫成為討論的主題。我到處都聽到人們說，國家的重要事情都因為他的猶疑不決而受到阻礙；我可以看出我四周的人已經變得多麼沒有耐心，無論如何，我認為他可能退位。無論他決定怎麼做，很清楚的是，他的臣民已經深受傷害，而那種將帝國結合在一起的環節——對君主的忠心——以後會斷裂。以前的預言是，「所有的王國、權力和統治權都會成為過去，只有『主』會君臨，」但這並不會減輕人們的痛苦，因為人們期待國王愛德華是民主領導的樂觀保證，大英帝國是臻至世界和平的希望所託。

今天晚上最新的新聞報導是：辛普遜夫人如果必要的話，願意「從一種已經變得既不幸又會受到攻擊的情勢中退出來。」然而，我卻懷疑國王是否會接受這種解決問題的方法。

十二月十日

當我們在靠近教堂院落的小山谷散步時，波麗說道：「燈已點亮，而現在才兩點鐘，」我很驚訝。我聽到以下的情況覺得很有趣：在這個地區，仍然有一個人在黑暗降臨之前拿著一根柱子在巡邏，轉開瓦斯噴嘴，輪流點亮每盞燈，而現在離史蒂文生（Stevenson）寫〈為瓦斯燈請命〉已有七十年了。

無法控制的謠言如火如荼傳開，但現在確定的是國王愛德華八世已經退位。到處都充滿強烈的興奮氣氛。我懷疑國王陛下是否會從自己的決定中感覺到他所預期的快樂。有一種對人民的愛超過對女人的愛。

我確實相信上帝賜給了我們快樂的生命，不是痛苦的生命。我確知，人類將永不會因為過分快樂而變得懶惰或冷漠。痛苦、失敗、分離、死亡將一直是大自然必要的常規，而當一個巨大世界文明的複雜性和危險的實驗增加時，這一切將可能變得更具威脅性。我們要審慎地努力，讓上帝的子民安全地享有祂的禮物——愉悅。很多人對於構成「真正的快樂」的要素有錯誤的想法。獲致真正的快樂不是經由自我滿足，而是經由對於高尚目標的忠實。「快樂」應該是一種成就的「手段」，就像健康，本身不是一種「目的」。每個人類都有不可否認的權利，這些權利受到尊重，快樂就有可能。權利包括盡可能過著自己的生活、選擇自己的信條，培養自己的能力，但沒有人有權利只消費快樂，不生產快樂，或者把自己的負擔加在別人肩上，只是為了滿足個人的慾望。我這樣說的意思是：我認為，如果愛德華國王在多年為整個巨大帝國的臣民的福祉貢獻心力之後，要在內心感到安寧，那麼，他本身就需要具備不尋常的才能。任何生命要表現得確實高貴又具重要性，唯一的途徑就是要相信自己出生在這個世界上，是為了達到比在塵世生活的侷限之內所能達到的更高貴目標。

我認為，布朗寧（Browning）的詩〈迷失的領導者〉（The Lost Leader）是為這個重大的日子而寫的。

十二月十一日

今天晚上我們在格拉斯哥看一部電影《舊金山大地震》，描述一九〇六年毀了這個城市的地震和大火。第一部分是我在歷史事件的電影中所不喜歡的愛情故事，但最後的部分卻很有吸引力，很有懾服作用。這部電影讓我感到不寒而慄，像是一個被圍攻的城市所豎起的黑旗。我可以感覺到地震發出隆隆聲，建築物倒塌，火燄怒吼，自來水管爆炸。我想起尼德（Ned）⑥以強有力的文字描述他所親見的可怕情景，心中又籠罩著悲愁。他以前住在舊金山，在那兒當建築師；他全心全力投入重建城市的辛苦工作。波麗為我描述熟悉的「市場街」；我們到廣大的美國各地進行演講之旅而造訪舊金山時，時常走路或坐車到那兒。舊金山我最喜歡的是那壯觀的海灣，有各國的古老渡輪和船隻穿過「金門」。如果再旅行到那兒，我懷疑是否會從雄偉的新橋——據說是世界上最長的橋——看到跟往昔一樣詩情畫意又浪漫的景色。這麼多難以建造的現代建築有其悲劇的一面，那就是，它們毀了無價且無法取代的自然之美。

對於國王的退位所感到的興奮之情持續著，並沒有消退。各個階級的人正在表達悲愁、憤怒和受傷的自尊。數以百萬計沉默的人，無論生病或無恙，安全或暴露在危險中，都承受著重擔，但不要求紓解，我在他們之中感覺到一種無可回應的挑戰。

---

⑥原註：愛德華・L・霍姆斯（Edward L. Holmas）。

全世界的人今夜已經聽了國王來自溫莎堡的告別廣播。我在他的言語中感覺到一種高貴的誠實；他很坦誠地說出自己的心聲，我很尊敬他。我比以前更為王太后籠罩在兒子離別的悲劇氣息中感到傷心，也為她所表現的鎮定勇氣驚嘆不已。

從每個觀點來看，愛德華八世放棄一種本可以支配自如的權力，這是很難了解的。無疑，他已經遭遇到很多困境，需要不斷省思和表現出才能。如果他成功地解決這些困境，會是更加偉大的。

當我們面對挫折而變得沒有耐性時，會自問：為何在我們的途徑上出現可怕的障礙！我們禁不住要經常疑惑：為何我們不能一帆風順，而不是總是被迫與逆風和惡水作戰。無疑的，原因在於：性格是無法在安逸與平和中培養的。只有經由困難與痛苦的經驗，才能強化心靈、看清視野、激發抱負、獲得成功。在歷史上因為對人類的貢獻而受到尊敬的大部分男女，都了然於「逆境的用途」。他們之所以成功，是因為他們拒絕被困難或對抗的力量所壓服。這些障礙召喚出他們的潛能以及決心，讓他們遠遠超越本來無法企及的任何目標。

十二月十二日

昨天我寫信給我的朋友亞歷山大．伍爾科（Alexander Woollcott）。他寄給了我一份對「老師」的珍貴讚詞。他告訴我說，一些高中女孩問了他很多問題。其中一個問題是：「在你看來，現今最偉大的女人是誰？」他說，他甚至不需要時間考慮；他心中毫無疑問，回答道：「安妮．蘇利文．梅西❻。」他又談到：「她死後仍永垂不朽的偉大工作，就像狄更斯死後，他的《聖誕頌歌》永垂不朽。」我的心中之所以對亞歷山大．伍爾科有一種特別溫暖的感覺，另一個原因是，他在「老師」住院時每天送花給她，使她在孤淒的時辰中感到很快活。

他所做和所說的一切都富戲劇性。有一次，他去紐約的「醫生醫院」採訪「老師」，對她說：「如果國王愛德華八世創造歷史，我將不會驚訝。」就他的口才和文章而言，他在人類史的這個驚人篇章中有什麼不可能揮灑自如的呢！

我無法以言語描述愛德華國王在四十二歲時自我退場——自我退位、自我放逐——所造成的非凡效應。英國民族的最高尚抱負都具體化在他身上。他在他的人格之中灌注進國家年輕人的活力；他象徵了他們的新希望，他們的前瞻運動。他是很多人的問題的助手與詮釋者。他象徵王座上的民主，他就是倫敦、英國、「青春」、整個世界。現今有一種所有人想必都感覺到

❻譯註：即海倫凱勒的「老師」。

的空虛存在著。

當然，是辛苦工作的人把人民凝聚在一起，但是只有具珍貴資質的人才能喚起熱情和普遍的感情，才能成為一種朝較高地位——國家聯盟——努力前進的環節！我要再說一次，愛德華國王是一種有希望的保證，保證會促成很多有利的變化。他代表行動和言論方面的一個「時代」，他主導一切，使得眾人能夠擴展同情心、服務的意志或自我改進的欲望，而現在他已走了。

我們今夜到格拉斯哥去看一部據說在三千年前上演的迷人中國戲劇，很高興就此忘記了上述的想法。戲劇上演時沒有任何現代設備，很多地方都要靠想像。戲劇所根據的故事，是有關一個中國皇帝的女兒「寶溪小姐」要下嫁皇帝的園丁。（在那些日子裡，園丁儘管地位低，卻像藝術家那樣受到尊敬。）「寶溪小姐」的兩個自傲的妹妹讓姊姊的生活很不好過，園丁也被趕走了。一隻美麗的白色野鵝從「寶溪小姐」那兒帶了一件表示貞潔的信物給這位園丁。她單獨跟著他越過漫長又危險的山路，穿過敵國。最後，皇帝為他們彼此的高貴忠貞之情所感動，就懲罰羞辱他們的丞相。演員是靈巧的業餘人員。波麗為我描述他們迷人的服裝以及中國的音樂。從開始到結束，這部戲就像一首彩虹詩。

十二月十三日

我的缺陷使得我無法對窮人、負擔過重的人、無知的人做出更大的貢獻，我時常為這一點感到很悲傷。但為何要像日本人所說的那樣，為自己滿杯的渴望而抱怨呢？

我體認到凡人只是消失在時間大洋中的小水滴。任何種族或個人所能做到的，充其量只是更深一層進入「聖心的意志」之中。種族，個人，會體現最高的天命，因為最高的天命是最佳的媒介，可以促使善意之流穿越各個時代。

還有另一種信念支撐著我——一種警戒著的天意以平等的方式指引著這個行星的運轉以及麻雀的飛行，標示出人類的事務，強化努力的力量。這種信念——上帝「親身」對我們感興趣——在我們以陌生人和敵人的身分生活其中的令人厭倦的古老世界裡，提供了較美好的光景。這種信念讓那些能夠有信仰的人意識到力量。這種信念讓他們確知人類能夠克服惡人的陷阱、陰謀和貪婪。他們知道「主」的軍隊在他們四周紮營，所以他們不害怕陸軍、海軍或長長的抵抗隊伍。他們很自信地告訴自己說，有一天所有的人將成為有愛意的人，人類的災難將消失在那照耀在地球上的平和與善意的陽光中。

我意識到很多人認為這種對於「造物主」的概念是過時的。有時我在內心聽不到「祂的聲音」，讓我心中籠罩著懷疑，但我不能放棄這種信念，因為一旦如此，我就不會擁有穿過世界的黑暗的亮光。

如果沒有一種神，就算只是一個位於黑暗力量中的仁慈神祇，則人類在沉重的負擔之下辛苦工作，冰冷的寒風刺骨，沙漠的太陽炙烤著，看到自己所愛的人遭受殺戮或凌辱或死於飢餓，就無法倖存了！與人類正在發現的無法衡量的新力量相較之下，人類算是很原始的。人類仍然受阻於卑賤的本能和迷信，他們越來越需要一種打開眼界的信念，相信有一種慈善的「力量」，讓他們與它合作，以克服困難，創造新局。僅僅這種力量就能夠使他們免於消失在一種大災難中，「為自己的愚蠢所毀。」

在《蜘蛛的生命》一書中，亨利．法布爾（Henri Fabre）以動人的方式宣稱：那些似乎微不足道的事情時常意味著，那友善的「力量」忍受著無限的痛苦，以保存最不重要的東西。他詳細討論那種支配最微細節的優秀智力。他提醒我們說，那第一個摩擦琥珀因而發現它會吸引小片廢物的人，並沒有想到我們的時代的電學奇蹟。這個人只是以一種童稚的方式自娛，並沒有留下什麼記錄。然而，這種為人所疏忽的實驗，卻無論如何被善加利用，被以各種可想像到的方式加以重複、試驗、檢驗，一直到它變成文明的一個極重要部分。

十二月十四日

每個人都在告訴我說，坎特伯里大主教昨夜在廣播中的聲音是多麼美。他的演說讓我體認到——是我以前所沒有過的——整個大英帝國的人民在「政府」與「君權」的分裂期間表現得多麼大方、寬容和團結。現在，命運的手無疑會揭開幕簾，讓亮光照進一齣時代的戲劇中。

「現代人的特性是什麼？」——這個問題一直讓我很感興趣。我努力要在我的閱讀中找到一個答案。當然，我的觀察機會有限，但我不斷經由別人和我自己的經驗在增強我的評判標準。

我認為，有一種特性可以強化生命的愉悅，那就是去喜愛那顯示在舞蹈、旅行、飛行、高速度機器中的快速動作。另一種特性是去欣賞那由新建築以及改良的都市計畫所代表的美麗、簡單線條和對稱性。然後就是很強烈地去感受由紡織品和女人的衣服所證示的色彩。另一方面，現代人對爵士音樂和機器的轟隆聲的寬容，顯示出他們對於和諧的聲音表現出奇異的遲鈍。

在談話中，我時常注意到人們對於極端行為的憎惡，對於專斷的觀點的不耐煩，對於過分注重細節和干涉個人習慣的不喜歡，也注意到人們完全不會沉默寡言。

我也觀察到年輕人強烈地嫌惡衣服的虛飾和奢侈。他們很容易顯得厭煩，認為交換想法是很累人的事，但他們喜歡把傳統撕扯成一片片，粉碎古老的習俗。他們敏於發覺幽默或荒謬的事，他們避免嚴肅的討論。然而，我卻在他們之中感覺到服務的精神在增長，對於未來是一種很好的預兆。

今日，牧師住宅已經出現第一波聖誕節氣息。冬青正被從近處的樹上剪下，要做成花環吊在教堂大廳。自從我二十年前住在倫桑姆以來，就不曾看過有任何人剪下冬青，織進花環之中。我想念那種可愛的老式簡樸；以前在美國，這種簡樸都彰顯出聖誕節是出生低下、經常生活在最卑微的人之中的基督的生日。

十二月十五日

今天跟住在迷人、肥沃的柯萊德河山谷上方山中的一位礦工家庭愉快地喝下午茶。我們舒適地坐在整齊、清潔一如客廳的廚房中吃圓餅和薄煎餅。〈佃農的星期六之夜〉的旋律在我觸碰所有東西時一直在心中盤旋——我觸碰著擦得非常亮的爐灶旁的鍋架上的茶壺、很好看的裝椰子汁的碗、嵌進牆壁的兩張箱形狀大床。我相信，這個家庭代表正要在蘇格蘭消失的一種性格類型。

在回家途中，我們停下來等牧師住宅的孩童們，因為快要放學了。我很高興聽到他們從大門湧上來，是「哈米爾頓學校」的一千名男孩與女孩，像一團可愛的青春瀑布！有三個孩童擠進車中，笑著，利用手語在我手中喋喋不休談著。

我在等他們時，思緒回歸到我遇見義大利教育家瑪利亞・蒙特梭利（Maria Monltessori）博士的兩個場合。她那結合以強烈的真摯之情與迷人的誠懇之情的個性讓我很感動。她聽說，「老師」和她都獨自發現，孩童不應該被教以事物，而是應該被鼓勵自己去發現，所以她表示很有興趣。我記得她多麼強烈地批評義大利的教會對於心智的自由所表現的拘泥態度，以及童年因為貧困而受到傷害的方式。後來我又在舊金山的「泛美博覽會」遇見蒙特梭利夫人。人們舉辦盛會來為我們的時代的偉大教師致敬。當我記起蒙特梭利博士對安妮・蘇利文・梅西的動人讚詞時，心中仍然熱情洋溢。

波麗告訴我說，英國國旗正在為國王喬治六世的即位而飄揚。他對於扮演國王和皇帝的世界級角色想必是多麼百感交集啊！

十二月十六日

今天早晨南風轟隆作響，又下雨、下冰雹、打雷，下午則寒氣刺骨……

很少有這樣的日子：在工作連綿不斷時，我那些渴望的手指還可以讀一讀一本書中的一點東西。我從倫敦那兒得到了詹姆士．布利迪的《睡眠的教士》（*A Sleeping Clergyman*）一書的點字版，從睡神那兒偷了幾小時讀完這部戲劇。這部作品似乎是一種有益身心的解毒劑，可以解除現代的宿命主義和沾沾自喜。它透露出機智和勇氣，攻擊醫生、牧師和社會工作者為常規所束縛的傾向。對話生動，以輕視口氣撻伐欺騙和偽善，讓我想到蕭伯納。

這個名字，它召喚了我對他的《賣花女》一劇的記憶。我在芝加哥「看了」這部戲，讓我想像：如果我和蕭伯納彼此對談的話，他會知道「沉默的黑暗」的通關語。一九三二年的七月有一個下午，「老師」、波麗到亞斯都夫人家拜訪她，夫人把我介紹給蕭伯納。他對我致意時，我懷疑，他那隻很沒有反應又透露憤世嫉俗意味的手，是不是曾經以高貴的心態支持聾盲者的那隻手。我很笨拙地說，我多麼高興遇見他，不曾感到這麼光榮。亞斯都夫人顯然認為蕭伯納對我並沒有表現足夠的興趣；她把手放在他的手臂上，稍微搖動著，說道，「蕭先生，你知道，海倫小姐又聾又盲。」

「老師」猶疑了幾分鐘，才為我以拼字傳意方式傳達他的回答。從接下來的沉默，我知道發生了不平常的事。然後，「老師」重複他所說的話：

「嗯，當然了，所有美國人都又聾又盲！」

我覺得這句話很有意思，我認為他是特別衝著我而說的。以後有人告訴我說，他完全不是針對我的，但是不管是不是，我一點也不惱怒——我已很習慣他的奇怪、尖刻、投機性的言語。

最初我並不想寫一篇有關與蕭先生面談的文章，但是，一份美國報紙卻堅持。在再三思慮後，我認為複述他所說的話並沒有壞處，因為他都會利用每個機會來批評或取笑美國人。我從來沒有夢想到，有人會因為我而對他說出什麼嚴厲的話。從此以後，我都很後悔寫那篇文章。

我對蕭伯納的強烈讚賞不曾減弱。他寫出偉大的作品，是那些與壓迫和偽善的力量拚搏的巨人中最強有力者之一。世人要感謝他解放了束縛人心的虛偽，打破了偶像，並讓不講話的人說出了勇敢的言詞。

十二月十七日

我的書桌以及這個房間中的其他家具，再度滿佈信件以及大西洋兩岸的人對殘障者的請願。波麗用手指為我拼出這些信件以及請願的內容，手指都顫抖了，但我們還是跟平常一樣離終點很遠……

我很難過的一件事是，有一封請願書送到美國，轉到這兒，是請求為印度的盲童子軍發表一篇聖誕節祝詞，但轉來時已太遲，我無法回信表示同意。

另一封請願書是來自不知道我已離開的歐斯華．加利遜．維拉德。他希望我十二月十二日在一次慶祝卡爾．馮．奧希茲斯基接受諾貝爾獎以及代表其他囚犯的公民大會中發表演講。我很遺憾不能出席這樣重要的宣示和平台場合。德國政府對此事的態度很愚蠢，似乎令人難以相信。但德國政府的陰謀並無法禁制奧希茲斯基對和平的努力所激起的鼓舞作用。他會成為歷史記錄中的殉道者，成為真正愛他自己的國家的人，拒絕同意一種他相信只會使他的國家更陷進紛爭和不幸的措施。

「羅斯福紀念協會」寫來一封信，要我在一九三七年參加一年一度的餐會。他們延期頒發「老師」和我要在去年十月接受的獎章。我感激又悲傷地接受。我確知，他們希望對我表達的高貴讚詞，將有助於為遭受船難的人散播「希望的福音」。但任何榮譽對我而言都不如「老師」也可以分享的榮譽。

我出去外面，以輕快的方式散步，驅除悲傷的思緒，讓心情再度平靜下來，以利進行需要神經鎮定以及小心思考的工作。

今天吃蘇格蘭食物包碎臟。多麼多汁、美味、令人滿意的食物！難怪彭斯（Burns）讚美它。

布丁類中的首選！

它們之中的要角由你佔，

胃腹、內臟，或腸腺：
你值得擁有飯前禱告的長時間
一如我的手臂那樣長。

又回去工作，持續到我心中充滿不耐煩的感覺，像一隻刺蝟充滿刺羽。事情都被拼寫在手掌中，直到手掌幾乎破皮。很高興逃到床上，將在那兒閱讀肯尼茲．格拉姆（Kenneth Grahame）的《柳林中的風聲》。

十二月十八日

喜愛追根究柢的天命仍然讓我成為書桌的囚犯。一件又一件的工作接踵而至，像〈傑克所建的房子〉中的押韻……

我帶著自傲的愉快心情從今晨的《格拉斯哥前鋒報》中獲知，伊安．佛雪色爵士已被任命為「英國廣播公司」的總監。這樣一種克服缺陷的表現，將會摧毀那道阻礙盲者去享有生命最豐富的成就的牆。他將會有多麼獨特的機會經由廣播的巨大力量來激勵和教育人民啊！

今天我收到《紐約時報》的一份剪報，是關於將建立在「泰晤士河堤防」上的馬克吐溫頭部銅像。對於一位在一條大河上度過最快樂時光的人而言，這是多麼引人注目的禮讚啊！還有什麼地點比「泰晤士河堤防」更適合啊，因為在這道堤防四周籠罩著那象徵著人性被埋沒的黑暗！我一直想到上次在馬克吐溫位於康州的家看到他。我記得曾觸碰他可愛又憂傷的臉孔、讀他的唇──那臉孔記錄了他心目中似乎是無限悲劇的世界，對於殘暴行為的無情戰鬥、他所目睹的人類受到監禁和言行虛假的情狀。我不曾看到他笑，縱使當他在娛樂別人、提供他們大量歡樂去奮鬥和克服障礙時也不曾笑……

除了發明電話的亞歷山大·格拉姆·貝爾之外，幾乎沒有任何人像馬克吐溫那樣清楚地看到「老師」如何修補我的生命的破琴，賜給我取代視覺和聽覺的心智觀念。馬克吐溫說，並沒有上帝存在，然而他對人類的意志的具有無止境的信念，相信人類的意志可以更新婚姻生活，以愛穿透最深層的黑暗。

十二月十九日

還在下雨。我想知道所有的這些雨是從哪裡來的。但我在主日小學的派對上捕捉到一點陽光，因為我看到了一棵聖誕樹四周的四歲大孩童們。他們穿著小小的派對大衣，多麼像花啊！

消息剛傳來，一個年輕的聾學生R．皮奇特先生獲得倫敦大學理學士學位。他歷經這個困難的過程，沒享有任何優惠條件，如此證明他具有無庸置疑的能力。他獲得黎朋主教和強伍德爵士的熱烈道賀。關於後者，我三年前在倫敦於「國立聾人教師學院」為我舉辦的午餐會上遇見他。我很感興趣地讀著消息的內容：皮奇特先生的一個同學把教授的講課內容準確地記下來，讓皮奇特先生能趕得上教授的講課。

我多麼了解這個部分：他爬過陡峭的高處！要不是「老師」在四年中坐在我身邊，在我手中逐字把講課的內容拼出來，我是永遠不可能去上大學的。這一點很強有力地證明：只要正常的人表現同志的精神與殘障者合作，他們可能就會有所成就。

今天晚上到哈米爾頓去看電影《如果我有一百萬》。吹了一天怨言似的風，下了一天的大雨，咔嗒咔嗒地打了一天的字之後，電影所激起的笑聲讓我重振精神。人們時常會表示驚奇：一個聾盲的人竟然可以從電影中獲得任何的快樂。波麗為我讀字幕，為我拼出對話，為我描述臉部表情和服裝，動作相當快速。她具有女演員的能力，能夠以纖細的手為我傳達電影為她所顯示的幽默、哀愁或美。

每次我去看電影——次數倒是很少——我都像乘著記憶的魔毯到好萊塢，因為我於一九一八年在那兒拍了我一生的故事的電影。人們總免不了要問我，我既然聽不到導演的指示，又怎麼可能拍電影？但是喬治．佛斯特．普拉特（George Foster Platt）為我設計了一套輕拍動作的信號系統，讓波麗有時間詮釋他的指示。「拍—拍—拍」的振動傳到我腳上，告訴我何時動，何時停。儘管我在不自在的感覺中表現得很笨拙，但那些預演卻是我很喜歡回憶的喜劇性場面。

那遙遠的魔法在我身上發揮力量，查理．卓別林以他羞怯的模樣和迷人的謙遜神態橫越我的生命舞台。他為我們倒背如流說出《狗的生涯》和《大兵日記》，為我秀出他那不可名狀的帽子、褲子和鞋子，我一下子微笑，一下子又流淚。我特別愛慕查理．卓別林，因為他對弱勢的人類深具同情心。

情景再轉換一下，我們正在瑪麗．畢克馥（Mary Pickford）的製片廠平房與她吃午餐，見到扮演「Q先生」的道格拉斯．費爾班克（Douglas Fairbanks）穿著漂亮的衣服，注意看著瑪麗．畢克馥在拍《小安妮洗冤記》。我很生動地記得畢克馥那因費勁而緊繃的身體，她那熱誠、敏感的臉孔，以及充滿善意的發熱、骯髒的小手。

一陣狂暴的南風吹來，幾乎把前往教堂途中的我們吹倒，而在走回去時天上又猛降下大顆雨滴……

牧師發表了很有助益的講道，所根據的故事是：在基督誕生之前，瑪利亞前去尋求遮蔽處的伯利恆客棧並沒有房間。我特別喜歡他說：「對物質的追求從我們的生命客棧中排擠掉對別人的天真接納、每日的聖經閱讀、對美的喜愛，以及護衛生活中的健康與興趣的強有力質樸特性……」

閱讀肯尼茲．格拉姆的《柳林中的風聲》，讓我快速度過下雨的時辰。此書傳達一種很豐富的鄉村快樂感，以及英國人在爐邊的健康、舒適生活方式。是的，此書並不是以一本有關大自然的作品吸引我。我不曾能夠欣賞伊索、拉封登的寓言或任何其他寓言：寓言都是藉由不會說話的動物口中說出我們的想法，或者讓不會說話的動物變得很荒謬，穿上我們的衣服，或划著小舟，或開著汽車。動物本身遠更加吸引我。無論如何，格拉姆先生以精緻的筆觸描述河流、春天野花以及懷中抱著海獺寶寶的牧神，就像漣漪和歌聲一樣掠過書頁，我的手指也跟著愉快地跳動著。

我也探索奧瑪．開儼的《魯拜集》的光采，時而撿拾一塊蛋白石，偶爾撿拾一塊紅寶石，到處採擷玫瑰，但是我就是無法讀完。也許這是因為悲傷已經淋濕我，而「我的生命將成為新沖洗過的大地」，不再能夠留住雨。《魯拜集》確實經常在我面前投下混亂的陰影、蒼白的亮光、暴風雨、被「恐懼」所支配或被「失望」所壓制或把痛苦埋在肉慾中的人，以及沙漠與墳墓。因此，它是一種墳墓，永遠不會因純雪而變得美，也永遠不會因為春天的希望而變得綠！沒有亮光可能到達盲人的靈魂，沒有人可能了解聾者，也沒有言詞可能出現在無言的嘴唇上。

如果一個人不知道「愉悅」是世界的一個重要力量，他就會錯失生命的本質。「愉悅」是一種心靈的要素，為「變化」提供一致性和意義。相信「善」會戰勝「惡」，則會活絡種族的生命，開明的樂觀則會培養人們的建設性目標，使他免於那種會禁錮思想的恐懼。悲觀或**消極的**認命則會弱化心靈，瓦解社會，而堅決的認命則是一種力量。前者只是一種懊悔，後者是一種擁有，因為它是信念、一種動機力量。樂觀是耶和華的閃電，淨化被霧所籠罩的空氣。

十二月二十一日

今天是塵世的年份最短的一天，但在我的心靈日曆中，它卻是最長的一天。

最長的日子在六月天，人們是這樣講；
最短的日子在十二月天。
對我而言情況從來就不是這樣——
我所記得的最短一天

是你來停留一天，
你讓我內心笑聲滿滿。
最長的日子，你不在我身邊，
是那天之後的隔天。

自從「老師」離開後，似乎過了好幾年而不只是兩個月；我已體驗到一種每天死亡的感覺。每一小時我都渴望從她那有生命力又美麗的手中傳來數以千計的亮眼信號。那就是生命！那隻手以一個微小的語詞觸碰我內心的黑暗，我在快樂和愛中醒過來。那隻手敏於回應每種需求，終於解開一束束暗黑的沉寂，編織出更美麗的圖案。那隻手閃亮著它所尋回的亮光，讓我可能看到東西，響著它傳送到我內心之耳中的悅耳音樂。五十年後，我繼續感覺到她親切、善於溝通的手在我手中所傳達的溫暖、激勵，就像人們所告訴我的：一個殘廢的人在一個失去的肢體中感覺到生命。我尋找著，但它卻不在。這個沉重的日子在我上方磨轉著，就像一條冰河在一處一度呈現愉悅的綠色的田野上方磨轉著。更多的生命在聖誕節之中消失，而聖誕節的中心是「老師」，是她點亮所有美之燭光所加持的慶典，是她那努力要尋求新方法以創造歡樂的個性所散發的珍貴亮光。

但是，如果聖誕節沒有用人類之愛的線索把我們所失去的人拉近一點，讓我們的生命成為上帝所認可的靈地，讓我們對所失去的人的記憶活在其中，那麼，聖誕節又算什麼？聖誕節是再播種種子，而種子將成長為茂盛又果實纍纍的樹木。把聖誕節和「老師」聯想在一起，我會感到很振奮，就像經過一個多霜的夜晚後，陽光讓莖上的花兒抬起頭來。「老師」無疑時常對我的弱點和做得不好的工作感到失望。我無法想像，她看到了我的什麼價值，使得她有半世紀之久一直待在我身邊。我只能認為，她是上帝之愛的媒介。如果她稍微不關心我，我就會顫動著身體猜想可能出現了什麼狀況。但因為上帝把她這個豐盛的禮物送到我空虛的世界中，所以我確定祂會在這個聖誕節第二次把她送給我，並經由她的工作的更偉大的激勵作用把她送給世界上殘障的人。我確實不會說，我已經屈服於那無法容忍的命運，因為她在這種命運中為我發現了經由服務、想像和友誼而走出的明亮出路。

十二月二十二日

就算聖誕老人要從煙囪下來，加上馴鹿、包包的禮物以及所有的一切，也不會勝過今天早晨在這兒出現的熱鬧的熙來攘往的情況。我的四周出現兩堆聖誕節電報、信件和包裹，其中一堆要送到郵局，另一堆放在裝飾著冬青花環的前門。

我們六個人一直攪拌著梅子布丁。現在布丁滾了，正在起泡，整個房子散發出一種令人愉快的香味……

於格拉斯哥

波麗和我這個下午一直在拜訪朋友，我們是在「中央旅館」過夜，房間是我們來格拉斯哥時習慣跟「老師」一起待的那個房間。

今夜，我以微微悲愁的心情想到亞伯特·愛因斯坦的喪妻之痛。今天的《格拉斯哥前鋒報》有一則他的妻子去世的通告。我知道，他的優雅勇氣和高貴思想促使他去發現新的事物，我知道他會撐下去，但我記起他已經忍受多少痛苦，很是心痛——他身為猶太人遭受迫害，德國政府傷害他，把他人道的和平主義烙上「叛國」的污點，他被從深愛的國家驅逐出境，信仰跟他相同的人對他懷有憎意，因為他在他們的聖堂中看到一個更崇高的「上帝形象」，努力要顯示給他們看。現在，他在放逐生涯中失去了共享他的友誼，共同承受他的勞苦和同享他的成功的明智、忠實的伴侶，這似乎是太殘忍了。

我的鮮明記憶中出現了那個太過短暫的時刻：在愛因斯坦教授於一九二九年坐船回到德國之前，「老師」和我與他在紐約「聖莫利茲旅館」共度過短暫時刻。他對「老師」說：「梅西夫人，妳的工作比現代教育中的任何其他成就，更讓我感興趣。妳不僅教給凱勒小姐語言，也開展了她的個性；這種工作之中存在著超人類的因素。」兩天之後，我在由「新歷史學會」主辦的和平會議中又見到他。

我多麼生動地記得他那透露同情意味的握手姿態，他那保守、幾乎羞怯的模樣，他允許我觸碰他高貴的頭時所顯示的童稚純真。面對一個「偉人」的奇妙感覺無法以言語形容。我只能說，當我站在愛因斯坦身邊時，突然感覺好像地球的喧噪聲在他的個性所散發的大量友愛靈氣中變得靜寂，一個新世界充滿了這個舊世界，就像春日的陽光充滿冬天的天空。

十二月二十三日於格拉斯哥「中央旅館」

今天早晨醒過來，確定曾經看到「老師」，所以整天都感到比以前更快樂。我夢到她跟波麗與我坐車穿過一處很像「南阿肯」的鄉村，佈滿石南的小山和波浪似的仙楂花在樹籬之間起伏。

她臉上散發健康的紅光，發現我那麼接近她，洋溢著快樂的心情；她一再看著，好像嫌我們四周的可愛氣息不夠強烈。她給我一個像小提琴一樣的精緻樂器，說道：「**海倫，聽著，這將是妳的一隻耳朵。它會把聲音傳到妳手上——鳥鳴、遠處的腳步聲、妳無法觸及的水聲淙淙。妳的另一種束縛將被解除。**」

擁抱了我一下——然後她不見了，然而我並不覺困惱。不知怎麼地，我知道她的出現是一種神聖的出現；醒過來時心中感到很多個月以來不曾有過的平靜。至於那帶來聲音的東西，我仍然必須去了解：它只是一個夢？還是一種預言……

今日穿過格拉斯哥街道，進行聖誕節的採購，真的很快樂。人群擁擠，但大家都很和善。幾乎每個人都帶著包包的東西和冬青。我感覺到，聖誕節的心境確實支配著這個城市以及遠處的安靜鄉村。助理們雖然早晚都在客滿為患的店裡工作，但也找時間快樂一下，滿心「聖誕快樂」的祝福。我很愉快地期待明天的到來，孩子們可以免於做功課以及功課所時常帶來的苦惱。

十二月二十五日於波斯威爾牧師住宅

昨天我停下一大堆工作，讓孩子們和我可能一起玩樂。他們在裝飾房子，不斷停下來，讓我看一小片槲寄生，說我一定會被鉤到；或者讓我看一小枝特別明亮的冬青果。要是我無法觸碰到橫跨大廳的花綵，他們會把一個梯子放在一個方便的地方，要我爬上去看一看。每次有包裹送達，我們就會把它拿進去，討論要在很快就滿起來的客廳的什麼地方找到空間放置它。我對著胖嘟嘟、飾著緞帶、出現小樹枝的包裹發笑，看著它們佔據這張桌子，用我的點字手稿和打字機交換季節讚詞。

羅伯時而會打開鳥籠的門，要我試著跟兩隻非常美麗的相思鳥——他的第一個聖誕節禮物——交朋友。牠們非常羞怯又靦覥，但是讓羅伯感到無限快樂的是，我用指頭觸到了一個柔軟的胸房，一個小小的鉤狀嘴喙或一個張開得很大的尾巴。他說他要馴服牠們，讓牠們在我回到美國之前棲息在我的指頭上。我可以想像牠們歪著頭聽收音機，然後競相發出吱喳聲掩蓋聖誕頌歌……

一場歡樂的聖誕夜餐宴，只跟家人一起共享。看著餐桌裝飾得那麼講究，透露著喜慶的氣氛，可真快樂。我們有火雞和梅子布丁，我們一起吃著，一面對著由「帕克」和「好人羅賓」❼所引發的雙關語、奇想和胡亂的欺騙伎倆發笑，我們也說些笑話，注視著孩子們提出有關他們所要收到的禮物的奇怪、令人難堪的大量機智問題。

回到客廳的火旁，我們八個人打開盒子和一捆捆的東西，房間感覺起來簡直像雪堆似的閃亮金屬片、絲帶、乾草和片片精緻羊毛。我置身在這種歡樂的氣氛中以及每個人對自己和別人的禮物的快樂感覺中，發覺聖誕頌歌在我的孤獨中發出柔和、諧和的樂音。是的，我不會感到滿足，但這強烈地意味著，我享有記憶的平和與愛。

我聽說，今天是七年以來最溫暖的聖誕節。波麗和我享受了一小時令人難以忘懷的散步，走在似乎顯示出最真實的聖誕節的田野和草地之中。溫暖的陽光融化了灰白色的霜，我們一路走著，秋天的香氣，和來自草葉很厚、很新鮮、手和腳接觸起來都很舒服的草兒的春之先兆氣息，都飄了上來。波麗說，空空的樹籬黑黑一片，綠色的草本更美。有時，她會停下來，讓我觸摸覆蓋著苔蘚的石堤、長滿杜鵑花的堤岸，或潺潺流動的泉水。有一次，我們停下來，跟草原上的一隻小牛交朋友。小牛小心翼翼地用鼻子觸碰我的指尖，顯然很失望我沒有給牠東西吃。

除了一個農夫和他的馬之外，我們在路上沒有碰到一個人。鳥兒在我們四周發出溫和的唧唧叫聲。遠方一家醫院傳來唱聖歌的樂音，幾乎沒有打破沉寂。這兒確實是那種賜予生命的力量——單純、樸素的東西的強有力又持久的源泉。我在這兒好像聽到與風雨搏鬥的遙遠祖先們的母語——大地的言語與我小孩時代所呼吸的空氣。我體認到，我一直喜歡那些田野和樹木，是因為我年輕時很喜歡田野和樹木。「改變」可能是活絡生命的風，吹過生命之屋，但它不是一種持久的力量。我們需要永恆的事物，把「平和」與「進步」深印進我們的腦海之中——大地的美、播種時間、農作收割、情人的微笑、生氣蓬勃的年輕人所顯示的愉悅，以及對技藝的自傲。為什麼，哦！為什麼我們要在一個高抱負、瘋速度、累積財物、讓我們沒有機會過生活的時代中，忘記這些持久的寶物。如果我們無法對一點點東西感到滿足，那麼，財富就永遠不會讓我們滿足。創造只有從簡單的開始才能自由地持續下去……

十二月二十六日於史特林地方的芬斯宅邸

我們的朋友本斯家人邀請我們來這兒度過聖誕週末。「芬斯宅邸」是一座喬治王時代風格的漂亮大房子，外面爬滿長春籐，裡面充滿蘇格蘭人溫暖的心。牆上掛著飾冬青花環的鹿頭。火旁是四隻美麗的狗——三隻「金拉布拉多」和一隻「短腿狗」。波麗說，牠們躺在彼此身上，像一堆黃金在火光中閃亮著。

---

❼譯註：莎士比亞《仲夏夜之夢》中的角色。

邸宅籠罩在「史特林城堡」的陰影下，就聳立在古老「古蘇格蘭森林」以前所在的地方。花園的白楊樹籬以及冬天的寒氣所無法壓制的混合香氣，讓我內心感到很愉快。

昨夜有幾位客人來吃飯，其中一位是詹姆士・麥克內爾・惠斯特勒（James McNeill Whistler）的年輕侄子。我一直在閱讀E・V・路卡斯的《倫敦的流浪者》一書中有關惠斯特勒的事蹟。我很感興趣，因為我知道，他是第一位發現隱藏在倫敦的霧中的可愛之處的藝術家。吃飯期間，我們一直在生動地談著紐芬蘭這個地方以及格倫菲爾在漁夫之間所表現的奇妙成就。他所寫的書《在拉布拉多的四十年》讓我對他的策劃天才以及跟他生活在一起的人的英勇與耐性留下很深的印象。

十二月二十七日

在床上吃早餐——一種美妙的奢侈。可愛的伊莉莎白本人把早餐帶來給我吃，包括家醃培根、我吃過的最好的炒蛋、吐司、果醬以及一直都有的一杯好茶。

我已經在「史特林城堡」的陰影下開始閱讀點字體的約翰・莫雷（John Morley）所著的《格拉斯頓的一生》。我記得當我告訴亞伯丁夫人說，我認為狄斯累利在某些方面是比格拉斯頓更偉大的政治家，她就說，她努力要排除我的異端想法，但我確定這是她會贊同的一本書。此書記錄格拉斯頓如何努力要把最高的道德原則應用在國家和國際事務上，我期望從此書文中學習到很多事情。同時，莫雷先生表達了我曾努力對亞伯丁夫人所說的話。格拉斯頓並不具「時常見之於優秀人物身上，因大公無私而令人尊敬」的超脫精神；我相信，沒有人曾懷疑狄斯累利的優越心智。再者，格拉斯頓寫道，「我不知道英國的商業為何不應該有其古老的家系。」這些古老的商業家系廣泛地凌駕了平凡的人，形成了狄斯累利在政治之中所害怕的團體，且時間證明他的恐懼是正確的。商業的關連已經從家庭事業擴展到財團，而財團是可永遠持續的，開明的政治家和經濟學家現今都很恐懼財團，視之為目前為止最有權威的寡頭政治。無論如何，我將繼續讀下去，機警地在書中尋覓新觀念。

十二月二十八日

提供我寫作空間的這個房間多麼令人感到愉快啊！拉布拉多狗「尊娜」每天早晨都來看我，金色的爪停棲在我的膝蓋上，吸引我的注意。顯然牠此時了解到我看不到牠，也聽不到牠。

我在這兒時，每天給狗兒們吃點麵包。午飯或晚餐之後，牠們可以待在餐廳。牠們總是待在同樣的位置，身為母親的哈美爾位於兩個女兒之間，而尊娜立於尾端。我把小片麵包傳過去時，感覺到嘉麗的頸子出現皺褶，事實上像小小的金鬃，我相信這在拉布拉多狗中是很少見的。

今天，我的腦中嗡嗡響著一封信，似乎是命運的呼喚。兩年以前，一位為盲人的理想而奮鬥的日本盲人岩橋到紐約拜訪我。我們很快成為朋友，他是那麼善體人意，充滿那種在信仰、藝術和哲學方面大放異彩的日本人微妙想像力。他用點字的方式跟我交談他想說的事。在交換了幾個句子後，我那奇異又不完善的用詞似乎就不再讓他感到困惑不解了。

我說我希望可以造訪日本，他的回答讓我驚奇得喘不過氣來：

「凱勒小姐，如果我跟日本政府做好贊助旅費的安排，請妳就在春天來日本為陷於大黑暗中的兄弟姊妹們打開門、助他們一臂之力好嗎？」

我幾乎不相信他以點字的方式所傳達到我指頭上的邀請訊息。我謝謝他，並說明我無法離開生病又迅速變盲的「老師」。他以優雅的英文回答：「上帝的奇蹟永遠不會停止。也許藉由一種比塵世更崇高的方式，祂會幫助你的老師重見光明，這樣她就能夠跟妳一起到日本。」

我認為事情會就此打住。

幾個月之後，岩橋先生寄來一封正式邀請函，沒有寫訪問日期，方便讓我選一九三六年的春天或秋天。日本政府已經擬定計畫，要在整個旅程中款待我們，他也通知我說，我所有的作品都已譯成日文。他也說，如果我出席一九三六年十月將新「燈塔」獻給大阪盲人的典禮，則對目標的達成將具重大意義。這樣一個大好的機會，不但可以為日本的殘障者，也可以為整個東方的殘障者，燃起新希望，可真眩惑我的想像力。然而我還是婉拒了。儘管「老師」經歷兩次手術，她的視力還是沒有改善，她的健康完全沒救了。

我的日本朋友們對於我這次的婉拒所表現出來的態度，讓我很尊敬他們的真心。去年春天他們第二次邀請我，不知道「老師」的情況越來越糟。「老師」對於我放棄另一個獨特機會感到很不快樂，幾乎強迫我同意。但我還是說「不」，確定這是最後的定案了。

這個月月初，讓我很驚奇的是，我接到一通電報，要我在春天訪問日本。波麗和我都表示同意，但為了謹慎起見，我們認為應該諮詢米格爾先生。我立刻寫信給他，表示強烈地希望接受第三次的召喚，視之為一種奇蹟。米格爾先生很熱心地寄來一封信，表示贊同這個計畫，現在我手上就有一封很長的點字信，是岩橋先生寫來的，請求波麗和我要接受，並宣稱，一切都為我們準備好了，他希望我們在四月中到那兒，旅行日本、韓國和滿洲國，於六月底結束旅程。在等待進一步的發展時，我的腦海充滿思緒，像隱藏陸標的霧一樣彼此排擠。事情發生得很快，如果我們要為我們的事情所可能發生的任何變化做準備，就必須每天擬定未來的計畫。

稍後於波斯維爾牧師住宅

今天下午我們開車到愛丁堡去買一點東西、拜訪一些朋友。我們晚上回到波斯維爾，波麗快樂地跳了起來：「海倫啊！愛丁堡城堡泛光燈照耀——看起來像仙境。」從各方面看來，那想必是很美妙的景色，懸在空中，在灰色的城市上投下一種迷人的魅力。

一走進牧師住宅裡面，我們就發現另一大堆信件在我們耳朵四周滾動著，但波麗和我都大步走向床，因為我們預知需要盡量多的睡眠以面對明天勢不可擋的信件數量。

十二月二十九日

出版我的作品的德國出版家奧托．希拉姆（Otto Schramm）先生寫來一封信，使得我的內心處在動盪不安的狀態。他以前曾寫給我兩次信，分別是一九三二年五月五日與一九三三年四月十八日，努力要完全排除掉我對布爾什維克主義的有利看法。這一次，他說他以出版者的身分再也不能不為這種見解負責，並且德國的法律禁止印行我寫文章表達對偉大的俄國經濟民主實驗的友善同情。因此，他「必須從德文版《中流》（*Midstream*）一書中刪除『剝奪我的睡眠』那一章中有關列寧的部分。」他又說，「我今天必須強調，我希望妳同時已相信自己判斷錯誤，因此妳很想讓我知道，由於妳已經了解俄國布爾什維克主義這種世界教條所可能造成的邪惡與可怕的毀滅，所以對它的態度已經完全改變。」

如果如同希拉姆先生所主張的，好幾百萬的俄國人身心已經受到戕害，那麼，這個國家就不會像我們所知道的那樣，現在正從反飢餓與無知的長久戰爭中解脫，變得比以前更強有力。無疑的，俄國犯了錯，且是嚴重的錯，但「國家社會主義」的德國也是如此，並且它已經回到「黑暗時代」的最黑暗狀態，拒絕給予年輕人自由，壓制所有與它限定的見解不同的見解，禁止所有對戲劇、電影、書籍、繪畫和雕刻的批評——除了根據納粹的觀點所推出的批評。

今天早晨睡過頭，這也許是好事，因為波麗和我整天駝著背處理郵件。郵件大部分是聖誕節的致意——美麗的卡片、溫柔的祝詞以及對於新的一年的激勵性想法；如果我要保持喜悅的心情，那就必須不去想那陌生的新的一年。

十二月三十日

早起，辛苦讀完我手中的「經濟安全法案」的第一份完全點字版，內容包括盲人的養老金，而這一部分在一九三五年的夏天已經成為美國的法律。我記得很清楚，波麗和我多麼辛苦地工作，讓盲人養老金的法律獲得通過！我們很欣慰地回顧這個法案獲得通過，回憶所有為此法案奮鬥的我們所有人所感受到的激勵，勝過我們多年來努力要去接觸學校對之無能為力的眾多失業盲人時，所受到的激勵。

我生活在這個點字傳譯的時代多麼幸運啊！這樣我就能抄寫無數的信，自己讀信，不用波麗費心。我幾乎整個早晨都專心於這件事。

經過兩年的沉默後，瑪哈瑪．甘地現在說了：「為我指出路，我準備再度去坐牢，我也準備被吊死。」

這是他以老年人的精力點燃一場致命的大火？還是只是一場將熄的火？我比以前更尊敬他崇高的心靈。另有一邊同樣充滿悲劇的意義。印度的「賤民」的人權被否定時，他們似乎不想要國家獨立——他們為何應該想要？

我以驚恐的心情閱讀泰戈爾先生那篇將流傳後世的譴責種姓制度的宏文〈偉大的平等〉。這是一杯斟滿神聖的憤慨之情的酒，不僅為印度高傲的人們準備，也為有種族或階級歧視的美國和每個國度準備。

我記得泰戈爾博士在訪問美國時，以高雅的禮節接受「老師」和我邀請他到我們在「森林山」的家喝茶，藉以表達對他的敬意。他給人的印象多麼深刻：他走進客廳，白髮很美，長長的鬍鬚波浪起伏，衣著莊重。我們彼此致意後，他讀了自己的一首詩，我把手輕放在他高貴的臉上，同時他以豐潤、深沉的聲音高聲朗讀〈在我的花園中〉和〈我忘記，我忘記〉。

他的詩所透露的神祕之美和永恆的深義，像音樂一樣暗中滲進我的靈魂。我不僅感覺到他身為詩人的力量，我也體認到他的內心充滿了盞盞的燈，象徵那種具解放作用的勇氣。我說我很想知道為何印度沒有早一點贏得獨立，泰戈爾博士回答：

「我們可以等待好幾世紀，這是其他人民做不到的。政治自由不會真正有利於印度。只有在『愛』君臨所有階級以及共同的利益成為主要目標的地方，才可能有真正的自由。」

還記得泰戈爾博士那種敏銳的溫柔以及高貴的儀容，可真是一種福氣。

十二月三十一日

整個早晨忙著我的點字筆記。

我被暴風雨似的悲傷思緒所籠罩。這個「舊的一年」帶來什麼新的東西呢？對我而言只是為了我曾為之而活的她而生病，加上跟人類一樣古老的悲愁。對世界而言則是威脅著歐洲的和平希望的烏雲、邪惡的反猶太人迫害性行為，以及馬德里令人厭惡的殘暴行為。要不是有孩子們在身邊（他們請求准許跟我待在一起迎接新年），我就不可能安靜地與他們繞著火旁坐著，談著有關「老師」的事，以及我在她激勵人心的引領下所開始和結束的四十九年時光。

羅伯忽然觸碰我的手臂，說道，「差一分鐘十二點！」大衛把他的收音機拿進來，讓我可以把指頭放在擴音器的振動板上，「聽到」大笨鐘緩慢而宏亮地敲響。我不敢詳談自從一九二五年以來每年歲末在家中待在「老師」身邊聽大笨鐘敲響的比較快樂的氣氛。當我們站起來，拉起手唱〈惜別歌〉時，我事實上幾乎哭出來。人類的推算不會像第二次創造——喪失親人後在塵世的第二次生活——之中的「神聖日曆」那樣給人信念。但是「慣例」與「習俗」是我們心中照顧孩子的仁慈保姆，它們想必有其當然的權利。

當我們對著新年舉杯祝賀時，我記起一句話：「字句殺人，靈卻叫人活。」無論如何，我把我的痛苦的字句轉譯成一則禱詞：一九三七年一年之中，但願人類掙脫令人恐懼的無情武裝停戰協定，但願人類在象徵永久和睦的「神聖聯盟」中結合在一起。

一九三七年一月一日

陽光強烈照耀著，我們剛起床，喝了一杯又一杯的茶，驅除眼睛的沉重睡意。

又花一小時處理我的筆記簿。接到一束「祝賀新年」的鮮花，以及馬渥博士（Dr. Mavor）⑦一封可喜的信，感謝我在聖誕節送給他的一本書——華爾特・杜倫提（Walter Duranty）的《我隨心所欲寫作》。

這使我想起了去年春天在紐約的「古松旅館」遇見杜倫提先生的那個重要的下午。他談論世界大事，很令人興奮。我問他是否仍然認為俄國政府真誠地努力追求人類的福祉，他決毅地給了肯定的答案。他表示希望不會有另一次世界衝突。根據他緊密的觀察，他認為德國的勞動階級可能推翻納粹政權，與俄國聯合，為和平做建設性的努力。他表現出美好的樂觀精神，讓我比多天以來更感覺到歐洲有希望。

馬渥博士說，杜倫提先生以令人耳目一新的公正觀點寫及俄國的民主實驗，也說他的結論時常是正確的。馬渥博士也說，我對於《睡眠的教士》一書的象徵意義所做的揣測是正確的，我聽了很高興。他隨信寄給我一本新書，即《布利迪先生為可鄙的格拉斯哥知識份子所寫的入門書》，我確信我會在書中發現很多透露智慧又令人發噱的地方。

稍後，我們又來到惠恩斯邸宅待一個星期。我們吃了一頓對身體有害的美味新年晚餐。伊莉莎白的哥哥安德魯在靠近史特林地方的瑪爾與柯利伯爵的土地上狩獵，送給我們幾隻很肥的雉雞，我們吃了味道很像包碎臟的血腸、剛從菜園採擷的芹菜、酒肉凍、餡餅、爽口的紅蘋果。一小時後，我們沿著「史特林城堡」下面的「國王公園」中的高爾夫球場走著，由於風從格蘭屏山脈和歐奇爾山吹向北方，我的肺部不能大肆呼吸。

⑦原註：詹姆士・布利迪（James Bridie），蘇格蘭戲劇家。

一月二日於史特林的惠恩斯邸宅

我讀《晨報》中的一篇時評〈中國的禮儀〉，注意到作者願意承認一點：極少西方人對於東方禮儀有特別的了解。我們之中有誰表現出像蔣介石將軍和綁架他的張學良元帥——蔣介石將軍自己的一位部下——那樣高尚的禮節呢？蔣至少正式被釋放，沒有花卑俗的贖金。他和先前逮捕他的人都沒有說出嚴苛的話，蔣反而讓張元帥相信自己對中國的真誠熱忱，而張元帥懊悔自己「冒失與犯法的行為」，跟著他到南京，「去等著接受適當的懲罰」。

這篇時評繼續說，如果蔣去的話，則「吵吵鬧鬧的年輕中國」大肆逼迫南京政府中他的那些較不靈巧的同僚，有什麼不可能呢？中國大有可能陷於吵吵鬧鬧，因為有七種革命同時在進行——在家庭方面，在經濟方面，在教育方面，在宗教方面、在女人的社會地位方面，在階級制度方面，以及根深柢固的個人主義與公益精神的公民權之間的傾軋。

伴隨新時代而來的，通常是騷亂和顛覆——請看看早期的基督教、新教以及專制政治的沒落。中國應該受到尊敬，因為它高聲說出以前只被喃喃說出的言詞，也高聲說出以前被否定的信念。它已獲得勇氣，要做自己，要在永恆的真理之泉中重新洗滌自身的信念和理想，它必須前進。除了中國人的飢餓之外，「虛偽」和「貪婪」正在進行致命的工作，只要有這兩者存在，就不會有「堅持」！我對於蔣介石的真誠感到高度的懷疑，孫逸仙博士贏得我最強烈的尊敬與敬意，他去世後，我讀到有關蔣的策略的不一致報告。有的人說，他發誓遵行孫逸仙博士的經濟民主的綱領，有的人則反駁這一點，但在所有的這些傳聞中，我注意到有人承認他不是激進份子。去年我閱讀諾蕾．渥恩（Nora Waln）的《放逐者之屋》，我發現她默認蔣是一位貴族，維護既有的權益、所得和權力。文生．希恩（Vincent Sheean）的自傳指出，蔣逐漸逸離孫逸仙博士所擬定的原則，最後導致或允許很多激進份子、甚至溫和主義者遭受屠殺。很顯然的，雖然他宣稱熱心於統一中國，但卻繼續以軍事的方式保護那些分裂國家的軍閥，以及欺壓人民的官員。也許將來時間會證明他是一個很不幸遭受誤解的有遠見政治家，但我卻無法壓制我的懷疑，我只能衷心祈禱中國脫離困境。

一月三日

今天早晨，我們參加新年禮拜，地點是在「聖路德教堂」或「聖十字架教堂」——像一首刻在石頭中的史詩——蘇格蘭的瑪麗王后曾在那兒做禮拜。無論如何，我不曾想到瑪麗王后是一位王后，而是在蘇格蘭的精神苦難中施洗的不幸嬰兒，是在還未能分辨是非之前就被硬塞進狂亂社會的變遷中的可憐年輕女孩。

我們走近位於溫暖陽光中的多山聖約翰街頂端的教堂，我在臉上感覺到似乎有聖油似的露。一問之下，才知道那是融化的白霜形成鑽石似的滴狀，從教堂四周的古老橡樹上抖落下來，禮拜結束之後，我們進入蘇格蘭的詹姆士六世加冕的唱詩班席位。詹姆士六世那時六十三個月大，我相信，當時是由瑪爾的伯爵把王冠拿在皇室嬰兒的頭上方。在幾乎三百年的期間，聖路德教堂的大建築物是由一道牆分成兩部分，兩組個別的信眾在裡面做禮拜，一組在中殿，另一組在唱詩班的席位，但現在教堂在重建中，那道分隔牆已移除。情況應該是如此，因為聖經除了是「正義」的聖龕之外，也是「美」的聖龕。

喝茶之後，我開始翻閱莫雷（Morley）的《格拉斯頓的一生》的前三卷。整部作品是二十七卷點字版，我從來就不知道，格拉斯頓在年輕的時候是保守份子中最保守的份子。讓我驚奇的是，他反對解放英國殖民地中的奴隸，反對准許猶太人進入國會，反對異議份子不經過考試就進入大學；他反對選舉以及財產稅；他支持壓迫愛爾蘭的法案的最惡劣條款，包括軍法審判條款。他缺少心智的獨立能力，缺少對別人的見解的寬宏態度，也對於未被探究過的人類努力的領域不具好奇心。他想必是擁有神奇的意志力和少見的率直特性，才能擺脫傳統的很多愚蠢的專制，演變成立法大人物，讓狄斯累利以仁慈、困惑的驚奇心情凝視他而說道：「我不曾憎惡格拉斯頓；問題是我不曾了解他。」大西洋兩岸的古老政黨都不會讓我表示尊敬或忠誠，但是，在格拉斯頓所目睹以及他和他那一代的人據以創造歷史的事件之中，卻透露出迷人的魅力。

我認為，莫雷從格拉斯頓的日記中所引用的段落，顯示出他太專注於豐功偉業，所以無法記日記。大部分的日記段落都幾乎是流水帳，寫的內容不外諸如「早餐」、「騎馬」、「寫作」、「午餐」、「喝茶」、「院」（指在議院所花的時間）、讀過或重讀的書單等。

今天晚上收音機播出在愛丁堡聖克斯伯特教堂所舉行的一次動人的禮拜。當我把手放在振動板上時，風琴的樂音經由接受器像巨浪一樣洶湧而來。當一種美妙的聲音吟唱著「你當安慰，安慰我名」時，波麗就在另一手之中轉述內容。有一場根據此一經文而進行的流利講道——呼喚懷疑、喪志和悲傷的人回歸主，他們的「牧者」，以及回歸心靈的生活。

一月四日

整天傾盆大雨，但過去一週的陽光在我的記憶中很溫暖；無論天氣在這兒有什麼作用，「高地」空氣就是會讓我的身體充滿精力。

今天早晨的格拉斯哥《快報》中特別讓我感興趣的新聞是：威爾．羅傑斯（Will Rogers）❽紀念碑不久將在「科羅拉多泉」上方的墓園揭幕。無論這座紀念碑可能會多麼堂皇，它只能微

❽譯註：英國演員、幽默家。

微提示威爾．羅傑斯是什麼樣的人——一個親切的人兒，對愚蠢或憂鬱的事總是付之一笑，以他高雅的智慧鎮定人們的心情，強調所有種族以及整個歷史之中的人性。他是殘障者的朋友，我請他幫助我為盲人所做的工作，他不曾拒絕。他會寄給我錢，說道，「儘管再向我要更多的錢，」也會為我廣播訊息，或者寫出很有說服力的文章，要全國的人關注盲人。我非常引以為榮，因為有這樣一位世界著名、非常有天賦的朋友來支持那些強有力成功人士很快就會遺忘的義舉。

我也讀到一則消息：安德魯．梅農（Andrew Mellon）已經把價值兩百萬鎊的藝術收藏提供給美國政府；據說，羅斯福總統將建議國會接受。我記得我在華盛頓見過梅農先生，當時他是財政部長。我們談了一段時間，是關於募款幫助十二萬盲人的極大困難度。他說，他對我的工作很感興趣，之後就寄給我一百元。同一天，我在白宮見到柯立芝總統和夫人。我們拍了幾張照片，總統面對攝影師，表情很愉快，我讀他的唇語得知。他對盲人的關心對我而言是一種持續的鼓勵，讓我度過「美國盲人基金會」成立最先幾年的艱難時光。那天早晨，我拜訪曾當過威爾遜總統國務卿的羅伯．M．南新（Robert M. Lansing）。南新先生表現出沉著的尊嚴，我感覺到他英勇地努力工作，為了服務他的國家忍受很大的磨難，這一切都讓我留下深刻印象。

一月五日

這是一月一個令人精神清爽的早晨。冬青已經播種，將會暖暖地躺在大地上，同時嚴霜會使它免於北風的侵襲。

像晴天霹靂般傳來令人痛苦的消息：我的朋友亞伯丁侯爵夫人病得很重，幾小時後，我獲知她去世了：

一九三四年的八月，「老師」、波麗和我在歷史可溯及到十六世紀的「哈都莊園」接受歡樂的款待。我們和侯爵夫人以及一些其他朋友吃午飯。「老師」和我坐在格拉斯頓和維多利亞女王曾坐過的座位中，我藉著想像一件事情來自娛：安妮．蘇利文．梅西和格拉斯頓相遇，前者表現優雅的愛爾蘭人幽默，會突然改變話題，後者則說出響亮、曖昧、紛亂的華麗言詞，固執地進行著辯論……

亞伯丁夫人一直對「老師」很親切，溫柔地讚美「老師」所做的工作。她小心地領著「老師」到處走，同時帶著我們其餘的人看看房子各個地方。我記得我們造訪裝備著好看的「緯緻活」壁爐的書房，然後造訪一個房間，我從它散發的神奇的香氣知道是用香柏建造的。在外面的地上，我們看到很多雄偉的樹木，是由家庭的朋友和客人所種植的。一棵巨大的櫸木是由維多利亞女王和夫婿所栽植的樹苗長成功的。

我們走進小教堂，那是一處象徵平和的聖地，我很熟悉的已故侯爵時常在那兒禱告，演奏他喜歡的聖歌。音樂家雷德博士為我演奏。當我浴在音樂的莊嚴氣氛中，亞伯丁爵士似乎就在我身邊，我噙著眼淚回憶起他去世前的那個夏天，我到「柯羅瑪的莊園」拜訪他和亞伯丁夫人。他帶我進入他的書房，站在窗旁，在我手中以點字的方式告訴我說：

「那邊是洛赫納加山——早晨時我首先看到以及夜晚時我最後看到的山。海倫啊，洛赫納加山頭上頂著金色的太陽，下面點綴著明亮的綠色，就像『上帝之山』，我抬頭凝望它，不久將上升到那兒。」

我記得他柔和的言詞和恍惚的神情——以及「我不會再見到他」的預感。他轉離窗戶，引導我到他的桌旁，說道，「這兒是妳的書《黃昏時的平靜》，每夜入睡前我都閱讀。」

自此以後，多麼震懾心靈的死亡圈圈就畫在我的日子上了！

一月六日

清晨，從雲隙射下的陽光觸碰我的臉孔，確實哄誘我下床，我打開窗子，向我致意的充沛綠意從白楊樹籬那兒飄上來，就像在四月一樣。波麗說，烏鴉正使勁叫著，畫眉鳥和山雀到處啁啾著。在外面的花園中，我看到黃色的茉莉花綻放，它們告訴我：雪蓮花和其他春天的花不久就會出現。蘇格蘭正午時有霜和雪在融化，整個冬天都散發出春天即將來臨的快樂氣息，而美國北部草地嚴重結凍，在四、五個月期間沒有一絲綠意或芬芳，兩者多麼不同啊！

今天早晨寫了六封長信和兩封短箋，還有十二封未寫，但我的手需要休息……很奇怪的是，一種預兆不斷敲著我的心扉：能夠像現在一樣穩健地敲打打字機的時間不再長久了，我的手時常感覺抽筋或無力；我並不因此感到驚奇，因為自從兩歲以來，我的手除了在睡覺時之外不曾靜止過。我的手等於是我生活其中的世界——它們是眼睛、耳朵、思想和善意的管道。我寧願失去健康或甚至走路的能力（而走路是我所擁有的少數可貴的個人自由之一），也不願失去這兩隻手所發揮的用途。無論如何，如果我現在以適當的方式照顧它們，使用還沒有負擔過度的其他肌肉，我將仍然享有以不同方式去工作的愉悅。我不確定這些方式是什麼，但當我開始進行實驗時，我將會知道。

稍後。於波斯維爾牧師住宅

又回到孩子們身邊，真快樂；他們的生活是那麼遠離世界上令人瘋狂的憂慮和悲傷。

到哈米爾頓看電影，匆匆趕回家，為傾盆大雨所困，藉著星光回到家，我們所看的電影名叫《憤怒》，以強有力的方式譴責私刑和那些在美國一些地方執行私刑的公民。在我看來，他們所表現的暴民殘暴行為是不能原諒的。美國偉大的反奴隸擁護者之一溫德爾．菲立普斯（Wendell Phillips）有與暴民周旋的豐富經驗，他說，他們通常「顯得很體面」，衣著光鮮亮麗，

受一點教育。從小孩時代起，我的內心就非常厭惡私刑——無論受害者是白人還是黑人。無論罪多麼可怕，我都會堅持人要接受公平的審判；如果審判延誤了，暴民——瘋狂的情緒失控——是極不可能處理公正問題的。報復會成為動機。報復，真的！那些訴諸報復的人，難道不是處於與他們所處死的為惡者同樣的水平嗎？

思想的運作是很奇異的。置身在群眾中時，思想會閃避我，就像心靈一樣，你必須在孤獨的狀態中跟思想對話，它們才會解釋得很清楚。

一月七日

一個明媚的日子，散步很長的時間，昨天又送出去十一封信，感到很輕鬆，這一切都讓我工作起來特別愉快。

家中最小的成員約翰正坐在這兒畫畫，他停下來，以指頭點字的方式問道：「海倫凱勒，妳會分辨顏色嗎？」

「會的，」我回答，「當我感覺藍色的時候[9]！」

他笑出來，用力拍拍我的肩膀，說道，「但說真的，妳會分辨色彩嗎？」我說，我無法藉由觸覺分辨，但是我能夠藉由書和有關景色的描述想像顏色想必像什麼樣子。他的問題讓我想起，我在做巡迴演講時聽眾會問我天底下所有的問題：

「妳最喜歡的顏色是什麼？」

「妳最喜歡的書都是些什麼？」

「妳最喜歡的詩人是誰？」

「妳對真理的想法是什麼？」

「妳喜歡漂亮的衣服嗎？」

「我想妳是一個有透視能力的人，請告訴我，到哪裡去找我丟掉的珠寶？」

「妳認為世界上最困難的事是什麼？」針對這個問題，我會回答說：「敦促國會做任何事情！」

「妳睡覺時有閉起眼睛嗎？」人們時常問這個問題，我回答說：「我不曾為了看而醒著不睡！」

---

❾譯註：原文是 when I feel blue，其中 blue 除了「藍色」之外，也有「憂鬱」之意。

一月八日

一個凜冽又多霜的早晨。但十一點時，當波麗和我去散步時，陽光卻足夠溫暖，可以把牛畜帶到外面的草地。有一群共八隻到十隻的牛很接近我們，所以我們踩進很深的潮濕草兒中，讓牠們走過去。回家看到像大教堂的聖布利德教堂在那蘇格蘭風景中顯得灰灰的、很親切，我總是感覺很舒服。

今天終於回了希拉姆先生的信：

蘇格蘭，波斯維爾牧師住宅
致德國史圖加特，奧托．希拉姆先生

親愛的希拉姆先生，

感謝你寫給我轉交到蘇格蘭這兒的信。我感激你在我悲傷時仁慈地對我表示同情。「老師」的友誼對我而言是夏日陽光，而她在我有限的地方所種植的珍貴花兒，現今似乎枯萎了，但我記得安妮．蘇利文．梅西的勇氣，我會堅強，我會固守我自認是沉默的黑暗中最豐富財產的自由精神。

為了避免誤述，我已經把你的信轉寫為點字版，並且讀了很多次。我可以看出，德國專制的審查法律已經在你身為出版商的脖子上套上重軛。如果你繼續出版《中流》或我的任何作品，就必須省略或竄改我對列寧的觀點或我想要討論的任何問題，那麼，我寧願你不要繼續出版了。

順便一提，我的手指下有我的《中流》一書，你談到我的有關列寧和托洛斯基的「句子」，我發現你錯了。托洛斯基的名字並沒有出現在「剝奪我的睡眠的想法」那一章中，事實上也沒有出現在書中任何其他部分，列寧則占了一整頁——不是只有以「提到」的方式處理。

希拉姆先生，你自己的話暗示，你的政府以權威的方式壓制那些與它的見解不同的國內外人民，讓我感到悲傷，但不會令我感到驚奇，你的話證明我長久以來的感覺是正確的，那就是，基本的自由——沒有它的話，一個國家的靈魂就會死去——在德國已經受到壓制，包括言論自由、出版自由，以及有關世界大事的盡可能公正的資訊。基於這個信念，我請求你在你的出版書單中排除掉我的所有作品。

我將進一步說出來的話，會讓你體認到，你應該採取這種直截了當的措施。

我不曾改變我對布爾什維克主義的態度，縱使我曾改變，我也不會像你高興說的那樣「感覺必須讓你知道」。任何熟悉歷史的人都知道，布爾什維克主義源於列寧出生前的幾個世紀。任何明智的人都知道，布爾什維克主義並沒有造成歐洲所遭受到「邪惡和恐怖的毀滅」。包括德國在內的割喉似競爭、落後國家中對於商機的貪求，與貿易路線連結的帝國利益，這些都正在驅使各個國家在軍需品和武器方面更大筆、更瘋狂地花費金錢。

如果你在信中針對布爾什維克主義的所有指控甚至有一半是真實的，則俄國早在先前就會從地球上消失了；以下的統計數字可以證實的任何其他國家也會早在先前就從地球上消失了：

「數以百萬計的俄國知識份子遭謀殺和滅亡。」

「數以百萬計的農民挨餓。」

「農民遭到殺害，農產品以可怕的速度減少。」

「群眾——工人和農人——在生理上、心智上和精神上遭受重創。」

你竟敢把西班牙人努力要贏取正當自由所表現的超人英勇，污名化為「恐怖統治」？無論這種不相稱、沒有經過消化的資訊源自何處，散播的人是很無知的，而無知經常就是辱罵。沒有在自己的事實上站穩腳的人，其言詞充滿喧囂的斷言和低劣的詮釋。希拉姆先生啊！德國人和各地的外國人會繼續說出有關德國的謊言，這真是無法想像的，就像每個人會一直說出有關俄國的真話一樣也是無法想像。

有關德國的一些無可否認的事實，讓我內心充滿悲愁。如同我在三年前所告訴你的，我了解德國表現出反猶太人的暴行、國家以強加恐懼的方式控制生命與住所、不經審判就監禁數以千計的人，在天才人物身上犯下最卑鄙的罪行——放逐世人所尊敬的亞伯特．愛因斯坦，因他提倡人道的和平主義而加諸叛國者的污名。現在有一個最後的證據，證明對你的國家的指控不是完全虛假或惡意的——那就是，你們有一條法律針對以下的任何德國人處死刑：「有意地、不謹慎地、出於純然的自私或為了其他卑鄙的動機，把金錢或其他財產送到或留在海外。」另有一條法律則剝奪了年輕人個人的自由——從此以後，凡是「毫無例外地」接受生理上、精神上和道德上訓練的每個德國男孩和女孩，都必須加入「希特勒青年軍」。德國的青年領導人巴爾都．凡．希拉赫已經宣稱，「所有德國年輕人的生命都完全屬於阿道夫．希特勒，」還有，「希特勒青年軍不是教會，教會不是希特勒青年軍。」希拉姆先生啊，這一切還不就是「動產奴隸」、「偶像崇拜」和「侵害基督教良知」？

希特勒處在他所建立的虛假地位中，就算歐洲需要拯救，他也無法拯救它，只有以「寬宏」取代「憎恨」，德國才能免於敵意的宣傳以及兇猛的力量永不休止的報復心理。

寫這封信給一位可能已經一心一意想要拒絕接受調查的人，我知道是多麼無望，但「上主的聲音」是強有力的。有一天，這種聲音一定會打破監獄的牆，拯救所有受苦的你們，把你們已經誤解的善意以及你們有一段時間聽不到、看不到的深層人性告訴你們。

我要以悲傷的聲音說再見，但要對德國人表示不可動搖的感情。真誠祝福你。

海倫凱勒（簽名）敬上

一月九日

除了吃飯之外，今天不斷工作，從早上十點到晚上十一點，去年的聖誕節信件讀完了——一大堆。寫了六封信，寫了更多點字筆記，將成為我的標竿，指引我度過可能是忙碌又值得記憶的一年。一月二十九日有一場演講，需要花很多心思準備，屆時波麗和我將參加古特任．波格倫（Gutzen Borglun）的湯瑪斯．潘恩雕像在巴黎揭幕。

湯瑪斯．潘恩是多麼奇蹟似的人物！我越想到他，就越覺得，他所不相信或自認不相信的上帝，從開始到結束都把他的生命計畫好。湯瑪斯．潘恩與眾不同，他在幾乎無法逃避壓制的地方進行觀察，發展自己的個性，在狹窄的愛國主義本來會遮蔽他視野的其他國家之中，發現了他的同道。

他很孤獨，受到了誤解，表現出驚人的無知，卻成為一位令人恐懼、掙脫枷鎖、動搖王位的天才。哦，那可真是神奇的時刻：湯瑪斯．潘恩對英國、法國和美國這三個國家的卑微人民發表演講，甚至就像上帝把「祂的聲音」送到一種被暴風雨攪亂的渾沌狀態中：「讓那兒有『光』出現。」湯瑪斯．潘恩藉由為美國革命埋下導火線的作品《理性的時代》以及小冊子《常識》，揭發了迷信，這種迷信並非信仰而是盲目的狀態，是對於會摧毀靈魂而不是拯救靈魂的暴政的屈服，是像生理飢餓一樣致命的知識飢荒，極少人能夠以清晰的直率方式寫出英文，但湯瑪斯．潘恩卻使英文成為一種喇叭式的呼喚，呼喚一種仍然在為那些聽得見的人響徹世界的新文明。

我活得越久，就越相信，神祇要毀滅哪些人，就先讓他們瘋狂。當象徵「不容忍」的巨人在憤怒中變得盲目時——就像正在發生在德國的情況——則甚至人民的物質必需品也會受到威脅。這個星期伊莎伯爾⑧買了橘子，每個橘子的價錢是兩塊半，詢問之下才知道，德國人拒絕價錢一分錢的橘子，因為它們來自巴勒斯坦！這樣的小事顯示出破壞性的惡風正在什麼地方吹著。

在這次可怕的流行性感冒中，我帶著渴望的心情讀著一則消息：他們希望不久在「罕普斯實驗室」會製造出一種疫苗，預防這種很具潛伏性的流行病。

一月十日

這是一個很像春天的日子，我幾乎預期會在花園中嗅到水仙花的氣味……

我很難過，會有很長的時間不再聽到伯特講道，因為波麗和我下個週末將會到西基爾布利德，然後下星期六到倫敦。他今天早晨的講道意味很深長。他教我們說，真正的信仰是

---

⑧原註：湯姆遜夫人（Mrs Thomas），「牧師住宅」的女主人。

「做」，不是背誦，或者盲目地服從任何特殊的教條。他告訴我們「主」自己所說的話的意義：「那些聽到我的戒律並加以實行的人是信仰我的人。」這是使基督教成功的唯一可能方法。舊約通篇都強調信仰是實行對於「善」的認知。我認為法語的 *foi* [10] 和德語的 *Glauben* [11] 都不具「強制行動」的意義，我什麼時候要進一步研究這個問題……

穿過毗連教堂的庭院回家，波麗告訴我有關為傑出女詩人和戲劇家喬安娜・貝利（Joanna Baillie）建紀念碑的事。貝利於一七六二年生於我現在所待的牧師住宅，她的父親是教區的牧師。當代的重要男演員和女演員在她的戲劇中扮演角色——包括愛德蒙・基恩、約翰・肯波以及他的妹妹希頓斯夫人。華爾特・史各特（Walter Scott）是讚賞她的人之一，相當熱情地讚美她的作品。

還有另一則個人的歷史，關係到波斯維爾的牧師住宅。現今坎特伯利大主教小時候時常在這兒附近玩耍，他的叔叔是這個教區的牧師，我發現很多出生在這間蘇格蘭牧師住宅的人，已經贏得很高的榮譽，這是很有教育性的事情。其中有藝術家大衛・維基爵士（Sir David Wilkie）；十八世紀在歐洲發揮極大影響力的蘇格蘭哲學學派創立者湯瑪斯・瑞德（Thomas Reid）；為華爾特・史各特寫傳的洛克哈特（Lockhart）；儲蓄銀行的創立者亨利・鄧肯（Henry Duncan）。BBC的約翰・雷茲爵士（Sir John Reith）也是牧師住宅之子。

還有一位牧師住宅之子是華生博士（Dr. Watson），我在波士頓上大學時有幸遇見他。他以伊安・麥克拉倫（Ian MacLaren）的名字寫了《在美麗的野薔薇叢旁》。我不久前讀過這本書，感覺到——現在仍然如此——同樣那種蘇格蘭人的寬宏大量。我當時告訴華生博士說，如果我到蘇格蘭，我知道我是不會感覺像陌生人的，他回答說，「我們那兒的氣候也許很嚴峻，但我們的心卻像房子——壁爐上總是燃著一團表示歡迎的火，還有一個遮護的角落提供給悲痛或沒有朋友的人。」

一月十一日

兩小時不停地閱讀為了方便細讀而轉譯成點字版的信，大約在二十封到三十封之間。

今天接到E・M・泰勒夫人（Mrs E. M. Taylor）所寫的一本迷人的小書《黑暗沉寂中的音樂與亮光》。泰勒夫人是在英國為聾盲者而出版的點字版雜誌《彩虹》的編輯。她一直到十四歲才失明、失聰，在沒有生命力又黑暗的眼睛與耳朵的寒冬時期，她描述記憶的溫暖微風吹在她身上，色彩開始萌芽，世界有了一種聲音，生命完全復甦。我想像，她從這些記憶中獲得很大的

---

❿譯註：「信仰」。

⓫譯註：「信仰」。

快樂，就像我也從令人愉快的氣味中獲得很大的快樂，泰勒夫人以自己的方式重塑這世界，幫助最孤獨和最不具知識的人在他們心中重塑這世界，她激起他們的想像力，刺激他們藝術的感覺。所以，她的影響力和作品是一種像編織的童話那樣優雅又精緻的藝術，為艱辛與單調的生命賦予誘人的夢境。

初現的雪花蓮在「波斯維爾城堡」開花，我希望它們不會因為冒險精神而在今日冰冷的風中受苦。

一月十二日

又是一個有春天似陽光的日子，我想對於嫩草和樹上的蓓蕾太有誘惑力了。

我帶著驚慌和憤怒的心情閱讀有關馬特遜博士的十歲大男孩在華盛頓塔科瑪地方被綁架後被殺害的消息。我懷疑這是否意味著林白（Linbergh）家的嬰孩被綁架一事以可怕方式反映出來的無法無天罪行的再現。

今天早晨的格拉斯哥《快報》登載一則令人痛苦的消息。一艘芬蘭的船「約翰・索登」號從紐約首航時在彭特蘭灣沉沒，只有兩人獲救，如果我們把現今用來使戰爭變得更可怕的被濫用的能源，專門用來發現有效的穿透濃霧的方法，則這種人命的損失和很多喪親家庭的痛苦的悲劇就可能避免，這種甚至在面對可能的戰爭時還出現的疏忽行為，等於是在譴責科學，等於是文明的污點。

我們經過彭特蘭巖島時的情景，我記得多麼清楚，那是「老師」、波麗和我於一九三三年七月坐船到奧克尼群島和雪特蘭群島。我曾預期在「沸騰的大鍋」——來自大西洋、北海和彭特蘭灣的狂野波濤相遇之後造成的現象——之中會有震盪現象出現，但我在感到失望之餘也很高興，海水像海峽一樣以漣漪的友善態度愛撫著船，但在那次航程中跟我們同行的伯特告訴我說，這樣一種平靜的情況甚至在夏天也很少見，並且他也描述危險的海岸危巖令人怵目驚心，濃霧時常在每個季節遮蔽著海岸。

到奧克尼群島的航程是令「老師」快樂的最後的事情之一，所以我敘述起來特別感到迷人。在奧克尼群島下船時，首先吸引我們注意的是苜蓿田野，它那芬芳氣息，簡直就像天堂的洪流跟著我們從島的一端傳送到另一端。我一直很喜歡苜蓿，但不曾夢想過一群又一群的苜蓿花給人什麼樣的狂喜感覺。

另一種對我而言很新的快感是，我覺得空氣一直到晚上十一點都還因有陽光而溫暖——我們很接近午夜陽光，當生命在充分運作、街上擠滿了汽車和馬車、所有的商店都開著、船隻就在我們旅館的窗子下面裝貨、卸貨、鳥兒到處都在鳴囀，此時去睡覺似乎是很荒謬的事。

在奧克尼群島時，我們探險了很多地方，我藉著別人的助力爬上顯示出早期挪威人曾占領群島的一些奇怪土墩中的一座。下面有一座古代的墳塚，我進入其中，觸碰牆上奇異的北歐古字碑文，很想知道沒有機器的人類如何可能把那些九呎高、六呎寬的石頭拖到很高的地方，如此精確地送到定位。我們也造訪了海岸上一處史前的村莊史卡拉．布雷伊，我們很小心地爬上凹凸不平的階梯，進入了——石器時代。我們在其間曲曲折折地前進，幾乎困在狹窄、蜿蜒的通道，進入了一些房間，都建在半地下處，中央有一座石造壁爐，屋頂只有一個洞讓煙排出去，家具實際上是在岩石中砍劈而成——床、櫥櫃以及一度用鹹水養魚的箱子。之後，我了解到，居民是以這種方式建築他們的地下房子，免於潮水入侵——就算沒有付清債，也免於債主帶走家具！

我們在雷維克度過的日子很令人興奮。一切都暗示剛勇的生活、暴風雨和騷動——恐怖的懸崖時而抵擋不了海洋的衝擊而致倒塌下來，在被風吹襲的平坦土地上很少有樹木會成長，但有舒適的漁夫小屋。雷維克這個地方讓我著迷，它的曲折街道除了擠滿了人之外，也充滿了海鷗，運貨的小舟來來往往。我們很幸運，因為天氣晴朗，海水足夠平穩，可以讓我們乘著小船繞行雪特蘭群島中的幾座，包括布雷色，而我們就在那兒造訪了很出名的「北方」鳥類禁獵區。

我們一到達，空氣中就有翅翼大肆震顫著，數以百萬計的鳥從棲息的地方升空——海鴟、燕鷗、海鸚、海燕和懸崖賊鷗。牠們的尖銳喧囂叫聲振動海面，傳到小船上，我跟其他聽到的人同樣感到驚恐。我們一生之中不曾被在晨光中閃亮著的這麼密集的大群羽族所包圍。我們駛過陡峭的懸崖，洶湧的波浪震動小舟，我在從海中的深洞突然爆出的凜冽大風中抖索著，一群漁船經過我們身邊，船上有女孩跟隨著鯡魚沿著蘇格蘭海岸繞行，我們聽說有一位牧師和一位醫生伴隨她們，在繞行的時候，確實需要醫生，因為女孩在處理和搬運魚時容易受傷。

從我們在雷維克著陸的那一刻到離開的那一刻，一直都看得到、聽得到海鷗。我拿到了很多魚，把一小片魚舉得很高，讓一隻海鷗在飛著時吃到，如此來自娛，當海鷗趕上小舟時，波麗一直說，「準備好！」當強有力的嘴喙猛然啄走魚時，我的指頭震動著，每次的成功都意味著那些貪婪的鳥兒之間開始爭食。當牠們彼此攻擊時，另一隻海鷗就把下一個戰利品攫走。每個人都說，海鷗那麼快速地追著船，以那麼優美的姿態平衡著身體，吃我手上的魚，真是賞心悅耳的情景。

一月十三日

今天早晨有太陽，但下午卻驟雪連連。

我從波斯維爾走到「低地班太爾」教區的「夏托屋群」，這兒是大衛・李文斯頓（David

Livingston）⓬誕生的地方，現在是一座博物館以及紀念性聖地。途中我們越過一座位於克萊德河上方的吊橋，我藉由欄杆的指引能夠單獨走完全程，每走一步，都激起我的想像力，要不是我知道那是位於河水上方二十五呎高的一座橋，我就會在搖晃、振動的情況下認為它是一艘船。我們付了半便士過橋費。我聽到一件事很感興趣：那些經常使用這座橋的礦工和其他工人並沒有過橋費可付。我們爬上通到博物館的小山時，天上下起雪來了。

我一直認為，李文斯頓的家庭雖然很窮，卻有一間獨有的小屋，讓我驚奇的是，我發現一棟很高的建築物，包含二十間單房寓所。我們爬上兩節突出的螺旋狀樓梯中的一節時，我停下來，「看著」倒掉腐水的鑄鐵顎狀箱。一百五十年前，它代表這建築物中唯一的衛生設備，我看到李文斯頓先生和夫人以及五個孩子睡覺、煮飯、吃飯以及在火旁度過晚上時光的單房住家。在他們那個時候，這被認為是一種較佳等級的住所。冷冷的爐床上的茶壺，我觸摸起來是多麼寒酸啊！它似乎在等著一個不曾來的人，就像老父親等著自從在格拉斯哥分離後就不曾再見面的高貴兒子。

管理員准許我觸碰我想觸碰的每件東西——李文斯頓在其旁邊辛苦工作的多軸紡織機、他在庫魯曼地方於樹下結婚的那棵杏樹的片斷、施洗容器、那座象徵他穿過「最黑暗的非洲」的可怕旅程的各個階段的雕像。我以驚異的心情聽著文字記錄的驚人敘述：指引他穿過一座又一座叢林的唯一六分儀、他用以治癒和救活數千人的器具，以及他用以觀看維多利亞瀑布和尼亞沙湖的凸透鏡。我噙著眼淚觸碰李文斯頓幾乎被獅子擊垮時，獅子在他身上壓碎的肩胛骨的石膏鑄模、他最後痛倒時所躺在裡面的那間粗糙茅屋的模型，以及當他在死時閉起眼睛時手中所拿的聖經。還有一座幾乎令人心碎的雕塑，雕的是那些忠心的黑人，他們抬著他的屍體九個月之久，歷經一千五百里遠，到達海港，再從海港安全地達到英國。我時常讀到有關李文斯頓不屈不撓的信心和耐力的事蹟，但這個聖地讓我明瞭他所創造的奇蹟。他孤獨一人，沒有武裝，加上難以學習的語言方面的障礙，卻甚至還能夠讓有敵意的部族意識到那種成為他的人格的無限愛意。波麗拼了他所說的兩個句子，這兩個句子彰顯出他是基督的忠貞弟子，因為基督來到世上是為了讓所有的人可能擁有生命，擁有更豐盛的生命：

「我將不會對我所擁有的任何東西賦予價值，除非這種價值關係到基督的王國，」以及他在只剩一口氣時還抗議黑人被奴役：「我只能補充說，但願上帝那種最豐盛的祝福加諸每個人，無論是美國人、英國人或土耳其人，他們將有助於療癒世界的這個開著的傷口。」

「李文斯頓長廊」是獨一無二的長廊。它是由四個小房間構成，而建築師F·C·米爾斯（F. C. Mears）和雕刻家皮金頓·賈克遜（Pilkington Jackson）以詩意的方式利用了八個床的凹處。米爾斯在「愛丁堡城堡」的「國家戰爭紀念碑」方面的成就是廣為人知的，他們在凹處擺滿了藝術雕像，模擬那些使得李文斯頓能夠創造成就的特性。

我在外面看到一座噴泉、一個巨大的地球儀，以及暗示第二十四篇「詩篇」的雕像——

⓬譯註：蘇格蘭探險家，在非洲傳道。

「大地和其中所充滿的都屬於主。」在這三者之中一種希望被創造出來：但願進步、光明、富裕與和平可能降臨在非洲土著身上。我很悲傷地想著：由於商業主義，以及歐洲人的貪婪，欲想在李文斯頓犧牲生命為上帝贏得的那片壯麗大陸上建立帝國，所以已經看不到這種高貴的目標。當我們站在夕陽的餘暉中，波麗向我描述已經改變成孩童的遊樂園的四周土地，還有森林、下面的克萊德河，以及對面的「波斯維爾城堡」，它很冷酷地讓人想起那背離和平鄉村精神的血腥宿怨，而李文斯頓是在和平的鄉村中具體化了世上的「和平福音」和對人類的「善意」。

一月十四日

今天早晨霜很重，讓我很高興在寫作時貼近火、溫暖我的手指。然而，蘇格蘭南部和西部的冬天卻很少是嚴寒的，並且冬天也似乎很短，因為有很多暖和的日子減弱冬天的寒意，在不受侵襲的小巷和矮叢中保持那無法加以壓抑的綠意。

在這兒，吃午餐或晚餐從來就不會是很沉悶的事。孩子們回家，大談學校的活動，談話以很快速度在餐桌上進行，像是放煙火。他們的父親傾聽著，好像他自己也是一個男孩。他們詳談著讓他們感興趣的歷史、地理或語言方面的細節。他們提出所能想到的最難問題，而父親跟他們一樣熱衷於追求明智的答案。十四歲的羅伯和十二歲的約翰對於世事透露出廣泛又靈敏的興趣，我們觀察到，他們對於不同國家的政治，甚至經濟的嚴重問題懂得多麼多，我們時常表示相當吃驚。今天約翰告訴我們一件事情，讓我們感到很有趣：在還有一點自由的時間時，他的老師允許他和其他男孩討論國際事務以及另一次大戰的可能結果。老師有時插進一個問題，不是為了獲得答案，而是要刺激思考能力，例如，他們談到兩方自願參與西班牙內戰的問題。

「假定德國和英國開戰，」老師提示，「如果德國人攻擊直布羅陀或亞丁，情況會如何？」

約翰看出且指出了一些危險，英國必須針對這些危險保護自己，儘快強化海軍。他不經意地說道，他的老師談了很多西班牙的問題，似乎很明確地偏向現今的政府這一邊。雖然我也表示同情現今的政府，但我卻認為，一位老師或教授在對學生提出一個爭論性問題時，應該以公正為目標，這是他能夠引導學生走向心智獨立境地的唯一途徑。那些真誠地努力要獨立思考的人，會從錯誤中得到很多好處，勝過那些沒有聽到對方的見解而一味抱持正確見解的人所得到的好處。

我自己的生活經驗，讓我深深體認到這種心胸開放的必要性。我曾在雷德克利夫學院依據「被認可」、「進步」以及「最新」的理論研究經濟學和行政管理。在這兩個課程中，沒有一次提到卡爾・馬克思，也沒有一次提到他那部創造歷史的《資本論》——儘管社會主義扮演顯著角色的法國、德國和俄國時常提到黨的少數份子。我所爭論的點不是我們的教授有權利構想自己的見解，而是他們無法提供一種敘述，這種敘述必須很是莊重，且跟那些非常重要而有擁護者的對立觀點一樣真實。史蒂文生對於「說謊的公正人物表現」嘲諷態度，這是很正確的。他說，我們比較常從黨派那兒獲知真理——至少我們發現他們為何真正追隨某一個政策。然而，事實上我們還是很少在爭論中真誠地努力要公平對待對手，這是很令人遺憾的。

一月十五日

今天早晨我收到一封緊急的邀請函，要我在一九三八年一月去參加在倫敦舉行的紀念伊曼紐爾．史威登堡（Emanuel Swedenberg）誕生兩百五十週年的會議。如果可能的話，我會非常樂於接受邀請。史威登堡的宗教性作品讓我體認到來自天堂的真理，提供我無數的助力，抗拒感官所受到的桎梏。但問題是，我那時將不會在英國，對於盲人所要做的工作是不能有間歇的，而冬天經常是最需要消耗體力的時候。促使「老師」和我在蘇格蘭度過一九三三年，是因為我們亟需長久的休息，而我又在冬天來這兒，是因為我看不出有其他方式可以完成一件極為困難和需要慎重處理的工作——重建我因「老師」的去世而受創嚴重的生命。

要讓那些擁有一切的人對一無所有的人感興趣，是很困難的事，所以需要不斷辛苦地工作，贏得看得見的人對於看不見的人的支持。有時我會像被嬰兒不斷使勁拉著裙裾的母親一樣發作反叛的精神，因為我不可能去見所有需要我同情的人，也不可能去長久傾聽無限空間的某一個角落中的教育性談話。個人的接觸確實有其神奇的力量，因為它會澄清像私密的氣氛一樣圍繞著我們每個人的那種成見迷霧。但是，當「義舉」大步前進時，這種抱怨的心情卻隨著其他陰影飛逝了。

稍後於西奇爾布利德。

波麗和我這個週末要去拜訪拉夫醫生和夫人，跟他們道別，然後啟程回美國。無論他們為我們做多少事，都不會足夠的。令人感動的是，他們渴望用一層層溫暖的深情保護我們，讓我們免於這個世界的磨難和傷害。

房子的名字取得好——「向陽」。無論拉夫醫生的心靈天空中的雲層多麼暗黑，他都轉向向陽的一邊。他那種令人愉快的勇氣激勵其他人在每種困境中發現機會。縱使他忠告波麗和我要注意歲月對我們身體的侵襲，他卻更加開展我的心靈，激起青春的充沛活力。

一月十六日於西奇爾布利德

波麗說，今晨的空氣充滿鳥兒的鳴囀，傳達早春的氣息。這兒的黃色茉莉花已經綻開，好像要勘查春天的行動，不久之後，風信子、黃水仙和鬱金香將在這兒出現，全都會得意地展現它們的美。

午後陽光中的「棕色古老大地的美好燦然微笑」，引誘我們全都開車到克萊德河旁兜風。雲層遮住亞倫島，所以波麗看不到島，但是，耕過的田野中安詳的棕色犁溝、跟隨著犁尋覓食物的海鷗，以及櫸木樹籬，看起來都有令人精神安穩的作用。我們的車子在溫斯灣開出來，然後我們走路到碼頭的終端，人們在夏日時從格拉斯哥和鄰近地區來這兒享受航行於峽灣之樂。克萊德河透露浪漫氣息——城市、船隻、兩岸的土地以及更遠處的荒山富於戲劇性，我很想航行整條河，有一天我將這樣做。河流就像森林，有其多樣的氣味和氣氛的變化，是我很容易閱讀的書……

拉夫醫生擁有約翰·根色（John Gunther）所著的《歐洲內幕》一書，波麗和我在其中發現關於希特勒、戈培爾和戈林的生動描述。較具冷酷敵意的人物無法在一個政府中融洽相處；對希特勒的恐懼以及彼此之間的恐懼，不足以讓他們結合在一起。拉夫醫生說，這是德國的一個希望，野心勃勃的意志之間的衝擊，遲早一定會把「第三帝國」送進地獄邊緣。

有一件事讓我每天都感到驚奇，那就是，德國這個國家竟然能夠如此可鄙地存活下去，像魚一樣沉迷於各種非人性行為，而自從人類發出歷史上第一次有記錄的受壓迫的喊叫聲以來，政治家和文明的人就一直在與非人性的行為搏鬥——大量的人因為犯了政治方面的罪而被斬首，其他現代國家並不會用死刑侍候政治方面的罪；四萬九千個人被送到集中營；以吹毛求疵的方式對藝術、戲劇、電影進行批評；除非符合納粹的觀點，否則書籍禁止出版；巴爾杜·馮·希拉奇（Baldur Von Shirach）宣稱，所有德國青年在靈與肉方面都屬阿道夫·希特勒，還有，「『希特勒青年』不是『教會』，『教會』不是『希特勒青年』。」然後是以瘋狂的速度推動大規模的準備戰爭的工作，而人民的食物以配給的方式提供，無法抗拒疾病或風雨的侵襲。

現在，這種侵害人類生命的累積已經顯然達到最高點。那位努力要在德國的一份報紙中保住自由主義的生命的《柏林日報》主編保羅·謝菲（Paul Scheffer）已經辭職。死亡和報復在等著任何對德國表現敵意或冷漠的人，或住在國外的任何人，我在《國家報》中讀到湯瑪斯·曼（Thomas Mann）的兒子所寫的文章。他說，他住在瑞士的父親受到禁制，他的小說在德國再也買不到。甚至沙皇的俄國也不敢侮辱托爾斯泰，或禁止他的作品的銷售，而德國卻威脅一個為全世界保守派人士和自由派人士所讚賞的小說家。

在這篇文章中，傑哈特·霍普特曼（Gerhart Hauptmann）的名字，也跟德國的獨裁政治所可能加以禁制的其他名字一起被提到，霍普特曼訪問美國而我被介紹給他時，德國正處於政治的激盪狀態中。我們在由世界旅行家、作家、新聞記者和電台廣播家佛拉吉爾·亨特（Frazier Hunt）的一個朋友於紐約所提供的午宴中見面。

霍普特曼先生坐在餐桌我的右手邊，我確實感到很榮幸。他一句英語都不會講，而我的德語則因長久沒有使用而變得生疏了。但是，當霍普特曼先生聽到我說出歌德的名字（當時正在進行歌德百年紀念慶典），他很快就表現出友善的態度，並且手勢和引句也有助於闡明我們所傳達的意思。我引述歌德的作品《赫曼與桃樂絲》（*Hermann und Dorohea*）中的文句，他點頭，好像了解。我談到歌德的天才的普遍性：「他不僅是一個受到神啟的德國人，也是一個有遠見的世界公民。」

霍普特曼先生回答說，「歌德的安詳心靈遠非我們的軍國主義、猜疑和狂熱的國族主義的時代所能企及，這是一種悲劇，就像浮士德所說的，**所有人的所有生命將在我的身體裡面接受試驗**，而且」——他停了一下——「德國正在上演這齣大戲。所有的事物都正在其身體中接受試驗，到現在為止，結果是混沌不明。」

我覺察到他的模樣有點不自在，之後我知道他當時正努力想要知道德國選舉的結果，因此我並不感到驚奇。

第二天，希特勒掌權了，就像《浮士德》中的魔鬼梅菲斯托菲勒。

一月十七日

整個漫長的一天都在吹風、下雨、降冰雹，但「向陽」已經露出火光的微笑，深入人心，讓人心變得很可愛。

很高興注意到白天正在變長，要進入春天了，一月十六日的《點字通訊報》說，太陽會在早上七點五十八分升起，在下午四點二十三分西下。

這份報紙也說，艾登（Eden）先生在「美聯社」餐會上所說的話——英國「確實喜歡牛油，不喜歡槍枝」——已經激怒德國納粹領導人物，戈培爾博士和戈林將軍在一會兒之前都堅持「犧牲牛油以成全槍枝」的必要性，而現今這種說法被他們所否定，「莫斯科廣播電台」被他們指控「陳述錯誤」，因為它告訴世人說，德國到處飢荒，不再有牛油，但反而在製造槍隻。事情就這樣持續下去，國家就像個人，當它們不可告人的祕密被揭發時，就大聲彼此譴責對方。

我一直都認為，俄國人確實不會讓他們的宗教屈服於較早期的力量，而現在我很確定了。古老的俄國是在一月七日慶祝聖誕節，而根據報導，「莫斯科僅存的極少教堂比以前更加擠滿了人。」

吃完飯後，我們全都伸伸懶腰休息，拉夫醫生認為，如果可能的話，每個人應該每天在午餐之後小睡；他說這樣會延年益壽。我個人並不很介意長壽的問題，因為我有永恆的時間可以活，而我等著要去會合先我而走的親愛的人，塵世的時間似乎太長了。但是當沒有其他方法可以幫助我完成一件困難的工作時，放鬆一會兒卻有幫助。

我一直在閱讀一篇文章，是拉夫醫生為《伏特評論》所寫的〈安妮・蘇利文・梅西〉。每個句子都很溫馨，因為拉夫醫生與我們兩人之間存有一種靈犀一點通的友誼，也對於某種信心與勇氣表現得很熱心，而「老師」是單獨一個人，幾乎在沒有人引導的情況下，懷著這種信心與勇氣，在我的沉寂黑暗的沙漠中開拓出一條小徑，解除了「不幸」對我的生命所造成的束縛。拉夫醫生以如畫般的文字描繪待在麻州倫桑姆地方我們甜蜜的家中的「老師」，對於我所珍視的快樂記憶而言，是最溫柔或真實不過了。

拉夫醫生在一九〇六年獲得「卡內基董事會」的補助，從事對聾啞人的研究；我們是在他其後到美國東部訪問時第一次遇見他。就這樣，安德魯・卡內基的慷慨播種了大量祝福的種子，產生了一種有助益的友誼，織成了我後三十年的經與緯。我一九一三年在卡內基先生與夫人的家遇見他們，之後，他們促成我為盲人所進行的工作，他們美妙的仁慈表現排除了很多障礙。

記憶之輪多麼快速地轉動，我的心思從拜訪卡內基夫妻於紐約快速轉到我們在蘇格蘭看到卡內基夫人的三個夏天。每次她都邀請「老師」、波麗和我到「史基波堡」吃午餐。我們接近這座城堡時，看到多麼秀麗的景色，「莫雷峽灣」在一段距離外，四周是「我們的助力所源自」——卡內基夫人時常這樣說——的小山。長長的一波波金色八月亮光從一個山頂湧到另一個山頂，從一處翠綠色田野湧到另一處翠綠色田野。然後是兩邊有冬青的華麗車道，據說，在春天時這條車道就像仙境，點綴著蘇格蘭金雀花花海。我很想知道，英國之外有多少人能夠想像到這種花成群出現時是多麼令人著迷，以及它的花香在五月陽光中是多麼動人。在城堡頂端，英國國旗和美國國旗一起飄揚著——這是卡內基先生的巧妙想法，是要提醒每個人說，英國和美國之間應該永遠友好。我們進入時，一個穿著「高地」服裝的吹笛手對我們表現出充滿活力的歡迎之意。我們的女主人親自引導我進入她的丈夫的書室以及丈夫曾款待國王愛德華七世的音樂室。房間寬闊，讓我感覺到有點迷失於其中，但充滿每個角落的花卻吐露出家與平和的氣息。卡內基夫人扶著我走到外面的花園，為我指出園中極品——一棵據說是八百年前由聖吉爾伯特所栽種的冬青樹。卡內基夫人為我採擷一大束康乃馨以及卡內基先生特別喜愛的芬芳美女櫻葉。我經常想到我那天看到她的樣子，溫柔又安詳，周圍美麗的家人——她的女兒跟她的丈夫以及為我帶來一大束白石楠的四個可愛的孩子。

一月十八日

昨夜，拉夫醫生一直在閱讀由梅爾奇特爵士（Lord Melchett）所寫的論猶太人再定居於巴勒斯坦的書。我長久以來都覺得，解決猶太人問題的唯一方法是：讓他們有一個故鄉，可以在那兒平安無事地發揮他們在宗教、藝術和社會正義方面的天分。非常奇怪的是，拉夫醫生提出了一個意見，而我在閱讀《盲人猶太點字版評論》時有幾次想到了這個意見。在猶太人和阿拉伯人之間為占領巴勒斯坦而進行的爭論之中，有一個論點很少有進展，那就是，在阿拉伯人的入侵者還沒有出現之前，猶太人早就擁有這片土地。人們會認為，使用這種論點很有效果，阿拉伯人在發展巴勒斯坦方面做了什麼事呢？他們的習俗難道不就是維持原狀嗎？他們不是時常以爭鬥和搶劫來虛擲日子嗎？而猶太人雖受制於長期的迫害和不可思議的毀謗，卻豐富了無數的世界遺產，包括具建設性的治國才能、哲學和集體的友善表現。我知道，過去幾世紀的一些阿拉伯思想家的表現超越他們的同胞，但就一個種族而言，他們並沒有像猶太人那樣點燃持續發亮的光，讓人們過較高尚的生活。

今天早晨我聽到陽光的呼叫，但我卻不為所動，信件像龍一樣盤踞在書桌上，如果我要享有心靈的平和，我就必須持續打字到這個下午。這個下午，波麗和我要到格拉斯哥跟一個朋友吃飯，然後回到波斯維爾。

一月十九日於波斯維爾牧師住宅

整整閱讀四小時之久——閱讀我每年為盲人請命而寫信後所收到的一百封回信。（老天慈悲，是點字體。）我在閱讀過程中時笑時哭，信滿溢仁慈的語詞，讓我振作精神持續下去，直到我再與「老師」相會合……

下午兩點，我們開車到古老的「波斯維爾城堡」。城堡建於十三世紀後半期，現在正由政府的工人重新塗上灰泥。現今，訪客不准進到裡面，但我們走了很長距離，為的是讓我可能觸摸到驚人的高塔在每個角落的基石，以及感覺到牆壁的巨大力量——牆壁很像懸崖，有些地方十一呎厚。如果在圍城期間可以保護地區的人以及他們的牛羊，則土地想必一度是多麼廣闊啊！一架飛機飛過頭上，我當時正聽到波麗說，愛德華一世如何藉助於器械攻佔這座要塞，因為那些器械可以發射重量從兩百磅到三百磅的發射物。經過六世紀後，那種笨重又固著於土地的器械演化成現代征服天空的戰機——但我們似乎並沒有比愛德華一世統治的時代更接近整體的和平。

我們站在當初射出箭矢的一個槍眼旁，我努力要去想像那叫喊聲「一個敵人上到克萊德河了」，以及想像我身邊有一位道格拉斯氏族的成員。但影像就是無法形成，我只能想到寧靜的河流和飄浮在柔和空氣中的鳥鳴。我沿著位於大城堡很下面地方的一條沙徑走著，彎下身觸碰水，感覺到我確實可以把克萊德河視為我的河流朋友之一，我看到雪蓮花；波麗說，河岸簡直是白色的，好像曾下過一場大雪。我跟樹木中的一棵壯觀的櫸木致意，它看起來跟城堡一樣古老，巨木的樹幹多瘤節，樹根像土地的肋骨。它的周長想必有三十呎。讓我感到痛苦的是，我看到人們以不敬的方式把很多姓名首字母刻在可敬的樹皮上。為何很少活到一百歲的人類為了滿足一時的虛榮心，要在不是他們所創造、已經活了無數代的樹上刻字？

伊莎貝爾跟我們在一起，我們走在波斯威爾高爾夫球場上回家的路上。伊莎貝爾有時在那兒打高爾夫球，而波麗說，她的高爾夫球球技很不錯。她告訴我如何開球，以及如何好好忖度手臂的揮動，把球送出去。我們自得其樂地假裝一桿接一桿跟著球走，一直到球，啊呀，滾進一個「沙坑」中。但由於揮得很準，我們到達綠地上，結束了桿數。我認識的人之中只有伊莎貝爾很有趣地談到高爾夫球，所以我都希望自己也可能學會打高爾夫球。

一月二十日

今天早晨奇冷；地上全是霜，一片白。「波斯維爾城堡」的雪花蓮想必希望自己沒有那麼早開花。

波麗和我在格拉斯哥的聖恩諾克旅館舉辦午餐會，告別我們的一些蘇格蘭朋友，我們待在這兒的時間透露出憂傷氣息，因為甜美的事情暫時要結束。我在蘇格蘭發現了寧靜與平衡，可以支撐一顆沉重的心靈，如今要離開，好像我會喪失勇氣。「啊呀！生命的美好春天那些鮮麗的日子」飛逝，在以後的歲月中，喪失至愛的大悲痛會留下無法完全癒合的裂痕，縱使信心仍然堅強。無論如何，愛與工作會把這世界無法賜予也無法毀滅的平和還給我。

今天，富蘭克林．P．羅斯福就任總統了，大約五點三十分時，全家人傾聽他的廣播演講，一陣痛苦的感覺掠過我心中，因為我想到美國歷史中的上一個三月四日，一個總統任職。那時，「老師」、波麗和我一起在喬治亞州，我們在所下榻的旅館傾聽羅斯福的第一次就職演講，現在我們在蘇格蘭已經聽到他的演講，卻沒有「老師」在身旁，雖然高尚政治是令她感興趣的話題。很可惜，華盛頓的天氣很潮濕，很令人不愉快，但總統出現在講台時，聽眾的喝采和叫聲令人興奮。自從二十一歲以來，我都會讀新當選總統的演講；除了伍德羅．威爾遜的演講之外，沒有一位總統的演講像這次那樣讓我懷有很恰如其份的成就希望。羅斯福的宣言中透露一種真誠的意味；他說他「決心要讓每個美國公民的福祉成為他的國家的利益和關切之所在」。我相信，他比林肯以來的任何總統更加強調政府有需要尋求一種方法，以促進全民的經濟安全與福利。為了讓全世界的人聽到，他譴責一種不公不義的情況：數以百萬計的人生活在無知中，國家有三分之一的人面對困境，居住、衣著、營養的情況都不好。但願國會和人民會團結在一起，做為羅斯福的後盾，新的活力會加速我們的民主的步伐，而「社會正義的新內容」會強化我們的祖先所創立卻時常受創的共和國。

觀念——諸如羅斯福所努力要具體化的建設性觀念——是建立在迷濛的未來海岸上的燈塔。然而，很多美國人卻在談話中避開它們；其實，「以改善為目標談論政治」就是一種觀念。他們忘記，他們的最強有力的傳統曾一度是「威脅」到宗教和憲法的新觀念。這種疏忽觀念的傾向，是羅斯福在實現公共福祉政策時所必須應付的另一種困難。在人民為了真正照顧自身權益而推進政府的人之中，只有極少數的人是羅斯福可以指望與之合作的。

一月二十一日

今天天氣暖和多了，孩子們從學校回來時說，牛群在外面的田野曬太陽。

今天早晨寫作，午餐之後，我收拾行李箱，波麗則整理大皮箱。我們也寄送從倫敦借來的點字書，以及我們要寄回家的很多包裹。然後波麗「為我拼湊」一段影片，是大衛所製作的。大衛要讓我看看我們造訪此地期間所做的一些事情。

第一「片」是我坐在打字機前所拍的，第二「片」是跟著羅伯穿過餐室的門後在喝茶時拍的。這是到目前為止所進行的部分，處理影片中的細節需要很多時間，但明天晚上會「拍攝」更多。非常有趣的是：感覺到孩子們忙來忙去，彼此叫對方要注意燈光，同時大衛盡力讓別人聽到他的指示。我稱讚這樣的拍攝，一方面是我們大家都感到很高興，另一方面是我有幾天過著像自許的好萊塢明星一樣的生活，自得其樂！我是多麼嚴肅又笨拙啊！有一次我在綵排時，試著做出用鉛筆寫字的動作，攝影師的要求令我困惑，於是波麗跑過來，用拼字傳意的方式告訴我：「妳為何噘著嘴，看起來好像要嚴厲譴責一個人？」我不曾夢想到要這樣。就這樣，我每天在那另一個夢與妄想的世界——「電影國度」——之中做著違悖我的最佳意向的事。

一月二十二日

昨夜又拍了更多的影片，發出更多的笑聲。羅伯帶著我進入餐室，讓我看那些變得馴服的相思鳥，羅伯那種模樣真美。他們專心地注視著攝影機，很長時間忘記羞怯，我都跑去看他們是怎麼回事。我希望影片會像那些迷人的鬼靈精小鳥兒一樣有趣。我們聚集在餐桌四周，好像要吃飯；我跟平常一樣，當羅伯在唸飯前禱告時，我讀他的唇語。爾菲做出倒茶的動作。羅伯傳送蛋糕，引領我回到客廳，暗中說出有關所有人的臉部表情的淘氣評語。在下一景之中，約翰在鋼琴旁精彩地彈著他喜歡的曲子〈吹風笛〉，而我站在他身邊數拍子，我很想知道何時可以再在孩子們之中度過這樣快樂的時辰……

今天又收拾了一些行李，即將離開了，甚至在日記中也幾乎寫不出話來。當一個人的心靈仍然受到最近的一次災難所折磨時，也許就比其他時間更難於離別我如此珍愛的人和地方……

我們剛一起吃完最後的一頓晚餐。我幾乎無法言談。這是我的身體將留在這兒直到一九三八年的最後一個夜晚，但我將時常在精神上回來這兒。願波斯維爾的牧師住宅，我深愛的牧師住宅，一切平和！……

一月二十三日下午，從格拉斯哥前往倫敦途中

一個春天似的早晨，我更難對牧師住宅說再見。所有的家人都陪伴我們到格拉斯哥。

羅伯一直以拼字的方式把他所看到的一切傳達給我——悅人的老房子；最為翠麗的草兒；載著牛奶、蛋、麵粉和蔬菜前往城市的貨車；穿過街道的大遊行隊伍，因為今天是「慈善日」，每年都有遊行，並且為了幫助籌募格拉斯哥的醫院基金配額，大學生也舉辦遊行，穿著亮紅禮服，戴著怪異的面具，穿著怪異的特有服裝。但是我沒有心情笑，我們上火車時幾乎沒有說一句話。很快地，車長在揮動他的綠色旗子，我們正快速駛離六個大大小小的珍貴朋友，他們在月台上揮著手。好像我們還不夠感覺悲傷似的，火車還必須駛過波斯維爾；波麗和我流

眼淚，因為她看到聖布利德教堂，其高塔像一個溫和的精靈在鄰近地區以及那條道路上方沉思著；我們時常和著大自然的音樂走在那條道路上，不畏死亡或風與洪水的肆虐。

《泰晤士報》的新聞無助於活絡我的思緒——西維吉尼亞州、俄亥俄州、肯塔基州和密西西比州的洪水升高；日本的軍事權威和公民權威之間以可怕的方式競逐霸權，造成危機。首相田中和陸軍大臣白川生動地預示了一百年以來危及日本帝國的穩定與福祉的對立力量。當我們訪問日本時，如果置身在這樣一種騷動人心的氣氛中，將會是一種怪異的冒險。……

帶著滿足的心情——以及一點點的妒羨——在《點字通訊報》中讀到一則消息：當局正在努力讓所有階級中盡可能最多的人觀賞「加冕儀式」和餘興節目。現在有這麼多「消失的盛況」壽終正寢了，我希望我可能看到這個盛況，也許是英國最後的加冕儀式……

關於希特勒與墨索里尼祕密見面的新聞，似乎指向一種非常快就要出現的陰謀。雖然他們兩人努力要讓法國孤立於它的聯盟之外，並支援西班牙的國家主義者，但我卻希望他們的努力可能受到挫敗。這樣的人物像大自然的力量那樣可怕，可能在任何時刻引發破壞性的地震或火山爆發……

「蘇格蘭皇家」火車以很快的速度行駛，一哩又一哩，波麗幾乎無法對我進行手指拼字傳意，何況火車會傾斜，我很難了解她的指頭傳意。基於對照的律則，一個一九三〇年八月天的記憶在我心中浮現。當時我們乘坐「飛行的蘇格蘭人」火車是從愛丁堡到倫敦，在那次旅程中，火車司機引導我去看火車頭。我坐在威爾斯王子坐過的位置，也把一些煤剷進像火龍的火車頭中。我聽說銅製火車頭閃閃發亮，感到很驚異，並且我也觀察到它一塵不染。還有，振動多麼平穩又有頻率！當我們簡直是穿射過「特威德河畔貝里克」時，我伸手去感覺氣流。（當時是以七十里時速前進。）我將永遠記得「飛行的蘇格蘭人」火車是技藝臻至最高境地的奇蹟……

可以說我是從夢鄉滾落進尤斯頓車站，珍．謬爾在那兒迎接我，熱烈地表示歡迎，只有美麗的蘇格蘭字「couthy」（「熱誠又友善」）可以描述。她帶我們到艾色克斯郡的貝爾登，我們要在這兒的她和查理的迷人的家「老屋」中跟他們一起度過週末。「老屋」建於一六五〇年，有漂亮的屋頂、很堅固的橡木、菱形的窗戶玻璃、裝飾著鐵釘的門及其古老門環，加上每個英國人的家的靈魂——花園。兩隻粗毛狗賓因和桑第在我們到達時歡迎我們。此時已耳聾的賓因整個晚上沒有離開我，牠把頭靠在我的腳上，好像在說，「我們之間有同志的感覺。」

吃完飯後，查理和我進行了一次長時間的辯論，辯論的內容是：希特勒政權還是蘇維埃俄國比較專制？查理想知道，為何我對德國的態度比對俄國嚴苛？我告訴他說，我認為俄國在一千年之間處於極度的窮困之中，然而在一個就算是家長式管理但卻是仁愛的政府統治下，它卻正在顯示出美妙的進步，並且它的亞洲人的思想和自我表達模式基本上不同於德國或任何其他西方國家的經驗。我擔心查理認為我是一個不信教的人，當他為反基督運動感到遺憾時，我說我很高興俄國教會被推翻，事實上，我們生活在不為教士所支配的國家之中，不知道教會如何完全佔有了無知、幼稚和原始人類的靈魂與肉體——如何在他們身上強加無數的迷信，而他們就根據這些迷信播種、收割、締結那種其實是奴役狀態的婚姻、埋葬死者以及支付大地主所可能開列的任何租金。那種正在宣傳中、確實讓我感到恐怖的無神論，並不是布爾什維克主義所造成的結果。布爾什維克主義在教會還沒有變得全能之前早就出現了，並且時常由神祕家加以傳授。就像卡萊爾（Caryle）在他對於教會墮落的詛咒中所大聲譴責的，無神論是源於信仰長期遭受嘲笑，對於天堂的請求與呼叫所得到的回應卻只是被課更重的稅、遭受驅逐、遭到鞭打和接受殘忍的死刑，「反基督」已經存在了整個二千年……

就算俄國是無神論的，但至少它沒有犯下「開明」的德國針對愛因斯坦的天才那種致命的罪——就像我在寫給希拉姆先生的信中所說的，這是一千年的成就所無法洗刷的一種污點。甚至沙皇的俄國也不敢懲罰托爾斯泰，而英國也沒有放逐或殺害甘地……

我無法忽視的另一種情況是：德國是世界大戰的侵略者，而俄國並不是。後代的子孫會毫不留情地譴責德國人踐踏挨餓的俄國人對於世界和平所做的優秀努力，也會毫不留情地譴責其他國家以封鎖糧食的方式試圖摧毀一九一九年的新俄羅斯共和國。就像列寧之後所說的，俄國必須建立很大的防衛軍隊，而現今這種見解似乎是正確的。可能，不，很可能，有一天德國、義大利和日本可能盡最大的努力聯合起來征服俄國……

一月二十四日於艾色克斯的伯爾登

今天早晨，陽光與珍恩一起進入我們的房間。畫眉鳥在唱情歌，春天與浪漫氣息隱藏在每一陣飄過窗子的微風中。珍恩要我們舒適地躺在床上，並且她親身服侍我們吃早餐。她準備好我的魚和蛋，在吐司上塗牛油、倒茶，所以波麗沒事可做，只吃著、喝著、休息著。

當我們足夠抖落掉懶散的感覺而開始梳洗時，雨卻下得很大。我們坐在那兒，等著機會出去到花園，但天空卻沒有晴朗的跡象。一會兒後，查理進來。他把剛在花園後採擷的一盆最可愛粉紅櫻草花及黃色中心裝飾，放在我的打字機旁，有瞬刻的時間，我無法相信我的指頭告知我的訊息。一月二十四日的櫻草花！然後我了解到，為何莎士比亞和其他詩人一直說「早來的櫻草花」……「早到的蒼白櫻草花」。但是，當它們在幾乎被白霜所把持時卻堅定地展示其脆弱的優雅，它們就不會是很「蒼白」了……

今天晚上我們坐在一起討論文學，查理朗讀T．S．艾略特那首被列為偉大現代詩的〈空洞人〉。這首詩強而有力；人心會在面對它那種墳墓似的終結時畏縮著，就像在面對詹姆士·湯普遜（James Thompson）的〈可怕之夜的城市〉（City of Dreadful Night）一樣。然而，我還是不了解〈空洞人〉的真正意義。它是在描繪那些追求財富或地位而非追求滋養心靈的營養的人嗎？或者，它是在暗示現代辛苦工作的人由於長時間在機器旁工作，被剝奪了古代的人對於創造性技能的本能愉悅？

當我這樣提示時，查理似乎很感興趣。他說，「海倫啊，妳認為，有一天每個工人將可能在機器旁工作三小時就會生產很多東西，其餘的時間，就用來培養自己的能力，提供孩子們健全的環境、最好的教育、開始生活的正確方法嗎？」針對這種對社會正義而言不可或缺的原則，我們的意見完全一致，我真的感到很愉快……

吃飯之後，暴風雨來臨，但雨勢溫和，令人聯想到大地甦醒、草兒發芽。較早時，波麗和我去檢視一間要出售的伊莉莎白時代小屋。一九三〇年時，我們從外面看到它時，「老師」很喜歡，她希望這間小屋什麼時候可以成為我們在這邊的假日隱居處。房子的主人想把它賣掉，但一直到去年夏天才做了決定。「老師」在世的最後一段歲月曾對波麗和我說，「我要妳擁有在艾色克斯的那個小地方；海倫啊！它會意味著妳所喜愛的美與幽僻，並且它會有助於妳感覺我在近處。」但我唯恐這是不可能的事，因為為了使這個地方適合我而需要做的改變會太複雜了。

今天晚上很值得記憶。珍恩把我介紹給謬姆．史都華（Meum Stewart），他住在一間建在羅馬要塞地點的十六世紀小屋。然後，她又把我介紹給傑出的戲劇家克利福．巴克斯（Clifford Bax），他是作曲家阿諾．巴克斯的哥哥。我不記得我曾見過像巴克斯先生這樣浪漫的人。他身材高，儀態優雅，態度殷勤，模樣和言語高雅，很像古代凡爾賽的廷臣。聽說他在我十五歲而他十八歲時就聽到有關我的事，我感到很驚奇（當時他在德國念書）。我要他告訴我有關他的戲劇《沒有刺的玫瑰》和《蘇格拉底》的事情；前者是有關亨利八世的第五任妻子凱薩琳．霍華的悲劇。他認為，這兩部戲不久會在紐約演出，我說，如果是這樣的話，我一定會去看。我談到我可能在四月造訪日本，他就敘述自己三年前在那兒的一些經驗。他曾走進很多佛寺，對於僧侶的安詳儀態留下深刻的印象。在長崎，當天上在下雨時，他看到人們把開著花的小小櫻花樹帶進屋內……

有人提到那首詩〈空洞人〉，我問巴克斯先生怎麼詮釋。他認為是描述不懂哲學的人在幻滅和冷漠摧毀他們的信心、剝奪這世界的美時所出現的無望態度。我談到Ａ・Ｅ⓭，他的詩時常為「老師」和我帶來可愛一如閃亮著晨露的玫瑰的時刻。巴克斯先生說，他也以愉悅的心情讀Ａ・Ｅ的詩，並且從記憶中引用他所喜愛的詩〈在古代的巴比倫〉的前幾行——

藍色的黃昏在街道之間跑著，
我的愛在我內心中飛翔，
它離棄了今日和昨日
以及三千年的時光。

由於我沒有讀過這首詩，所以他答應寄給我一份。我們也討論他所信仰的佛教，以及伊曼紐爾・史維登堡（Emanuel Swedenborg）的學說。巴克斯先生對於未來生活的信心很有激勵作用。跟這樣一個具如此浪漫性格和內蘊如此豐富的心智對談，是一種難得的愉悅經驗。

一月二十五日

一個陽光燦爛的早晨，充滿鳥鳴的歡樂氣息，那隻美麗的鸚鵡麥克格雷哥為鳥鳴加進褻瀆的聲音。牠所受的教養顯然不是模範的典型。牠整天跟查理待在那位於花園一個遙遠角落的書房中，在查理的午後散步中陪伴他。牠在人的頭上飛著，從一棵樹飛到另一棵樹。當牠回家時會鼓翼飛進來，十分溫柔地對珍恩說「哈囉！」有一隻兀鷹曾試圖捕捉麥克格雷哥，但牠展現家族特有的策略，在樹後閃避，一直到牠飛抵房子的庇護區。

我無法以言詞傳達「老屋」的開闊、活絡精神的氣氛。「老屋」四周有羅曼蒂克的小巷、上帝確實創造出來讓我們躺臥其上的綠色草地、伯爾登引以為榮的榆樹，以及大地賜予幾世紀豐富果實的安靜農場。

我更無法衡量諸如查理和珍恩這樣的朋友的珍貴性。就算他們是我自己的兄弟姊妹，也不會對我所透露的快樂和悲愁表現出那麼靈敏的反應，也不會對我的未來表現得那麼體貼。我經歷到很多美好的事情，但沒有一件像他們自動自發努力要在我面對新問題和責任時激起我那備受磨練的勇氣。我對他們披露了我內心的想法，他們很快就了解，這是很難得的經驗。他們的談話像水倒進乾的幫浦中——會啟動思緒重新流動。他們體認到——就像「老師」、約翰．梅

⓭譯註：原名喬治．威廉．羅素（George William Russell），英國詩人、神祕家。

西以及亞歷山大．格拉哈姆．貝爾博士——由於美好的談話中會有突然的轉折和雙關語，有些微妙的意義只有一個臉色和一個聲調才能表達，所以我就無法體會，這樣就漏失了很多。查理很渴望把捉到一種快速的評語，或軼事，或一個人對於所說的話的反應，讓我也能共享，他這樣渴望是多麼像約翰啊！當「老師」和我住在倫桑姆時，我們有一群朋友，無論談話或聽人談話，都會讓人精神為之一振。總是會有一種新鮮的想法、一本值得以優閒的方式討論的書、一首朗誦時效果很棒的精美小詩，以及以有趣的方式呈現的大自然和科學之中的發現。也有人願意從一個口若懸河的人或一次冗長的辯論中擷取精華——這是我在今日美國很少會發現的特性。我有時會像很多作家一樣認為，談話確實是一種已失落的藝術，但我過去二十年沉迷於工作之中，或者我缺乏技巧去吸引與我同類的其他人，這也許是為何孤獨時常陪伴我身邊的原因。然而，

世界上我所知道的東西之中沒有一件
可以逃離愛，
因為愛會下達每處深淵
上達每個高處所在。

它會等著，就像天前那樣等著，

直到雲兒經過，
然而還是隨著一個永恆的日子
繼續安詳地閃亮著。

它已經在蘇格蘭和英格蘭等著，並且，那基於高貴的思想和寬宏的感情而加倍美麗的友誼，又一次正在祝福我。

一月二十五日晚上於公園路

今天早晨，我很傷心地強迫自己離開另一個會讓我的思緒長久徘徊不去的窩巢。查理開車載我們到位於「主教的史托福」的車站。我們經過已故的羅希安侯爵的女兒維多利亞・果斯林夫人的家。她是寫〈安妮・羅莉〉這首歌的約翰・史各特夫人的親戚。自從我童年時代以來，無論在國內，在英國或在南斯拉夫，有多少人的聲音曾經溫柔地為我唱出這首世人所喜愛的歌啊！……

我在艾色克斯所旅行過的每哩路都充滿了歷史、神祕、羅曼史。我時常顫抖著身體穿過巷子，努力要在幻想中想像我可能正行走其上的六個或更多的被埋葬的文明。我觸碰羅馬城牆、位於科契斯特的聖波多夫修道院的廢墟、波迪卡王后的軍隊被擊敗的戰壕。艾色克斯也因為一個理由而讓我覺得很親近，那就是，它擁有透露田園風情的小小文登斯安博。這兒雖然離倫敦只有三十九里，但人們的生活就像好幾世紀前一樣，並且當「老師」和我在一九三〇年的七月到九月待在那兒時，「老師」很快樂。我們隱居的地方是一間有四百年歷史的房子，加上一座以牆隔開的花園，我能夠單獨在花園中享有長久和多樣化的散步之樂。這個地方叫做「鱒魚堂」——為何這樣稱呼我並不知道原因，因為花園盡端的小河流中並沒有鱒魚。當我們再訪讓「老師」很愉快的地點時，我心中的痛並沒有減輕，但那是我能夠親吻的磨難十字架，那些迎接「老師」衰退中的視力的最後生動場景，讓我感到欣喜……

珍恩跟我們到倫敦，我們一起在「長春籐飯店」吃中飯；傑出的男演員、女演員、作家和藝術家經常光臨這家飯店。當我們在吃只適合神祇享受的比目魚和茄子的同時，也很愉快地注視著臉孔有趣的可愛女孩和男人走進來，彼此打招呼，吃一兩口喜歡的菜，匆匆忙忙回去工作。珍恩指出了麗麗安．布雷斯維（Lillian Braithwaite）和詹姆士．阿加特（James Agate），後者是倫敦值得敬畏的戲劇批評家，是《自我》和《自我第二集》的作者。我希望我們下一次到英國時回到「長春籐飯店」；它提供研究個性的誘人機會……我們從那兒到「布拉德雷服裝店」，波麗和我在那兒訂了一套新裝。我的那一套是黑白色，十分沉重。我很高興，因為我將感覺到美國凜冽的風，尤其是在這邊經歷了平穩的氣候之後……

一封令人失望的電報在公園路等著我們——湯瑪斯・潘恩雕像不會在二十九日揭幕。似乎是沒有足夠的時間做準備，紀念儀式已經延到四月。那時也許我們將會在日本。我的第一個衝動是放棄巴黎之行。如果在那兒匆匆造訪幾天，沒有我心目中的主要目的，那就像《哈姆雷特》沒有王子。波麗和我考慮此事之後，還是同意最好實現我們的計畫；我們說不準那個迷人的城市巴黎可能有什麼事在等著我們。我一直想要造訪我所喜愛的女英雄聖女貞德的誕生地頓雷米；如果不會太遠的話，到那兒旅行一次將會很令人興奮，有如我期望在下星期五參加的令人印象深刻的場合……

一月二十六日

早晨天氣凜冽又潮濕，但沒有起霧，我本來擔心我們可能陷在那種最近癱瘓倫敦交通的黑霧，但他們說，那種危險已在消失中，一種新的危險正要接近——伊頓、溫莎以及沿著泰晤士河的其他地方的洪水……

《泰晤士報》登載了有關美國洪水的可怕消息，整天都揮之不去。豪雨使得密西西比河和俄亥俄河的水位升高，很多城市和鄉鎮都河水氾濫。靠近辛辛那提的一百萬加侖的石油在洪水掃過辛辛那提時起火燃燒，燃燒的油被海浪帶向其他水災地區。辛辛那提的警察首長簡潔地把情景描述為「恍如地獄慘狀」。五十萬人無家可歸。哈里・霍普金斯（Harry Hopkins）⓮催促超過兩千五百名「公共事業振興署」的成員，去幫助十個州的難民；據預測，情況在不久之後會更惡化……

《泰晤士報》也登了一則社論，討論莫斯科之中令人噁心的金諾維夫－卡門尼夫（Zinovieff-Kameneff）「清黨」。又有十七個人——其中有幾位在俄國政府中佔有很高地位——被指控參與一次托洛斯基派針對史達林的密謀，將接受生命交關的審判。多麼可怕的光景啊——傑出又高度受到尊敬的人失勢了，包括卡爾・雷德克（Karl Radek），他是多年來以敏銳的洞察力闡明國際事務的新聞記者，還有就是索可尼可夫（Sokolnikoff），是前駐英大使，一直到最近都還以重整俄國財政的貢獻而獲得讚賞！在一個像俄國這樣現代的國家之中，我完全無法理解這樣的審判。這種審判看起來完全像一度在清教徒時代新英格蘭所出現的歇斯底里的女巫審判，只不過名字不一樣。顯然，在俄國的領導者之中存在著同樣的瘋狂恐懼，以及同樣的決心，要強迫被囚禁的人承認他們不曾犯過的罪。雷德克無疑是企圖推翻現在的政府，但如果他有一點骨氣，為何要背叛他過去優秀的工作，把它污名化，「承認」自己把自己的國家出賣給德國和日本？馬克吐溫是研究人性最深刻的人，他時常說，被追逐的犯罪者一旦被逼到牆角，就會說出任何的謊言，來掩護他們的共犯。縱使如此，雷德克為何要表現可鄙、巴結的偽善來進一步侮辱自己和傷害他的成就呢？在每個國家的歷史中，受到折磨的卑微人民，都比這個具備優秀智力且身負重大任務的人表現出更大的自尊和更高貴的品德……

今天早晨去「美國輪船公司」。波麗和我知道，我們不能從哈維爾搭「羅斯福總統號」，因為美國船員罷工，它無法搭載乘客。我告訴摩爾先生說，我不曾因罷工而無法前往任何地方！我感到困惱，因為我們先前已經把一些行李箱送到「羅斯福總統號」。摩爾先生說，如果他為我們找到另一艘船，就會很容易把行李箱轉到那兒。我們也許明天早上會聽到他的消息。我們幾個月前就擬定計畫，對國內的朋友不斷嚴肅地保證，我們會搭乘「羅斯福總統號」在二月十二日到達，如今計畫改變了。情況為人類帶來悲傷的方式，有時達到搗亂的程度。我幾年前所讀到的一篇文章讓我改而相信「沒有生命的東西是非常邪惡的」；我活得越久，則東西和事件的邪惡性越讓我堅信這種想法。歸罪於事物而不歸罪於可憐的人類會令人感到安慰！

吃中餐之前，波麗和我檢視永無止境的信件和事務文件。我深深體會到，當初「老師」耐心地傾聽這麼大量的例行信件，以巧妙的簡短方式告訴我必要的資訊，我可真是免除了很大的麻煩。

波麗打電話給很多人，邀請一些人來喝茶，另一些人來吃飯，因為我知道我們要一直到下一次造訪英國時才會再看到他們。然後我們到布雷德服裝店第一次試穿衣服，及時回到旅館接見我們的訪客，其中有伊安·佛雷色爵士。我對於他不再是國會的一員表示遺憾，希望他會在

⓮譯註：美國社會工作者，羅斯福總統最親近的顧問之一。

什麼時候回來，為盲人大力發聲。「嗯，」他回答，「成為國會議員的價值是在於什麼都不說。我是六百名議員中的一位，沒有機會完成我想完成的事情。我希望以 BBC 總監的身分為英國失明的長輩做出有效的貢獻……」

稍後，麥克．艾加、貝麗．艾加、查理、珍恩．謬爾和尼德．霍姆斯來吃飯。艾加兄妹以前不曾見過尼德或查理；看到他們很快成為朋友可真令人高興。政治主宰了談話的內容，大英帝國國王退位的可能影響成為人們大肆揣測的領域。有人評論鮑德溫（Baldwin）在面對空前的危機時所表現的能力和毅力，以及人民在那些宿命的日子中所表現的自制，也有人提到國會議員在國會針對遜位國王的婚姻計畫所發表的無數演講，還有詹姆士．馬克思頓（James Maxton）的斷言，那就是時候已到，應該推翻君權，建立一個共和國，其基礎是平等，以及由公眾支配全民的生活資源。尼德認為，馬克思頓的言詞是大量的論辯中唯一會在歷史上留名的。

有人提到希拉姆先生的信以及我的回信。麥克說，幾天以前有人從德國寄給他一份《鏡報》，附加一封信，要他驅逐「國家盲人協會」的所有猶太職員——「如果你不這樣做，他們會以他們在德國對待我們的方式對待你。」麥克說，他們不曾在「協會」中問及誰是不是猶太人；他們是根據工作能力雇用人員。為了舉出「好猶太人」的一個明顯例子，他提到一位原籍德國的猶太男人，他在幾年前從生意的生涯中退休，來到協會，要成為盲人做點工作。當時麥克只能提供他一種枯燥的文書例行工作，但這個新來的人很高興地接受，很忠實地做著工作，持續下去，奉獻所有時間，成為「協會」的義工。任何地方都找不到比他更可愛又溫和的人。

麥克寫了一封尖銳的回信給《鏡報》，也寫了一封傑出的抗議信給《泰晤士報》，反對散播反猶太人的偏見。他說，由於德國急於與英國成為友邦，所以英國政府有義務警告德國說，如果允許對其邊界外的猶太人表示敵意的作品散佈的話，那將有損兩國的友好關係。我希望這封信會發揮作用，因為寫信的人，是以對各種信仰的國籍的盲人表示慈善而廣受尊敬的一個機構的主事者。

我們針對德國、義大利和俄國的獨裁政治加以比較，指出其特點：德國人崇拜希特勒，義大利人崇拜「戰神」，而俄國人崇拜「機器」。尼德大大讚賞俄國的年輕工程師，他們非凡的表現正在使世人感到震驚。

「是的，」查理和麥克表示同意，「俄國人」的理想是很美妙的，但是如果沒有宗教、自由的話，理想又如何可能持久？」

「至少他們有自由來發揮特別的才賦，」我說，「這在現今的德國是不可能的，因為在德國，藝術、文學、教育正陷入死氣沉沉的狀態中，而科學則演變成一種泛亞利安人狂。」當客人要離開時，查理問我，「為何俄國一直在累積武器而不是更多的農業用牽引機？」他的問題讓我吃了一驚，因為我所讀到的無論是朋友或敵人所寫的描述俄國的文章，都提到俄國有無數的牽引機在犁著土地，我必須找出我在問題上所能找到的資料。

一月二十七日

今天早晨解決了一個問題，我們很滿足，摩爾先生告訴我們說，我們可以在二月二日從哈維爾搭乘輪船「山普倫號」。我特別感到高興，因為安德麗亞⑨曾很熱心談到此事。去年十一月她要我們從紐約搭乘「山普倫號」，但我們想要坐早一點的船，結果搭了「德意志號」……

另一個在最近三天讓我沮喪到近乎痛苦程度的問題仍然沒有解決。可真是奇怪的意外，有一個裝有我的部分日記和其他私人文件的信封不見了。波麗和我曾在星期一帶著這個信封到城裡，幾小時之後，我們發現信封不見了，讓我們非常驚慌。波麗勤跑「長春籐飯店」和「布雷德勒服裝店」去探詢，但沒有結果。我們也問看門人和載我們來回這兩個地方的計程車司機，但卻沒有消息。最後我們請來「倫敦警察廳人員」，他們還在搜尋中。我看過有關「倫敦警察廳」的功績令人興奮的報導，但我從來沒有想到自己會有機會成為一篇偵探故事的主角！

如果沒有尋回那些文件，我將會很難過。我在這些文件中所記錄的經驗曾稍微解除了我心中的悲傷陰翳，引進一些注入生命力的想法。然而，如果比起那些遺失無價手稿的作家的不幸際遇來，我的這個困惱就顯得無足輕重了。牛頓的小狗打翻了桌子上一根點燃的蠟燭，結果他的珍貴的論文被燒毀了。健康情況不好又疲累的牛頓只叫道，「哦！『鑽石』啊，你不知道你做了什麼事！」羅伯．安斯渥茲（Robert Ainsworth）的堅毅也讓我印象深刻。他是十七世紀的一位學者，他的妻子發作潑婦般的怒氣，把他剛完成的拉丁文字典丟進火中。於是他頑強地開始工作，重寫整部字典。再舉一個現代的例子，阿拉伯的勞倫斯在一個火車站中遺失了他的手稿《智慧七柱》，一直沒有找到，但他卻重寫，而我確定，由於遭逢此一災難，重寫的書內容更加豐富。經由這種磨難，我們意識到內心那種本來不可能發現的應變能力。

另一件吸引我注意的真實事情是，今天早晨新聞報導了「俄亥俄山谷」的洪水危機——交通停頓、飲水受到污染、火災爆發、瘟疫流行、軍人與平民拚命努力要以沙包和細黏土強化三百哩長的堤防，紅十字會和其他機構盡最大力量收會費，要供應食物給七十五萬流離失所的人。這次美國歷史上最具破壞力的水災所造成的傷害無法估計，我擔心這會在未來的歲月大傷政府和慈善機構的元氣……

今天本來預定跟費爾赫文夫人吃午飯，但她忽然生病，約定就取消了。我剛才正在寫一封表示慰問的短箋時，克利福．巴克斯跟我認為很令人愉快的朋友約翰．史奎爾爵士來訪。約翰爵士說，他知道我這個人已經很多年，我很喜歡他的自在和迷人的特質。我們談到「大倫敦」和金斯萊．伍德爵士重建「大倫敦」的計畫。我很想知道，是否很多歷史性的地方都要像路卡斯先生所認為的那樣拆毀。約翰．史奎爾爵士不以為然，主要的工作大部分在於拓寬街道和便利交通。我很遺憾沒有機會看到具有這樣迷人的歷史的一個城市——偉大文學的中心——的更

---

⑨原註：康拉德．伯倫斯夫人（Mrs Conrad Berens），是傑出的紐約眼科醫生的妻子。由於這位醫生不屈不撓的努力，梅西夫人得以幾乎一直保有一點視力。

多部分。克利福・巴克斯和約翰・史奎爾爵士都說，下次造訪英國時，他們會非常樂於讓我看看倫敦。多麼令人期盼啊——兩個心智高貴的英俊護花使者要幫助我探險倫敦！

今天下午在下議院跟詹姆士・馬克思先生與夫人喝茶。夠奇異的是，「老師」、波麗和我也在一九三二年的七月在那兒跟伊安爵士和佛雷塞夫人吃飯。那時我幾乎無法相信自己置身於那座古老的建築。這座建築具體化了英國歷史——「大憲章」、領土超過地球四分之一的帝國、朝代的更迭、從一個文明躍向另一個文明的一百年歲月！我記得迷人的感覺越來越加深，因為我們走出去，坐在露台上，天空充滿夏日黃昏的美，近處的泰晤士河流著，就像它流了好幾個世紀，遠方是倫敦橋和倫敦塔。

現在我們第二次到下議院，還有另一種光輝等著我們——大膽的夢，即有一天戰爭將不見於這個世界，禮拜儀式成為唯一的王權，兄弟之誼成為唯一的律則，而「和平」成為唯一的帝國。

馬克思頓先生與夫人熱誠地向我們致意，我們走到長廊去喝茶時，波麗所看到的一切讓她很感興趣，急切的手指做出興奮的動作。

我告訴馬克思頓先生說，我多麼讚賞他，因為他置身在無邊的偏見與無知中單獨一人勇敢無懼地發聲。我重複昨夜所說的話——他針對政府面對的危機所發表的言論，是所有言論中唯一會在歷史中佔有一席之地的。

「想必我的血液中有美國人的基因，」他說，「我是一個共和主義者。」

「你認為英國的君權政治會持續更久嗎？」我問。

他不以為然。

「我倒認為會，」我回答，「人民跟以前一樣熱衷於對國王的忠誠。」

「但是你看到了，他們多麼快速地從對一個人的忠誠轉向對另一個人的忠誠，」他提醒我。「他們所尊敬的難道不是王冠而是個人嗎？」

我懷疑。「難道他們不是比歐洲其他人民更喜歡被壯觀的場景所眩惑嗎？」

「沒錯，」他表示同意。「無論如何，我可以告訴妳，英國的勞動者知道，古老的秩序有問題，需要大幅度的改變。他們之所以裹足不前的原因是，他們怕實驗會導致出現在德國、義大利和俄國的可怕悲劇。」

「如果他們自制，就像他們努力奮鬥，」我提示，「那麼，他們的新國家將會是一個可敬的高峰狀態：明智的領導風格和高貴的傳統所散發的亮光照耀英國歷史，儘管也有很多次背叛的事件發生。」

「我真誠地希望如此，」他說，然後我問他對於國會例行運作的看法。「當一個人進入國會時，」他回答，「他會習慣於事務的緩慢進行，這樣他可能會很生氣，但不會挫其銳氣。」

我問他，勞動者對於非常關係到他們的問題表現得很遲鈍又冷漠，他是否感到沮喪？他譴責我時常對於美國的勞動者沒有耐性，做為回答：「到目前為止，我不曾感到抑鬱……妳知道，我是一個樂觀主義者！」

「你預測歐洲會發生什麼事？」

「德國、義大利和俄國的獨裁政治會崩潰。一個人不可能獨自承受獨裁政治的重擔，他的壓力會越來越重，如果他要別人幫助他，他們就可能推翻他。」

我很臉紅地說，我沒有一會兒的時間跟馬克思頓夫人閒談，她表現得很親切又寬大為懷：「當我的丈夫成為任何群體的中心時，就會出現這種情況！」真的，我幾乎忘記我的茶了。馬克思頓先生轉向波麗，說道，「妳告訴凱勒小姐說，我時常在下議院跟女士們喝茶，但這是第一次兩個女人什麼都沒有吃！我是很精明的蘇格蘭人，不會為沒有吃或喝的東西付錢！」我們在門口道別時，另外兩個下議院議員走過來，我被介紹給反對黨領袖阿特李先生和羅瓦—佛雷色先生，他是生動地出現在我小孩時代所讀的蘇格蘭的故事中的那個狂野氏族的後代。

「這個氏族在那些往昔的敵對狀態中被擊退了，」他說，「但現在請看看它以和平的方式進軍議會。」

我告訴阿特李先生說，勞工黨在國家的命運中會是一股強大的力量。

「那會是一種緩慢的過程，很緩慢，」阿特李先生回答。「你知道，大自然和人性都拒絕被施加催促的力量。」

「我正教他政治，也教他如何行動快一點！」馬克思頓先生笑著說。

如果「老師」在的話，她會多麼喜歡跟馬克思頓先生談話啊！她會笑容燦爛，而他會針對她難以預測的俏皮話和一針見血的論辯提出高明的回答。難怪他在下議院是一個很令人喜歡的人物……

我只是開始爬上我愛的「髑髏地」。在我供奉我最珍愛的所有東西的紐約空房子中，我將會一直渴望那另一個神聖地方——在那兒，上帝已經引導我到靜寂的大片水旁，並修復我的靈魂。我太清楚了：當我從一個房間走到另一個房間，從一件東西走到另一件東西，卻沒有發現「老師」時，她似乎又要死了。我將需要有關天堂的每種腦中影像、上帝的「聖言」的每種美、「老師」和我沉思著的所有高貴模範，俾便把我的靈魂提升到她的靈魂那兒，超越這樣一種無止境、拖磨著人的孤獨。人們寫信給我、跟我談話，好像他們認為「聾」與「盲」是恐怖的痛苦。我很想知道，這是不是源於他們沒有經驗到一種高貴的友誼，然後又遭受到分離的致命傷。我很少意識到生理上的缺陷，生理上的缺陷不曾令我感到悲傷，但這種悲愁卻是最無情和徹底的考驗……

現在——要去巴黎了！

一月二十八日於巴黎蘭卡斯特旅館

昨天發生的事，無論是愉快還是痛苦的，都令人難忘。今天早晨濕冷又多霧；不知怎麼地，我懷疑我們是否應該飛越英倫海峽，但我存一點點希望：天氣可能會變晴朗。波麗和我六點半起床，收拾行李、打電話、做離開時必須做的很多最後時刻要做的事情。早餐後不久，我們匆匆趕到「布雷德雷服裝店」，進行最後一次的試穿。每次我們在「公園路」停留，那位仁慈的侍者領班都像朋友一樣關心我們的是否舒適；這一次，為了節省我們的時間，他也為我們在行李上掛上名牌。

在「布雷德雷服裝店」時，我接獲消息，身體掠過陣陣愉悅的波浪——遺失的那幾頁日記已經在店裡的一個電話亭找到，這次精神上的困惱解除後，我感覺到更加渴望迎接可能在等著我們的任何歷險。

十一點鐘時，我們說再見和感謝，前往維多利亞車站，將從那兒乘巴士到克羅伊頓的飛機場。在車站時，我們獲知航班已因天氣狀況惡劣而取消，我們那些充滿趣味和新奇的計畫就這樣被扭曲了。在感傷之餘，我們換了票，買到一點五十分前往多佛的配合船期的列車座位，在格羅斯文諾旅館等了兩小時。最後我們坐上火車時，發現火車擠滿了前往巴黎、馬賽的人，有很多是到瑞士從事冬天的運動，還有的是要坐船巡遊地中海，到印度和澳洲那麼遠的地方。

很不幸，霧遮蔽了風景，遮蔽之處超過旅途一半的地方。然後波麗才能夠看到肯特山谷；肯特山谷春天時那種似在微笑的可愛景色，我時常在書上讀到。波麗也能夠看到開忽布花的鄉村和美麗的果園。在多佛地方出現一片騷動的景象，大家跑來跑去，要去領行李。波麗和我很費勁地在數以千計送往東方的袋子和箱子中穿梭著。

天氣繼續顯得暗黑又淒清，寒風吹起，波麗說，海水看起來很無情。我們帶著情有可原的擔憂心情登上一艘海扇狀的船。船一從碼頭快速駛離，就傾斜得很嚴重。巨浪沖擊甲板，我們全身被濺濕了。兩位甲板的水手幫我們走下樓梯，現在回想起我們踉蹌走過躺在草蓆上、暈船很痛苦的人，身體都要發抖。我們自己也是感到暈眩，感到很不舒服，身體蜷縮在椅子中，好像經歷了無止境的時間。船無情地傾向一邊、搖晃著、暴衝著、震動著我們，我都認為快斷氣了。每個時刻我都感覺好像英倫海峽正在撞擊著船，要把它撞沉，無法營救它。

我也不知道在卡萊斯時我們是如何在火車上找到座位，忍受五小時的旅程。在那種情況下，我們對於本來會讓我們著迷的一切卻顯得無動於衷，包括卡萊斯。英國與法國在卡萊斯這個城鎮四周作戰達一百年之久，現今這個城鎮以永固的友誼把兩個國家結合在一起。卡萊斯是一個透露親切氣息又物產豐饒的鄉村，很像肯特郡；亞伯維爾四周有松樹和沙丘，而在「大戰」中死亡的兩個國家的年輕人就埋葬在亞伯維爾。此外，卡萊斯也很像亞眠市。然而，當我們接近車站時，巴黎的永恆魅力及其迷人的亮光，卻讓我們精神為之一振。

吳爾夫先生⑩開著車子來接我們，他的殷勤的歡迎立刻讓我們感覺好受一點。今天早晨醒過來時，我成為一個很不一樣的人，我很享受我那一杯很棒的「蘭卡斯特旅館」咖啡，以及入口即化的薄片小餅，睽違五年後再度實際置身於巴黎，其神奇的感覺讓我心蕩神怡。

---

⑩原註：「蘭卡斯特旅館」的所有人。

但是，當我讀著巴黎版的《紐約前鋒報》上所描述的大悲劇時，我的愉快心情卻消失了。現今有一百萬的人無家可歸；俄亥俄河的河水還在高漲，很多地方出現潰堤的情況。唯一讓我感到安慰的是一個消息：美國陸軍已經被授權，竭盡所有可能的方法搶救生命，這是唯一的防衛方法，可以長時間真正發揮保護作用，保有這個國家所贏得的一切……

一月二十九日

早上十一點到「喬治五世旅館」，參加為那位雕刻湯瑪斯．潘恩的雕像——揭幕由我主持——的雕刻家古特容．波格倫（Gutzon Borglum）而舉行的茶會。當然，我是希望以適合這樣一個重要場合的儀態出現，但發現那個裝著我們衣服的箱子已經被誤送到南安普敦的船上，我是多麼憂心啊！無論如何，我們穿著旅行服前去，因為原則上，在社交衣著慣例方面有任何錯失和疏忽，比起悶悶不樂、不抬起頭也不面露善意的微笑去面對困難，是較容易讓人原諒的……

波麗沒有一會兒的時間瞄一瞄美觀的接待室，我也沒有一會兒的時間愛撫那些玫瑰，就開始要與人握手了。在我首先見到的非常有趣的人之中有朱雷斯．羅孟尼（Jules Romaine）他是影響法國社會問題思想的小說家。他告訴我他現在正在寫的系列作品，稱之為「善意的人」

（Men of Good Will）。然後我也見到馬色雷・克雷梅—巴哈夫人（Madame Marcelle Kraemer-Bach），她是巴黎法院的律師，是一個智力高超的女人。美國大使館的哈米爾頓夫人告訴我說，她跟湯瑪斯・潘恩來自同一個家系。當我開始想知道波格倫先生在哪裡時，他剛好走進來，大家的眼光都轉向他。

握手時，我從他結實、有生命力的手中體認到我所想像的這位無所畏懼的雕刻家。他讓我感覺到他具不尋常的洞察力和獨立精神。在先說了致意的話後，我說，或者努力著說，「見到你就像諸神來訪，我讚賞你，不僅因為你是一個偉大的藝術家，也因為你經由大理石表現偉大的思想。當技巧和大膽的想像力相遇時，傑作就會誕生。你在湯瑪斯・潘恩的雕像中，是在重新宣揚那種將重塑文明的自由。」

「那是我的努力，」他說，「努力要在藝術中具體化那些已經形塑人類心智的大自然力量。」

跟平常一樣，有新聞記者在場，用英文與法文發問，也有拍照。在站了兩小時後，波麗和我很高興吳爾夫先生一直表現出體貼的親切模樣，帶我們回到「蘭卡斯特旅館」，吃我們最喜歡的午餐——開胃食品和冷肉，加上一點酒。

吳爾夫先生帶我們到一家帽店，去碰帽子方面的運氣——運氣不錯，只有在巴黎才會運氣不錯。我們匆匆趕回旅館，及時接見一位《前鋒論壇報》的美國女記者；由於在茶會中語言講不清，她無法訪問我。她一離開，就聽說尼爾遜・克倫威爾（Nelson Cromwell）先生⑪來訪。他對我們深情地深深一鞠躬，好像大大的翅膀把我圍起來，保護我。所以我才常常想到他對世界上所有盲人的慈善。他讓我想起，他和我已經有四十年的友誼，但我卻不知道。他時常看到我跟妮娜⑫在位於希布萊特地方的羅德斯先生的房子的上陽台走著。當前的時刻多麼奇異地消失了；我嗅到了那個古雅的小漁村、又長又寬的走道、濺起水花的防水壁，以及我們年輕人在浪中沐浴時緊抓著繩子，對於逆流保持著很受用的警戒心理！……

我們談了兩小時，談了很多事。他以美妙的心情勸我要認同不同宗教、種族和語言的盲人。他很高興，我可能四月去日本，也許從那兒到中國，為仍然為人忽視、沒有受到教育的無數盲人帶去鼓勵的信息。

「是的，海倫，要試著以他們的方式說：**讓光出現吧**！縱使其中有些人因陰暗的宗教學習得比較慢，但有一天他們全都會見到光的。」

克倫威爾先生跟我談到法國為盲人而設計的有聲書；他已經將之改善到完美的境地，並免費交給法國政府。他邀請波麗和我星期一到他的房子跟他吃午飯，並建議我在之後錄音，向所有在目盲的困境中掙扎的人致意，也表示我很感激法國政府在國家的支出中包括了有聲書的供應。

從克倫威爾先生的談話中，我比以前更體認到，他建立企業，或協助那些已經建立的企業，表現得多麼熟練、慷慨、富公益精神、很有遠見。

當我的這位「俠客」（他喜歡我這樣稱呼他）跟我們道晚安時，我們很遺憾地發現，我們無法準時趕上路易斯先生⑬在「喬治五世旅館」為波格倫先生所安排的一次餐會。然而，他們還是非常親切地接受我們的道歉，讓我們不會感到不自在。在餐會期間，談話話頭轉向藝術，波格倫先生對我說，「我總是認為，只有藉由接近看不見的東西，藝術家才會有不朽的成就。」

「說得多麼對啊！」我表示同意。「除非我們長久詳視素材的幕後而產生恐懼的感覺，否則我們甚至對於那鼓舞身體的靈魂也不會有一半的了解，這也是天生的教師的藝術所在。」

「我清楚地了解到，」他很真誠地說，「如果妳的『老師』沒有去接近妳的那些看不見的力量，她就不可能成為妳的普拉克斯泰爾⑮，把生命灌輸進妳那些沒有感受力的機能。」他評論喬・大衛遜（Jo Davidson）的作品，說他從這部作品之中獲益良多，但他認為，這部作品受限於對藝術太具唯物論的態度。

---

⑪原註：紐約律師，「榮譽軍團」的大軍官，美國與法國盲人的慷慨朋友。

⑫原註：妮娜・羅德斯（Nina Rhoades），盲人作家，已故紐約銀行家約翰・哈爾森・羅德斯（John Horsen Rhoades）的女兒。

⑬原註：「湯瑪斯・潘恩紀念碑學會」執行長。

⑮譯註：古希臘名雕刻家。

我為了待在巴黎的時間很短、看到的東西非常少，明白表示很遺憾，於是波格倫先生告訴我說，我應該造訪拿破崙的墓：世界上沒有其他東西比得上它。我認為，說真話是一個人對另一個人所能表示的最高度讚美，所以我就說，身為戰士的拿破崙不曾激起我的敬意。「妳必須讀一讀艾密爾．盧德威（Emil Ludwig）有關他的傳記，」波格倫先生很快回答，「這部傳記顯示出拿破崙新的一面。」我很高興聽到他這樣說，因為我心目中的拿破崙是完全無情的征服者，愛默森曾引用他的話：「友誼只是一個名字，我不愛任何人，甚至不愛我的兄弟。」然而不知怎麼地，我就是無法充分相信這種說法，一旦我有了點字版的盧德威的這本書，我將努力去洞悉這種奇異的性格之謎……

一種突然的衝動攫住我，促使我說出長久以來懷有的希望：希望我可能去觸碰羅丹的傑作。波格倫先生快速問我一個問題，讓我冷不提防，「如果可以安排的話，你會想要明天就去看嗎？」這就好像「一隻渴望星星的飛蛾」想要達成願望。

「我很了解羅丹，」他繼續說，「他的作品對我而言具有一種很私密的意義，我會去博物館，為妳指出他的傑作。」我聽了非常興奮，都懷疑我的手指是否誤解了他的話語。我在寫這則日記時，期望在任何時刻醒過來，發現一切都是夢——這位藝術家「以其諸多手法、諸多尖銳的雕刻」，在大理石之中捕捉住天使靈視，引導我到美麗、迷人的巴黎——「思索之城」——之中另一位受到天啟的雕刻家的靈地……

餐會中有另外兩位令人愉快的客人，即德．拉．努克斯（de la Nux）先生與夫人。德．拉．

努克斯先生已經在「國聯」工作十年。他的談話很富哲理、同情心，自動說出一句有關法國人性格的話。

「法國人，」德．拉．努克斯先生回答，「太個人主義了。他們想按照自己的想法去工作，不顧共同的利益，他們以自己的方式在花園中種花蒔草，所以，其結果並不如以有紀律的合作精神去跟別人一起工作時那樣豐碩又有益。」

我暗示說，法國人不捨棄個體性以將就現代文明的一致性，所以對社會有珍貴的助益。

他表示同意，補充說：

「我很想看到法國人表現出那種在英國人和美國人之中很明顯的互相讓步精神。」

「我們從法國人身上有很多要學習的，」我回答，「例如，他們在創造性手藝方面的技巧和對這方面的喜愛，恐怕我們是失去了這一部分。」

「不，」他很熱心地說，「我對美國很有信心。幾年以前，我認為機械主義會在相當程度上毀了美國的本土手工藝，但經濟的不景氣讓美國人驚覺到他們內心的資源。我到他們的城鎮去旅行，觀察到建設性的嗜好以及在閒暇時刻所創造出來的美麗手工藝品越來越多……」

就這樣，很意外地，我隱約看出，具國際觀的人就像墨西哥灣流一樣散播著生命力——重新了解自己的國家和其他的國家之中的優越之處……

德．拉．努克斯夫人具高尚的感性，讓我想起「老師」。就像「老師」一樣，她感受到「醜陋」，幾乎就像感受到生理痛苦一樣，她能夠跟濟慈一樣說，

美就是真，真就是美——這是
你在世界上所知道的一切，也是需要知道的一切。

這種奇妙的感覺從來不會在我心中變弱：昨天還是陌生的人忽然相遇、微笑、握手，一種不同的感受記錄在他們的社會意識中，無法磨滅。

我們回到「蘭卡斯特旅館」時，一位《巴黎晚報》的記者正等著訪問我。他不會講英語，所以他的妻子把他的問題譯成英語，而波麗則把我的回答加以複述。我希望結果不會聽起來像「巴別塔」的語言混亂情況。在很有家的氣氛的高雅起居室中安靜地坐幾分鐘，花園中滿是丁香花，那種感覺很好。吳爾夫先生在花的選擇和佈置方面，具有藝術家的眼光。他告訴我說，花不再用飛機從荷蘭運來，因為法國的花商要求保護他們。

一月三十日

今天早晨十分濕冷，但沒有出現出了名的巴黎霧。情況好像是我將永遠在一場表演中移動著。一位《巴黎晚報》的攝影師在早餐後出現。波麗和我走出去，他在一個擺著耀眼巴黎帽子和禮服的櫥窗旁的「香榭里舍」大道上為我們拍照。
接著是帽商來讓我們試戴帽子，花了一點時間。雖然看到這兒每個人都在盡量趕時髦，但我並沒有因此興起女性的虛榮心；自從昨天早晨以來，我們一直努力要找回遺失的手提箱。
麥克多納夫人跟我們一起吃午餐——她是一個健壯、富同情心又聰明的女人。我每次看到她總會記起她五年前對我們的幫助。當「老師」、波麗和我到達歇伯格時，她剛好在那兒。她是一個真正的「好心仙女」，引導我們穿過熙攘的搬運工人和堆積著的行李，推荐了「蘭卡斯特旅館」，而我們就在那兒初次感覺到美麗法國的靈魂……
麥克多納夫人把有關她的訊息告訴我們，特別是有關她為創造奇蹟的女裝設計師希亞芭蕾麗所做的宣傳工作。去年夏天，她們到俄國進行業務之旅，她知道了很多有關那兒且他認為真實的情況，到處她都看到規劃良好的工業和進步的農業。
三點鐘時，波格倫先生帶來可喜的消息：美國大使館已經准許我觸碰羅丹的作品，正當我們要出發時，兩個住在「聾啞人之家」的聾啞人要求見我們，他們是由妻子陪伴，表現出感動人的熱情，用法語跟我致意，使用一百年前德·爾伊貝神父在教聾童時所運用的手操字母。我很高興，我拼法文比講法文好，於是我表達對德·爾伊貝的敬愛；他是上帝所曾派遣到世上的最具自我犧牲精神的解放禁錮靈魂人物之一。他們問我是否知道與他們有時彼此致意的「拉內教養院」的聾盲人，我很熱心地把我從「聾盲兄弟協會」所發行的《幫助我們》以及從佛尼·皮磋伊斯所編輯的《陽光》中所知道的事情告訴他們。我告訴他們說，很多修道院的修女對於法國的聾盲人而言是多麼美麗的朋友。在離開這兩個朋友時，我只說了想說的一半的話，感到很遺憾。手操字母充其量是很慢的溝通模式……

在前往博物館途中，我們越過「亞歷山大三世橋」；在波格倫先生看來，這座橋確實是世界上最具藝術氣息的橋。波格倫先生詳談創造出這座橋的美與力的手法。「路易十四是一個靈巧的鎖匠，」他說，「他的影響力將工藝之美加諸法國。」

博物館最先要展示的雕刻部分，名為「維克多．雨果與悲傷」。基底的地方放著一張椅子，讓我可以到達這位解放者的巨大形體那兒。他表現神聖的慈悲注視著痛苦至極的「悲傷」，伸出他的手，請求它要鎮靜，聽「自由」那喇叭似的呼喚響徹各個國度。還有一些精靈，包括「夜」與「無知」，面對他那預示黎明的手勢，默默進行生命攸關的戰鬥。

「那是法國，」我想著，「它的手可以治癒貧窮，它踩踏著那一度註定要讓盲者、聾者和心智脆弱的人遭受失望之苦的黑暗。」

波格倫先生引領我到《沉思者》坐著的地方。《沉思者》顯得很原始，很繃緊，下巴靠在因工作而疲乏的手上。我在肢體的每部分感覺到心智顯現時的劇痛。波格倫先生在說話時，我體認到某一次一種力量震顫我的身體——當時「老師」拼出「水」這個字，而我發現每樣東西都有一個名字，手指的移動是我臻至我想要的任何東西的途徑。以前，我獲得的解放感，時常引起我的驚奇，但在那之前，我都沒有清楚地知覺到，「老師」從無定形、沉寂的黑暗中一點一滴把我的生命雕琢出來，就像羅丹從岩塊中雕出那座《心智創世紀》。第一位沉思者在走向

「未知」時是籠罩在多麼強烈的孤獨中啊。內心的上帝以及外在的世界位於他腳旁，除了他的肌力之外沒有其他力量，除了他的意志之外沒有其他動機！

「極少人像妳那樣了解羅丹的象徵所透露的基本意義，」波格倫先生這樣下評語。「妳已見過生存的掙扎，在其中身體盡可能發揮力量，有意識的思考也在其中開始展現。現在，妳來看看心智已經爬到的高度。」

我再度坐上一張椅子，看啊！我觸碰到巴爾札克的圓頂似的前額。這就是我所想像的高貴頭部——擁有這個頭部的這個人已經探測了所有的宗教和哲學，觀察到人性中的天使和魔鬼的部分，寫了很多的書，公正地詳察最高貴和最卑微的人。他所穿的大衣在我看來，是他行走於同胞之中所表現的莊嚴的模樣——一種超乎國王的莊嚴。

在面對《卡萊斯》這部傑作時，我的心緊縮著。在那個臉孔上，眼淚潸潸流穿過那雙遮蔽臉孔的手，所有的痛苦似乎都可以觸知。無止盡的辛勞工作、奮鬥、挫敗在枯槁的臉頰上留下了痕跡。那是一部觸碰起來比墳墓更令人悲傷的作品，因為它象徵一個被征服的城市，因為人類在戰爭中顯得很愚蠢。當頸子上繞著韁繩的農人注視著地上時，你感覺到無人性的苦工以及無益的忍耐，已經從他們的靈魂中逼走了希望，但其中有一位農人在陰沉的臉容上出現一道象徵決心的亮光，正在告訴他們說，他們可以藉由自我犧牲來拯救卡萊斯！

我看到的其他雕像中有一座，波格倫先生說非常忠於克雷孟梭（Clemenceau）的原貌，顯得冷酷、無情，一隻眼睛很銳利，我想像它看穿所有的虛偽。然後是羅丹夫人那個像彭妮羅普

（Penelope）[16]的有耐性臉孔，以及兩個小孩，他們可愛的優雅模樣讓我想到花朵塑進五官之中。還有愉悅的阿波羅以得意的堂皇姿態從監禁他的雲層中突然出現。

「米開朗基羅可憐的生命結局與羅丹榮耀的老年形成多麼奇異的對照啊！」波格倫先生叫出來。「米開朗基羅開始時擁有那照耀他的藝術的超凡靈視，最後則墜入地獄，變得目盲、自我貶抑、充滿憎惡。相反的，羅丹開始時創造出令人厭惡的人物，但顯然他年輕時代那種混亂的衝動，朝天堂的境地提升，進入安詳、具創造力的歲月中。」

我說，羅丹表現多大的煞費苦心毅力把一切都切磋成形。

「縱使如此，羅丹也培養出力量，用語詞來表達他的思想，他一直到七十歲才能寫作——從象徵他的真誠的岩石中雕出高貴的信息。」波格倫先生送給我一本羅丹金言集，我將視之為我最精美的財產之一加以珍藏。

「這兒是另一件神祕的事，」他繼續說，為我指出三個當代的人物，即德斯恰文尼斯（Deschavennes）、表現出使徒般仁慈的尚．保羅（Jean Paul）以及達陸（Dalu）——是一位現代的阿波羅。「羅丹塑造出一尊不朽的達陸半身像。達陸在金錢上很成功，但作品沒有永存下去！羅丹一直到死前都為折磨人的貧窮所苦，但他在這兒巴黎辛苦工作；看啊！他是雕刻出有幸為兩座皇宮所珍藏的唯一法國藝術家。」

我的內心需要孤獨，來為兩小時中注滿內心的壯偉感覺留下空間。我們吃飯前在旅館休息。然後，我們把晚服換成散步裝，兩人沿著香榭里舍大道漫步，空氣柔和，月光灑在城市上，為它增添可愛的氣息。交通處於低潮中，我們走到「皇家路」，經過「馬克西姆飯店」，看進為易受騙的凡人帶來災禍的櫥窗，波麗特別注意到珠寶、珍奇的古董以及拉利克水晶玻璃。到處我都嗅得出巴黎特有的氣味——香水、香粉、酒和菸草和諧地混合在一起。波麗希望有一位法國護花使者為我們講解歷史性建築和街道。「哦，不，」我表示反對，「我今晚就像一位修女一樣對這世界一點也沒有興趣。」自從我們年輕時代以來，「巴黎的夜生活」就被當作一種令人興奮的多彩景象向我們揭示；我們認為可以在途中略窺一二。我們確實在一個地方經過三名高等妓女在等著情夫。有些人坐在街上的桌旁，啜飲著酒。飯店裡面很多人在吃飯，笑著、閒談著；安閒的月光在所有人的頭上方閃亮著。這是冬天真正的巴黎，我越看到它，它就越討我喜歡……

今天是希特勒有名的「星期六」之一，設定這個日子無疑是為了在他頒布煽動性法令之後，讓狂熱的想法在週末冷靜下來。我們看到每個人都買一份晚報，從他們的模樣看來，顯然是有好消息。回到旅館時，我們獲知，希特勒已經宣稱，他「和法國沒有歧見，」他主要關心的是：合作對抗布爾什維克主義。

今天的信件我們沒有讀。我的心很恐懼，因為我很想知道我在迷人的巴黎怎麼可能工作。我用打字機寫作的時間久一點，就會像睡眠不安寧的人那樣生氣。

⓰譯註：希臘傳說中奧狄修斯的妻子，在丈夫不在時拒絕一〇八位求婚者的追求。

一月三十一日

波麗和我今天早晨很晚起床；醒過來時，發現巴黎浴在陽光中。我們匆匆穿好衣服，以便及時趕上馬德琳教堂的禮拜儀式。吳爾夫先生跟我們一起去。教堂擠滿了人，讓我感到非常失望的是，由於大理石地板的關係，風琴的音樂並沒有傳達到我腳部。我希望能沉迷於音樂的強烈振動中，但我把手放在椅子上時，卻只捕捉到一些和弦，尤其是在接近終了時。「牧師」用法文講了幾分鐘的話，是有關下一個五月要開幕的「巴黎博覽會」，以及教會有責任為博覽會募款。我們看到人們走上聖壇，跪下來領受聖餐，那簡直是一首詩——唱詩班男孩拿著蠟燭以及一個一直發出悅耳音樂的鈴，馨香在教堂上方繚繞，風琴回應著。我聽不懂拉丁文，但我仍然以內心的宇宙性語言崇拜著。有一個情景令人感動：一個身體簡直彎成兩半的老人走上了聖壇，不良於行的膝蓋跪下來，站起來時露出容光煥發的表情，踉蹌走回座位。一個打著黑色天鵝絨領結的白髮女人溫柔地拉起我的手，說她已知道我很久了。

禮拜儀式之後，我對吳爾夫先生說，如果我能夠在靠近門口的地方或外面看到一些雕刻作品，就會很快樂。結果我又驚又喜，因為我被允許觸碰我所能觸及的任何東西，甚至包括聖壇！我帶著敬意檢視我所曾經接近的最可愛的聖壇、白色大理石、鑲著米蘭蕾絲的布。我走上兩邊天使的手那兒，以及他們的翅膀的尖端。羽毛多麼精巧，然而卻清楚地顯示在岩石中！我繞著雄偉的哥林斯圓柱走著，感覺到一座希臘神廟的優美。拿破崙壁畫位於我的頭很上面的地方，但波麗一直驚奇地注視著它。她在外面為我指出深深打動人心的「耶穌釘在十字架上」雕像，以及聖經中其他主題的雕像，同時人們好奇地看著我們。

我們從教堂開車到「波羅尼森林」。在那個可愛的大自然聖地中的那些稠密人群——或走路，或開車，或坐在長椅上——是我一直想看到的真正巴黎人，過著美好的家庭生活，享受健全的愉悅之情，「快活」與「嚴肅」美妙的結合在一起。

我已邀請波格倫先生今天在「蘭卡斯特旅館」吃午飯，他來了。他說他這個星期要乘坐另一艘船到紐約，比「山普倫號」早兩天到，希望他可能看到我們。我聽到他的這次旅行很高興。他是朱特南半島的人，他告訴我說，他造訪丹麥時，國王聽到此事，不到兩小時就請他來了！他人還沒有到，名氣確實就很快先到。六年前密西西比河洪水期間他在美國。他在評論現今這場災難時，我說出鬱積的憤怒語言。如果在六年前採取適當的措施，這場災難是可以避免的。

克倫威爾先生把車子交給我在今天下午使用。波格倫先生一離開，史蕾德（Slade）小姐⑭就出現，帶我們到凡爾賽宮。當她在特里安城堡下車時，天還在下雨。然而，就我們所看到的情況而言，綠色的山坡映照在水中，開花的花園和每一邊的森林所呈現的藝術氣息景色，很容易猜想到春日會是很可愛的。

⑭原註：克倫威爾先生的祕書，麻州波士頓人。

我那次旅行的愉快感覺混合以痛苦的感受。由於我們所愛的人離開了這個世界，我們就靠著對往事的記憶過活，而這種記憶會隨著每次新的經驗回歸。我的思緒從特里安城堡快速回歸到一九三一年的春日，當時「老師」跟我們一起去造訪楓丹白露。她跟我一樣穿過莊嚴的廳堂，檢視華美的掛毯、瑪麗．安東尼的房間。瑪麗．安東尼的房間佈置著鏡子和俄國沙皇睡過的金色床，一片耀眼的景象。窗子的遠處是「愛宮」。「老師」習慣以強調的口吻告訴我說，她並不特別喜歡國外旅行。無論如何，她一旦出發，就動了起來，我們的心洋溢著她突發的感激表現、機敏的警句、對於歷史與文學的教育性吉光片羽。無論別人的愛如何環繞我四周，由於「老師」不在，一種榮耀是從我的漫遊中消失了。

孟頓先生是來自荷蘭的高官顯要，每當他來到巴黎時，都是以「蘭卡斯特旅館」做為他的總部。他在今天到達，而吳爾夫先生把我們介紹給他。他邀請我們出外到「馬克希姆飯店」吃飯。「馬克希姆飯店」這間以前充滿放蕩氣息的飯店，我相信已經有所改善，為巴黎優秀的社交人士所光顧。孟頓先生點了一頓精選的餐，要不是因為談話本身就是一種饗宴，他點的這一餐就會讓我肥胖的身體顫動了。孟頓先生談到荷蘭。我很熱衷於荷蘭過去所扮演的角色——它是一座堡壘，象徵自由思想以及比僅僅「寬容」更美好的「尊敬別人的信仰」。

「它仍然扮演著這個角色，」他回答。「荷蘭人很幸運的是，他們的地理位置以及他們從經驗中學習的意願。他們不像以前那樣昧於戰爭與帝國的罪惡。所以他們在促進和平方面的影響力可能是很重要的。」他談到自己在海牙所從事的和平工作。

「海牙那兒並沒有完成很多工作，」我很遺憾地說。

「是沒有，」他表示同意，「但我卻完成了別的事情——快樂的婚姻。我的妻子的家很靠近那兒；無論我何時經過海牙，我都脫帽向它致意。」

我希望有一天可能遇見她。「如果妳來的話，荷蘭會熱烈歡迎妳，」他很殷勤地向我保證。「那時妳就會真正把握到這個國家的精神與地方色彩。」

我提到威廉米娜王后，提到自從我和她同樣是八歲以來，我都閱讀我所能找到的有關她的一切。他提出邀請，讓我感到另一次的興奮：「如果妳來荷蘭，我會把妳介紹給王后，她會非常和藹地歡迎妳。她對妳感興趣已經很多年了。」我盡可能感謝他真誠的表現，並在我所計畫的一九三八年的另一次英、法之旅中把時間空出來。誰知道呢？我兀自想著；這樣一個機會就是一波浪潮，可能把我帶進對殘障者的服務和友誼之海中。

我們對歐洲事務提出了評論。我聽到孟頓先生的權威敘述感到很安慰：德國和法國之間的即刻戰爭避開了。他希望也相信另一次世界性的衝突可以避免。雖然德國是主要的危險之源，但他認為可以以和平的方式迫使它採取較理智的策略。他說，希特勒並沒有準備要像其他國家那樣毅然快速自我武裝，何況他也發現自己正陷入困境中。

管弦音樂在我們談話時繼續飄過來。藉由可觸知的不同振動，我意識到豎琴的低音調、小提琴的高亢、優雅音符、鋼琴的機械性敲擊。我也把握到節奏，而我內心的舞蹈本能呼應著音樂和生動氣氛……

十一點鐘時，我們搭計程車回到「蘭卡斯特旅館」。吳爾夫先生告訴我們有關計程車司機的事。他是巴黎很知名、很為人喜愛的老年人。這個司機不按喇叭，他是吹口哨！一天就這樣結束。這一天似乎「像一條亮光與天鵝絨大街」，我不知道通往何處……

二月一日

今天早晨，我匆匆忙忙地進行一件工作以免被人打斷，所以只喝了一杯咖啡當早餐。由於我為盲人工作，所以收到一件重要的禮物，我必須表示感謝。我已經答應克倫威爾先生今天下午要到「孟維狄歐大樓」為法國的盲人錄音，而我還沒有想到希望說些什麼。電話就在那個珍貴的時刻響起，這表示，波麗在聽取和回應訊息時，我就必須停止打字的咔嗒聲。沒錯，我只要準備幾個句子就好，但寫這幾句話我卻特別費勁，唯恐一句不適當的話糟蹋了整個部分。正寫到一半時，無情的電話又響起，我被叫到樓下，接受一位羅馬尼亞記者的訪問。

他完全不會講英文。吳爾夫先生再度介入，為我們兩人翻譯，而波麗則拼出不完善的翻譯。我問及羅馬尼亞的事，在經過翻譯的等待時間後，這位記者描述這個國家美麗的山脈和天然資源。他要我為他的人民提供一則口信。我曾經收到的有關羅馬尼亞的文字敘述是經過竄改的，並且我們的溝通很緩慢，很難以理性的方式說話。我說，我體認到羅馬尼亞人在政治和經濟發展方面想必遭遇到什麼令人困惱的障礙。我希望這種困境會使他們內心很體貼盲人，希望他們會跟工人合作，工人會告訴看得見的人如何對看不見的人表示友善。我談到卡門・希爾娃（Carmen Sylva），談到她在三十年前以點字方式寄給我的信，信的內容就像一個女人寫給另一個女人，談到她為盲人所做的工作，談到她渴望放下皇族的重擔，在森林中過著隱居的生活，畫畫、寫作與「靈界」交流……

我終於完成了留在我的打字機的文字段落。我非常想要加以練習。由於我在表達時會很遲疑，所以我需要練習說出我的演講內容無數次之後，才能自在或明確地感覺到有些人將會了解。我記起麥克風會讓我感到尷尬，所以我切望要在錄音時聲音盡量平穩，但是就是沒有時間。我們有一次約會，但要取消也來不及了。就像用鵝毛筆寫字時代的往昔清教徒曾寫道，「信賴上帝，讓你的手指不要沾濕，」我也勸自己：「信賴上帝，讓妳的聲音柔和……」

麥克多納夫人已經安排我們早上十一點要見希亞巴雷利夫人。有人打電話來，再度躭擱我們的時間，十五分鐘過去了。當我們終於到達時，訊息傳到希亞巴雷利夫人那兒，她停下非凡的梳洗過程，露出非常可親的微笑迎接我。

「小姐，妳來這兒是我很大的榮幸。」她說，拉起我的手。「我們全都知道有關妳以及那位工作在妳身上持續下去的美妙『老師』的事情。」

我告訴她說，向一位女藝術家致敬是一種榮譽，因為與她工作的每個人都喜愛她。

「基於同情心一起工作是最高藝術的祕密，」她回答。「我很高興，妳對俄國很友善，我去過俄國，我知道，在那個相當被誤解的國家之中，人們正在努力散發出進步的亮光。」我告訴她說，我明天要前往美國，但下次造訪巴黎時，我希望可能再看到她，我很自傲把她視為我的朋友。「小姐，請一定要來。再見。」當波麗和我在看著衣服時，麥克多納夫人帶來一瓶香水給我；香水很高級，似乎是天堂的氣息——希亞巴雷利夫人的禮物！

我很遺憾的是，我的衣服無法一天縫製完成，但衣服一件接著一件出現在我手上，我的雙手飽含可愛的氣味。模特兒把連著衣裾穿在身上的一件黃昏晚禮服展示給我看。哦，絲綢與蕾絲的「那種液態多麼美妙地流動著」！詩人詠唱道，「我那穿著衣裳的情人，確實能顯示她的睿智，」而希亞巴雷利夫人的機智確實閃爍在那些從她的商店散播到每個國度的禮服之中。

克倫威爾先生派來他的車子，接我們去吃午餐；他把我們當作公主一樣款待。他用手臂牽著我去吃午餐時，把我的手放在華美的牆上掛毯上。他看到我很愉快，就說道，「如果妳能夠在這兒待久一點，波麗就會成為妳的眼睛，幫妳看畫，而我會更喜歡畫。」雷維瑞特先生和夫人在場。我總是很高興看到雷維瑞特先生，他是那麼真誠地關心盲人，總是發揮他在事業上和機械上的能力去減少或去除那些限制盲人的障礙。

午餐像是獻給諸神的盛宴，在這個場合還使用鍍金餐具呢！玻璃杯可以說感覺像水晶百合精緻地平衡在纖細的莖上。兩點半時，克倫威爾先生帶我們所有人到出版有聲書的孟特維迪歐。兩個活潑的孩童在門口迎接我們，獻給我大束紫羅蘭和玫瑰。他們製作了一部影片，秀出一本有聲書和我們所說的話的錄音帶。首先，克倫威爾先生和雷維瑞特先生在錄音帶中談到那些書對於沒有敏感的觸覺可以學習點字的盲人而言是無價的恩賜，然後我說了感激的話，波麗則為我重複今天早晨所寫的那個段落。之後，我們聽錄音帶，注意到情況很順利。後來才有一次不和諧的振動引起我的注意，探究的結果，我發現是我自己的聲音。我並不覺得驚奇——在錄我的聲音時，我的指頭從不會表示很滿意。我走過播音室，檢視產生聲音的圓盤，忘記自己很失望。我不知道圓盤可能輕如空氣，很有彈性，卻具驚人的耐久性。

下午大約五點時，波麗和我跟柯蕾瑪—巴哈夫人一起喝茶。我感覺拜訪一位心智和個性都如此傑出的法國女人是一種榮幸，並且我很高興經驗到一個法國家庭那種不明確的魅力。我要夫人把有關她的工作告訴我，最有趣的是，我聽說她經由法庭努力要保護沒有特權的女人和年輕人。我知道她說的是，在法國所有的職業經歷都開放給女人。我提到我一直很讚賞的居禮夫人，並對於她在美國時我無法跟她見面一事感到很遺憾。「如果我可能認識她女兒，」我說，「我會很快樂的。」然後，我聽說政府曾指定她當公共福利部長，而她之所以接受，並不是因為她有興趣於政治，而是為了表示她與女人站在一起。知名的盲人律師馬色爾．布洛奇（Marcel Bloch）先生來訪。我完全不認為他目盲；他表現得那麼自然，反應又快。我很高興跟他交換看法，談到為殘障者工作和解決他們的問題的最好方法。我們同意一點：殘障者應該盡可能享有正常生活的快樂。

「缺乏視力不是我們主要的困難，」他宣稱，「在我們努力復健時缺乏了解和合作才是。」我感到很興奮，因為他表現出新的力量說出我的主旨：盲人最痛苦的是，大家以錯誤的態度對待他們；如果以明智的同情心和助力取代這種態度，則他們的障礙就不再不可能克服了。

波麗和我很勉強跟這樣意氣相投的朋友說再見。儘管我們意向非常良善，但做任何事情都太遲了。晚上七點時，我們匆匆走進「喬治五世旅館」，要去見更多的人，其中有巴雷特夫人，她是已故雕刻家巴雷特先生的妻子以及瑪麗．加爾登的姊姊。波格倫先生也在那兒。他們請求我們留下來吃晚餐。每個人都知道我們度過了多麼艱辛的一天，盡可能表現得很親切。我們回到房間，放鬆一會兒後才為明天要很早出發打點行李，這樣還是鬆了一口氣……

二月二日於「山普倫號」輪船上

在這船上，我們駛離哈維爾越來越遠了；我仍然為我們的離開感到悲傷。我心中無疑認為我們會在一九三八年回來，然而，我在巴黎車站卻很難跟吳爾夫先生和史雷德小姐說再見。史雷德小姐告訴我說，克倫威爾先生早上五點就起床坐在書桌旁，這是他每天的習慣；六點時他寫給我一封信，附在一盒像婚禮蛋糕那樣大的精選堅果糖果上。信寫得非常親切，我不知道為什麼甚至這麼短的分離也令人沮喪。我認為，情緒就像初戀的天堂之夢褪色時的失望，就像母親在回憶寶寶走出第一步或聽到他講第一句話時的快樂時刻的那種痴心。幾乎所有的愉悅都會摻雜一絲事後的痛苦，但那是讓愉悅保留其美妙之處的所在。

火車的小房間滿是人，但他們很小聲地談話，我們並不介意。波麗聽到了一個法文字或片語，為我拼出來，顯得十分驕傲。火車經過很多紅屋頂村莊，波麗說，這樣為風景提供了相當的色彩。每次門打開，我都嗅到裝飾著鮮綠春服的草地和草原散發出悅人香氣。

「法國輪船公司」的表現殷勤有禮。甚至在我們還沒有到達哈維爾之前，就有一位服務員跑來告訴我們說，我們的行李會被儘快送上船。在碼頭地方，一切都安排得讓我們很容易處理。在忙亂的情況下，波麗還是能夠環顧四周。我希望有時間可以坐車環繞我在歷史中時常讀到的哈維爾。讓我們覺得有趣的是，海關人員很專心地在每個行李箱中搜索黃金。我很懷疑，有誰會在手提箱中帶著黃金呢？

輪船公司為我們準備的兩個船艙，我們相當滿意。我現在坐在一張放有我的打字機、手稿和書本的華麗桌子旁的一張舒適安樂椅上。床上的浴袍很精美；在這個設備完善的房間中走來走去很自在，可真奢侈。

輪船出發之前，一位法國記者訪問我。午飯後，我打起瞌睡，幾乎是在睡眠中越過英倫海峽。我們剛在床上吃了一頓輕淡的晚餐，現在，「山普倫號」在晚上十一點停泊在南安普敦。如果我去回顧我在這第二個家鄉中所喜愛的一切，則那種掠過心頭的思鄉之情，會比我所能忍受的暈船之苦更強烈……

旅客名單中有一些音樂家的名字，其中有澳洲男高音布朗李先生，他要在「大都會歌劇院」演唱，還有希拉瑞．貝洛克（Hilaire Belloc）⓱，他要到美國發表演講。

二月三日

一個淒涼的日子，波濤洶湧，船隻傾斜、起伏很激烈。波麗和我認為最好待在床上，只吃雞肉三明治和芹菜。寫作極為困難，打字機在我手下的桌子上滑來滑去，我幾乎無法抓住椅子。無論如何，除非我在船的顛簸稍微減弱時寫作，否則能夠使這種枯燥的時間變得生動的任何事情都會是模模糊糊的……

我剛看完巴克斯先生所寫的迷人小書《李奧納多．達文西》。這樣一本啟發人心的書可真重要啊。當然，我時常聽到李奧納多．達文西的名字，但我並沒獲得文獻，讓我稍微了解他的神祕、崇偉的人格。我沒有夢想到他在不同的領域都有多麼驚人的成就——繪畫、雕刻、音樂、建築、植物學、天文學和工程學。他想必是一個巨人，具雙重才賦——既是他那個時代的最重要藝術家，也是一位很有深度的科學家。我無法想像一個人，他那「光芒四射的美讓悲傷的心感到快樂」，但卻厭惡生命以及大自然的生殖律則。多麼奇異的特性的混合啊——憎惡戰爭，視之為「一種獸性的瘋狂」，但又屈從於權宜之計，以他的遊說、挑剔態度，以及對於解剖屍體和素食主義的熱狂，去幫助佛羅倫斯的敵人西撒・波吉亞（Cesare Borgia）……

書中另一個驚奇點是巴克斯先生自己所寫的一個段落。巴克斯先生本身是一位知曉藝術與詩的戲劇家，他談到藝術衝動和現代偏於計算的科學趨勢，說道，「藝術……屬於人類社會較早期的階段，屬於現今正變得過時的心智層次。持續計算數字也許足以壓制想像機能。似乎很清楚的是，這種想像機能並沒有被文明化。以圖像或比喻去思考，比起康德、達爾文或任何較高級數學家的抽象思考來，是很粗野的。康德等這些人因此很可能失去或從不會擁有對藝術的興趣。每個女學童都知道，達爾文無法讀小說，因為他無法沉迷於幻想中；每個男學童也都知道，十八世紀有一位哲學家，他聽到梅爾本爵士（Lord Melbourne）收集希臘和羅馬雕像，就說他無法了解『爵士大人對這些洋娃娃的興趣』。」

這種情況讓我感到不快——未來的文明可能是無情、實際、單調的。真的，我感到很幸運，因為我可能成為粗野的人，可能享受雕刻，享受表面上的優美線條的流動、詩，以及在我受限的暗淡角落中那種令人愉快的妄想。我也認為我們更亟需在年輕的一代中培養一種心靈哲學和想像力，一旦一個不知道什麼是「繆思」或「三美神」的時代到來時，將會讓他們的心靈保有晨露的滋潤。

⓱譯註：英國詩人、散文家與歷史家。

二月四日

今天早晨的海仍然顯得很狂暴。船隻上下擺動時，我能夠感覺到海神巨大的手。

抓住暴烈波濤的頂端，
彎曲它們怪異的頭，發出震耳欲聾的喧嚷聲
把它們吊在滑溜的裹屍布中。

我們沒有想要起床，因為船顛簸很激烈，每一步走起來都很危險。

我仰臥著，讀著另一本書，是約翰．史奎爾爵士（Sir John Squire）的《莎士比亞之為戲劇家》。已經好幾年沒有碰到這方面的如此可喜的書了。多麼奇怪啊，根據作者的說法，幾乎沒有人寫及莎士比亞做為戲劇家的美妙技巧以及暗示的力量——除了桑謬爾．約翰生（Samuel Johnson）和查爾斯．蘭姆（Charles Lamb）！

這本書沒有大量的讚詞，沒有「也許」和「無疑」的猜測，也沒有我在雷克利夫學院研究莎士比亞時時常讓我生氣的大量批評者和評論者所提出的詮釋。約翰．史奎爾爵士以有趣的方式論述古代希臘和伊莉莎白時代英國的舞台。面對這種舞台，觀眾按照自己意願行事，欣賞優越的戲劇，很少借助於佈景、燈光或任何其他精緻的現代設備。作者談到一個可悲的事實：

「我們的時代不喜歡莎士比亞」，因為他的藝術大部分訴諸我們的想像力，而機械似乎已經抑制了想像力。我時常認為，這種說法證實了我的擔憂，即現在的這一代正在失去享受內在生命的能力，他們正在犧牲每個孩子天生具有的對工藝的喜愛，將就於機器產品。他們要求外物來取悅他們，而不是自己取悅自己。他們要機器唱歌、表演、談話，以及為他們朗讀。他們要求戲劇有完美的房子和風景，這樣他們就不必運用心智去想像或想出情節的複雜性。除非一種有利的改變來抑制這種過程，否則，當他們最需要內在機能來讓青春保持在生動狀態中，讓老年時光可以令他們活得下去時，卻因心智的削弱而受苦。

暴風雨此時開始減弱，只不過減弱的程度不足以讓我自在地寫作。

我身體顫抖著，因為我想到，如果我沒有錶，會多麼陷在迷失狀態中。我的錶是我不可分離的小小朋友，有水晶錶面，還有不疲累的金錶針來告訴我時間。它確實像一位有感知的人，對我的感情有所反應。它年老了，需要最溫柔的照顧，但它忠實地日日述說，夜夜傳播。它靜靜地向我保證，每個小時我都更加接近我十四歲生日送給我此錶的佛雷傑瓦特（Pflegevater）⑮。我認為它會跟我一起祈願著：它所記錄的時間離「老師」歡迎我回到我們「永恆的家」不會太久……

---

⑮原註：海倫凱勒最親密的朋友之一，即已故的約翰・希茲先生（Mr. John Hitz），華盛頓A・C・「電子音樂局」（Volta Bureau）局長。

二月五日

今天早晨，海洋上似乎灑滿陽光，我希望可以一面走一面唱歌。一條金色的詩歌之線確實穿過了這艘船上的每日例行工作。波麗和我環顧四周，讓我可以了解船的雄偉結構——擦得發亮的牆、大鏡子、雕刻的木製品，以及巨大的銅欄杆。我很喜歡鋪著橡膠的甲板，這樣減少跌倒或滑倒的風險，讓任何陽光可以照進來，擋住暴烈的風。很早就聽到廣播說，更遠的地方海水會很湍急，有一條繩索圍在甲板，以便在船開始傾斜時可以提供支撐力量。看到對於旅客的這種照顧與體貼，令人很愉快。有很多海鷗在每個方向飛行——幼鷗開始逆著風和浪試試力氣。

我們的午餐——一份乾雞肉三明治和一杯茶以及水果——是在戶外吃，特具風味。我接到一件令我驚喜的東西，是波格倫先生的電報致意。他所乘坐的前往紐約的「歐羅巴號」已經超越我們。

下午的時間我用來趕未讀和未回文件和信件的進度，速度快得可笑。很幸運的是，我不得不在床上待兩天；這樣給了我做長久的艱難工作所需要的休息。

當我們離開哈維爾時，我手放在心頭上，嚴肅地對波麗說，我要節食，但今夜的晚餐——蘑菇湯、入口即化的魚，以及我沒有夢想到的用果汁悶煮的肉，還有橘香薄餅卷——像九柱滾球一樣擊倒了我美好的意向！……

氣氛就像我們所喜歡的樣子：令人愉快的人、穿著漂亮禮服的迷人女孩、很有尊嚴的拘禮模樣、上選的電影與音樂。這個晚上我們看了描寫新芬黨（Sinn Fein）暴動的電影《犁與星》。我感覺到電影那濃烈的悲愴意味，特別是因為我已在為愛爾蘭盲人發行的點字刊物《盲人公民》中讀到事件的描述。當電影以以下的文字做為結束時，「老師」似乎很接近我：「在愛爾蘭還未獲得自由之前，男人將一直奮戰，女人將一直哭泣。」

二月六日

我們起床時，雨下得很大，但船沒有嚴重地起伏。在散步一小時後精神重振，在看新聞前讀了更多的信件，回了更多的信。

根據報導，「國際演員工會」的所有要求都獲准了。我真誠地希望如此。在海員還沒有組織工會之前，勞工史上最令人厭惡的行為的記載，僅止於加諸海員的殘暴行為。持續九十八天的罷工讓我留下深刻印象。它不只是美國西海岸和東海岸的罷工。它象徵所有國度中的工人更加團結，因為只有這樣才能使地球成為人類安全的家。

今天下午放映令人屏息的美妙電影《茶花女》。每個人都很感動，我體認到，葛麗泰·嘉寶（Greta Garbo）扮演瑪格麗特的角色想必多麼奇妙。「老師」去世後才三個月我就看這部電影，也許很愚蠢。無論如何，我感到非常震撼，之後心情不曾恢復平靜。瑪格麗特有像「老師」一樣的不屈不撓精神。她跟「老師」一樣倔強地從病床中起來，為拒絕放棄她的情人露出最燦爛的表情。我流下眼淚，因為我記起，「老師」在最後一次生病期間，計畫在長島我們所停留的海邊小屋舉行一次小小的派對。她身體越來越弱，但她想在四周看到快樂的臉孔；我們知道，如果我們不答應的話，她的情緒會發作。在客人還沒有到達之前，她就開始在波麗幫助下穿上鞋子，卻突然感到強烈的痛苦，躺回床上。我們立刻請來一位醫生，醫生要她第二天住院。儘管我們反對，她還是坐著穿衣服——這證明是最後一次——默默抓著我的手。當她拼出「親愛的，救護車在那兒」時，我感覺到死神接近，然後波麗扶著她下樓，不，我不應該看那部電影，它刺傷了我的心靈……

二月七日

昨夜我禱告很長的時間，「聖靈」在我身上灌注具治癒作用的「平和力量」。我無論如何不會讓我的痛苦穿透地表到達「老師」身上。我第一次了解華滋華斯（Wordsworth）的詩〈勞妲蜜亞〉（Laodamia）。在這首詩中，諸神強烈譴責一個女人，因為她對丈夫的去世傷心得不得了。他們告訴她說，她無法經由內心騷亂或尖酸的埋怨而接觸到丈夫，而是要藉由她在自己的信念中對於丈夫的歡愉表現出神聖的鎮靜和專神。

今天早晨霧笛驚醒我，但霧笛今天只響了幾次……

「山普倫號」的船長席爾維斯崔先生邀請波麗和我到他的船艙喝茶。我非常喜歡他，不過，他為了我對殘障者所做的工作大為恭維我，讓我都臉紅了。人們會認為我是世界上唯一受到教導的聾盲人！我會很高興有機會告訴他們說，有多少其他看不見或聽不見的人經由一位教師的照顧而脫離了無望的孤絕，過著有益又相當快樂的生活。

雖然今天是星期日，船長的餐宴還是在今夜舉行：我想是因為我們不久將脫離那些可怕的紐芬蘭霧堤。我喜歡安排所有事情的方式——令人愉快的餐室、桌子上的花、女人的晚禮服，但並沒有諸如餅乾盒這樣瑣碎的東西，裝著錫哨子、警笛和紙帽……餐後的音樂會很棒。波麗很沉迷於布朗李的柔和男中音，以及一位心靈在歌聲中顫動、在臉上閃現的女演員。我們以後發現，她是俄國人，這一點說明她的人格與藝術的一致性。大部分的歌都以法文演唱，很遺憾的是，我不夠接近歌唱的人，無法藉由觸碰而捕捉到他們美妙的音韻。當音樂從大提琴、小提琴和鋼琴飄到我身邊時，我似乎置身在遠方的喬治亞州亞特蘭大旅館的一個房間，卡羅素的莊嚴歌聲把「力士參孫」（Samson Agonistes）⓲的悲痛一波又一波灌注進我手中。他又在我讀他的唇時，表現出那迷人的義大利人殷勤模樣對我說：「海倫．凱勒啊，我已經為妳唱出一生中最美的歌。」記憶變換了情景，我在洛杉磯一間大廳中站在恰利阿平（Chaliapin）⓳旁邊。那地方擠滿了卑微的人，其中很多都是圍著彩色披肩的俄國女人。恰利阿平表現出兄弟般的模樣，把我的手放在他臉上，而我用右手打拍子，同時他詠唱著非常悲傷的〈伏爾加船歌〉，或者讓空氣中充滿年輕情人的狂喜，或者高唱著幽默的民歌，讓我在其中感覺到俄國農人的大笑聲。令我很驚奇的是，他說我在俄國是很出名的。我問他，他是否認為新的蘇維埃共和國會在經歷飢荒和入侵的殘酷苦難後仍然倖存。他表示對於共和國終將成功很有信心。我很想知道他現在有什麼感覺。哦！時間總是會消失！……

二月八日

波麗和我到頂端的甲板享受我們的早晨散步，一陣猛烈的東北風幾乎把我們吹倒。我們停留在陽光溫暖的一邊。可是，刺骨的風具有生命力，有幾次我們的面孔面對猛吹的風之後才從頂端甲板下來。

午餐前後又寫了很多東西。今天晚上跟朋友吃飯；這一餐是廚師所準備的真正「藝術傑作」。只有法國人才能讓所吃到的每一口食物、啜飲到每一口酒成為如此美妙的快感。

二月九日

在船上最後一天做平常例行工作，整理行李，要回家了，要跟朋友道別了，整理好激動的心情……

我在巴黎所遇見的德．拉．努克斯先生的妹妹李莉．德．拉．努克斯進入我們的特等艙跟我們談了一些話，表現出神聖的友誼。她是我所見過的女人中談話讓我精神為之一振的少數女人之一——是那種自我教育和彼此教育的女人。她具心靈洞察力，強烈地同情我歸鄉的悲愁心思，讓我感覺好像我認識她很久了。我們談到她的出生地普羅旺斯，我希望有一天到那兒拜訪她。我們討論維克多．雨果、巴爾札克以及「遊唱詩人」。跟這樣一位閱讀廣博以及熱衷於我

---

⑱譯註：舊約中力量的祕密在頭髮的大力士，也是詩人密爾頓的詩作的名字。

⑲譯註：俄國歌劇演唱家。

年輕以來就很著迷的書的人交換意見，可真是一種享受。

一天慢慢消失，去年十一月從紐約啟航時所感到的憂傷快讓我受不了。色伊博士和理查茲法官傳來表示熱烈歡迎的電報，但沒有「老師」傳來的訊息；我們在塵世分離的這種定局，似乎是我所無法忍受的。在這三個月期間，我的內心深處有一種期望，事實和理性都無法粉碎它，那就是無論如何我會在什麼地方收受到「老師」的一個信號——結果，當我們越來越接近紐約時並沒有出現這種情況。

那麼，難道信念證明只是一種嘲諷嗎？不，但我太接近死亡了，有數以千計的方式太經常提醒我死亡，所以我無法逃避情緒的病態，因為這種病態把對已去世的至愛的所有思緒結合以安息的骨灰。我的靈魂還未臻至完滿的境界。我不是那種「免於迷惑」的神聖凡人。所以，這些「悲愁」和「孤獨」雲層一直飄浮在我的心眼四周，但是既然上帝已經賜給我一種深沉如永恆、高貴如神性的經驗，所以我將成為心靈上的完人。那麼，這些迷霧無疑將會降低，是可以逃避的，而我將與「老師」一起生活在「祂的陽光」中……

二月十日於森林山

星期二晚上報紙記者訪問我。我在經歷船上的旅程後總是有記者訪問我，讓我很害怕。然而，在船還未停泊之前上到「山普倫號」來訪問我的記者，卻對我表現得很體貼，我會永遠感激。他們以微妙的方式把我從一個話題引到另一個話題，讓我說出我的看法。他們問我對什麼新工作感興趣，我告訴他們有關我計畫訪問日本的事，我強調我會從其中獲得雙重快樂——包括完成終生的夢想，悠遊於可愛的寺廟之中，悠遊於由一個國家的藝術家所創造的家園之中，悠遊於櫻花之中，還包括參與終將重造整個東方的殘障人士的偉大事業。

「妳認為誰是世界上最偉大的人？」這是下一個問題。

「這要取決於你是讚賞哪一種偉大，」我回答。「如果你是指科學，則當然愛因斯坦是世界上最偉大的天才。或者，你是想到政治領導嗎？如果羅斯福總統堅持他的高水準成就，以自己擁有的驚人力量去保持自己心靈平衡狀態，則他將被宣稱為一位真正有創造力的政治家。」

我沒有提到史達林，因為史達林自己說，他只是執行列寧的目標的一種工具。我不認為他具有列寧最明顯的特性——想像力、強大的判斷力或寬宏的人性。

還有另一個問題讓我感覺有趣：「妳認為美國出現過任何偉大的女性藝術家嗎？」

「如果一個人無法看到繪畫，也無法分辨五音，他又如何能夠針對這樣爭論性的問題提出自己的見解？」

我告訴他們說，雕刻是觸碰得到的，但是我很遺憾沒有機會看到馬爾維拿・霍夫曼（Malvina Hoffman）[20]的偉大作品。我無法想到今日美國的一位女小說家或詩人，是我會稱之為「偉大」的，但我相當尊敬佛羅倫斯・沙賓（Florence Sabin）[21]之為一位科學家。

我總是對埃利斯島（Ellis）[22]的管理不善感到很生氣，因為管理不善時常導致不必要的痛苦和不公。新聞記者告訴我一個我很高興聽到的消息——現在已經不要求移民在那兒下船，除非他們來自傳染病盛行的港口。

在碼頭，朋友們總是表現愛意和「歡迎回家」的擁抱把我們壓得喘不過氣。海關人員跟往常一樣總是很慈善，很快速地幫忙波麗和我處理我們的行李。

我們已經把狗單獨留在家中好幾小時。（我們不在時，都沒有人照顧那地方，除了赫伯特——他是我們的家中問題方面的真正夥伴與助手。）他開車來接我們。有這麼一個人曾很忠心地服侍「老師」，他溫暖、有力的握手多麼令人感到寬慰！幾個朋友陪我們到「森林山」，顯然希望紓解我們的孤獨。

我們到達時，狗兒像一陣熱情的旋風撲在我身上。整整半小時後，牠們的情緒才獲得緩解——之後很久的時間，牠們仍然以舌頭、爪和尾巴訴說牠們多麼高興我回來。我無法決定哪一隻狗最迷人——是金毛丹麥母狗赫爾佳嗎？牠舉起可憐、軟弱無力的爪，要我愛撫；還是嬌生慣養的雪特蘭牧羊犬狄利亞斯？牠有著棕色和白色毛，搔著我的腳背，要引起我的注意；還是把牠擠開的苗條、有活力的伴侶溫蒂？還是可愛、樸素、肥胖的湖地㹴犬梅姮？……

朋友離開後，我們跟赫伯特談話，一直談到晚上，家人都會這樣。我很懷疑我怎麼可能忍受當初離開時的這間房子，因為我在每個角落都感覺到希望受挫，悲劇強加在每個房間上。我憬悟到，赫伯特的同情心和忠實的工作態度已經把快樂氣息灌注進這個地方，協調以「老師」的精神……我穿過每個房間時，無論看到什麼地方都發現驚喜。「老師」的桌子仍然在那兒，椅子就在那個地方，當她能夠看到足夠的東西並可以讀給我聽的時候，她就是坐在那張椅子上。（她的床不在了，這對我而言是一種寬慰，因為那是一張痛苦之床，在世的最後日子她臥病床上，醒過來時面對她再也沒有力氣處理的工作。）她很珍視並且一直希望能夠再讀的書也在那兒。我觸碰它們時都感覺受不了。我曾注視著黑暗降臨在她那雙使用了半世紀來幫助我、讓我更快樂的眼睛上。我只能非常吃力地嘗試，才能夠擋開那悲傷的回憶，以及那每個時刻都纏著我的椎心孤獨之痛。

---

⑳譯註：美國雕刻家、作家。
㉑譯註：美國微生物學家，開發小兒麻痺疫苗。
㉒譯註：又譯愛麗絲島，位於美國紐約州紐約港內的一個島嶼。

二月十一日

我的書桌和大餐桌幾乎高高堆著點字版信函。取出行李的東西後，我打開信、雜誌和小冊子，停下幾分鐘來吃飯，直到筋疲力盡，很早就上床。

今天我把雜誌打點好才得以放鬆；我要一直到從東方回來，才有時間翻一翻這些雜誌。「美國盲人印刷所」每個月出版的厚厚三卷《讀者文摘》特別有誘惑力，但我們前往日本之前所要做的工作多到可怕的程度。已經有無數的信件堆積在桌子上；我不用成為先知就可以預見以後的六個星期等著我們的大量工作要打斷我們。最糟的是，在時常被打斷時，我一直都無法控制我的怒氣。怒氣阻斷我的電流似的思緒之流。然而，我為何要被這種瑣事所惱呢！特別是當每個人都渴望幫我順利走過崎嶇道路的時候。赫伯特已經重新整理過書房，讓我有比以前更多的空間。波麗在每個關口都樂於幫助我，狗兒伴隨在我身邊，陽光湧進房間，我應該是處在一種經驗中並不是很新奇的情況中。

二月十二日

今天，我的思緒在相當的程度上停留在亞伯拉罕·林肯身上；他多麼辛苦地努力要讓美國可能重新獻身於自由與平等的目標上。沒有錯，他不得不藉由戰爭保持「聯邦政府」，但他盡可能強調那些具體化於「獨立宣言」中的原則的「實際運作」。他是大地之子，以簡單、直接的言詞突破政客的累贅言語和失敗主義。他把新的能量灌注進民主之中，不是藉由強加煽動性的熱情，而是藉由激勵人民對民主的信念，讓較強烈的自主能力和自治成為自然的結果。他重申，只要政府不再保護人民的利益，人民就有權利改變或推翻它。他指出，創造勞動和資本產物的工人應該有更充分的代表性。

二月十三日

我已經從早上六點趕工到下午六點，把必須先做的桌上工作清理掉：這樣說並不誇張。當我們請來吃飯的艾米莉亞（Amelia）⑯走進書房時，我正開始感覺到自己「動作像老人和貓頭鷹」。我驚起，意識到艾米莉亞愉快地對我致意，也意識到我們四周正出現重大變化。她看向窗外最近挖掘的兩座人工湖。「老師」和我本來喜愛那片大沼澤，因為春天透露出雅緻的美，

---

⑯原註：湯瑪斯・龐德夫人（Mrs Thomas Bond），米格爾先生的祕書。

夏天有很長很明亮的草，野鳥在秋天遷徙這兒，飛越過上方。如今這片沼澤正要轉變成一條美麗的林蔭大路。這是為一九三九年幾乎是要在我們家門口舉行「世界博覽會」的堂皇準備工作的一部分。我們的小房子確實不會再是安靜的地方，因為從賓州車站坐火車來這兒只需要十四分鐘，雖然二十年來這個安靜的地方曾讓我可以好好地工作！

二月十四日

古特容．波格倫先生今天早晨寄來一張很令人愉快的情人節卡片向我致意，讓我很驚奇。我感到很遺憾的是，他在紐約時，我們沒有機會再見到他。

米格爾先生今天下午來訪。我喜愛他向我致意的方式，那就像來自太陽的亮光——溫暖的亮光為成長中的東西帶來生命，仁慈地照在被陰影籠罩和被遺忘的東西上。我們談了很多有關如何讓日本之旅很有成果的話題。米格爾先生表現出魅力努力工作，激發出興趣和精力，到處為盲人贏得朋友。所以我才稱他為普羅斯培羅（Prospero）㉓：他經常為殘障者構想出一個較慈愛的世界的美麗遠景。「基金會」是他的安全島，在那兒營救很多擱淺在黑暗岩石上的生命。

二月十五日

寒流解除了，但地上仍然結著硬霜，狗兒不願在外面待很長的時間。

赫伯特把狗兒溫蒂和昨天生產的五隻小狗從醫院帶回來。溫蒂讓我把牠一兩隻小狗抱在手中——感覺像是所能想像到的最精緻絲絨！波麗認為有兩隻像狄利亞斯。「老師」曾快樂地驚呼，對這些小動物表現溫柔的愛撫，她對所鍾愛的狗兒的後代感到自傲——我能多麼生動地想像每個細節啊！

過去兩天，波麗和我已經把從做家事中所能夠挪出來的每一小時轉移到事務文件、有關為盲人工作的報告、與日本之旅有關的通信上。夜晚時我太累了，甚至寫一行日記都不可能。

二月十六日

我很榮幸在米格爾先生的辦公室中再次見到雷蒙（Raymond）先生⑰。我們談話時，似乎回

㉓譯註：莎士比亞戲劇《暴風雨》中的巫師。

⑰原註：羅伯．雷蒙先生（Mr. Robert Raymond），波士頓律師與家人的朋友。

到了波士頓，於一九〇六年一起在「麻州盲人委員會」服務。然而我們只有幾分鐘可以回憶那段時光。雷蒙先生曾來幫助我完成「老師」的願望：把我唯恐自己先走而為她準備的錢轉移給波麗。情況的改變讓我很悲傷，我多年來都把他視為「老師」和我的忠實信託人。他在我的記憶中佔有特別地位：他是我留在波士頓的極少數關係人物之一。

今天下午，正當我沉迷於需要專心的工作時，兩位來自「美聯社」和《紐約時報》的記者要我下樓去。記者們已為我對盲人所做的工作做了很有價值的宣傳工作，我總是樂於表示我很歸功於他們。然而，當我專注於一件事時，任何的打斷還是會讓我分心；再度把中斷的思緒串起來確實很痛苦。

二月十七日

波麗和我乘坐剛開始營業的紐約到「森林山」的新地鐵到城裡。這是地方性的地鐵，但我相信以後會有快車出現。波麗為我拼出車停靠的新街名——第六十七街、第六十三車道、羅斯福街（「賈克遜高地」），以及「皇后廣場」。我們在紐約第五十三街下車，不知道必須爬十節階梯。無論如何，我很高興乘地鐵，我將盡可能時常搭地鐵回家。我喜歡讓我更能接觸別人的任何運輸模式，無論是地鐵、高架鐵路或巴士。波麗描述著人們的臉孔或他們的談話，是經由那種告訴我很多訊息的嗅覺印象，如香粉、香水、菸草、鞋油。我也在肥皂、乾淨衣服、絲綢和手套的氣味中感覺到新鮮氣味和好聞的味道。從人們吐出的氣息，我時常知道他們所從事的工作，因為木頭、鐵、油漆或辦公室的氣味會附著在他們的衣服上。在汽車中，我就會漏失有關我的同胞如何生活的祕密啟示。

二月十八日

今天早晨我很傷心，因為舊金山橋的「安全」網塌陷了，十個人掉進二八〇呎下的水中。波麗和我四月一日要從舊金山坐船，經過橋時，我會低下頭，記得掉在橋下的人的生命。

今天下午，安德里亞（Andrea）和彼德．路博克（Peter Lubbock）先生以及兩個日本記者來訪。我聽說路博克先生是一位傑出自然學家的兒子，感到很驚喜，我告訴他說，小孩時代我最喜歡的書之一是他父親的《大自然的美》，他顯得很高興。他問我是否意識到我所拜訪的地方有差異性。我就利用這個機會稍微談論一下我從一個城市或城鎮的氣味所發現的事情。我試著描述倫敦的氣味特性——春天在大路中很顯眼地出現的那些新鮮草兒和山楂花，是大片嗅覺區，冬天則是佈滿著煙的濃霧。我也談到加州、奧勒岡州和華盛頓州的城鎮有不同的香氣，取決於四周所成長的水果種類。

日本記者恭維我說，偉大盲人學者塙保己一[24]的故事以及我自己的故事，不僅激勵殘障的人，也激勵他們的國家中的正常人士。他們很高興聽到我讚美日本女人身為教師、慈善家和社會服務工作者的勇敢表現。在這些女人之中，我提到石本男爵夫人，她是日本的瑪格麗特．山額（Margaret Sanger）[25]，是東京節育診所的院長。兩位記者想知道，我除了談盲聾者的教育之外，是否也會談和平的問題。我擔心軍國主義者會後悔允許我進入日本——如果我進入的話。

「但是，如果妳把祈求世界和平做為妳的善意訊息的一部分，」他們向我保證，「那會是達到較高境界的一種影響力。」

在今日的郵件中，有來自英國朋友的可愛信件，但自從離開英國後，我卻不曾寫給他們一個字！如果這種工作塞車的現象持續下去，這本日記將轉變成另一種《革命的日記》……

二月十九日

給盲人使用的歌唱書已經來了！今天的《紐約時報》有一篇社論談到一本叫《美國野鳥》

的歌唱書，此書敘述康乃爾大學的亞伯特・布朗德（Albert Brand）如何研究鳥的音調，把一部重現聲音的機器放在鳥巢附近，捕捉各種鳥的聲音，從白頰鳥到北美紅雀，不一而足。這本書對於盲人而言將會是多大的歡樂啊！這對他們而言將意味著一種新的興趣：辨認他們所聽到的鳥，研究牠們的棲息地和遷徙情況。

今天，我們有兩次跟亞米莉亞一起在城裡。她和波麗在午餐前後處理我們的帳戶。亞米莉亞善於辦事，令我讚賞，當她告訴我說，波麗是很優秀的記帳人員，我感到很滿意。

跟朱利安（Julian）先生⑱在華道夫—阿里斯多里亞飯店吃午餐。他這個朋友很熱心又足智多謀，節省了人們眼力的使用，讓我很高興又對工作有信心。他所從事的工作最吸引我——在廣播中懇求人們要保護視力，以圖畫的方式告訴他們如何能夠改進眼力，並且也寫有關如何防止變盲的信。這次他談到自己正在進行中的一系列新的小小廣播劇。他的構想是：以廣播的方式呈現幾組傑出人物生命中的知名事件，如喬治・華盛頓和班哲明・富蘭克林，還有一些科學家和醫生，他們因為主張可以緩和盲人數目的增加而受到迫害。

我們在吃飯時，一位女士走過來自我介紹。我聽到她的名字後很激動，她是華爾登・羅維

㉔譯註：日本盲人學者。

㉕譯註：美國節育倡導人。

⑱原註：M・J・朱利安先生（Mr. M. J. Julian），「視力改良協會」會長。

斯（Warden Lawes）的妻子。我提過我在《讀者文摘》中所讀到的羅維斯先生的文章；我深深尊敬他對犯人的人道精神。他的妻子說，「辛辛監獄」中有兩個盲人。我大聲說，「那是唯一真正的黑暗，不是嗎？」她壓壓我的手。

二月二十日

今天是波麗的生日，我很傷心，因為「老師」沒有在這兒跟我一起慶祝生日。我想不到什麼方法可以讓這個日子成為它應該呈現的歡樂場合。我祝她生日快樂——但我們兩人都無法感覺到快樂——我們的眼中噙著淚水。但我的祝福反映出那種柔情，而我就是懷著這種柔情記得她奉獻給我們兩個人的二十三年時光。

我們讀到中國與共產黨和解的消息。我希望這意味著一種強有力的聯合陣線，可以解決那些已經折磨這個國家的艱巨問題。

我的情緒因為馬德里經歷過的最嚴重圍城事件而激動。這種殺害親人的行為更加讓我感到厭惡，因為我以前聽過父親告訴我：美國內戰期間，南方變成多麼可怕的雜亂無章地方。

今天下午兩位女士來訪——一位是來自「克拉克聾人學校」的老師；另一位是日本學生，

在這間學校做準備工作，將來要在自己的國家中教聾人。這位學生英語講得很流利，談話非常有趣，談到有關她希望我到日本時要去造訪的地方。

我相信我們的旅程計畫不久就會全部完成。我預期工作會很艱辛但卻有趣。我被要求為聾人和盲人發言——我以前不曾在單單一次旅程中嘗試這種雙重任務。我知道，我們將在每個地方都出現六次——集體聚會、孩童聚會、女性俱樂部、社會服務工作者場合、專家的場合以及殘障者就讀的學校。我還不知道我們一天是要演講一次還是兩次。

亞米莉亞邀請波麗和我到她的公寓參加一次生日宴，表現得非常仁慈，讓我們很開心。之後，我們到戲院去看諾爾·柯華德（Noel Coward）的三部短劇。我非常喜歡的兩部是《靜物》和《一本家庭相簿》，但我很討厭自己被逮到斷斷續續睡著了。其實我一點也不感到厭倦。由於常被打斷，我早晨五點就一直工作，不知道自己那麼累。

二月二十一日

今天早晨因為心中興起渴望的心而感到悲傷。我想念蘇格蘭的「老牧師住宅」以及波麗和我每個星期日到聖布利德教堂所參加的美好禮拜儀禮。然後，我心情變得很愉快，因為我很久以前就養成星期日自己做禮拜的習慣——讀一章聖經、唸一首「讚美詩」以及做短短的禱告。誰能跟上主比呢？——祂是超越所有神殿和教條的「教師」。

我很高興在《約翰．密爾頓雜誌》——為盲人而辦的溝通教派的點字版宗教月刊——之中讀到一篇文章，內容是說，紐約有三家旅館提供小教堂，讓人可能做禮拜或獨自沉思。只有那種將個人的福音均勻地結合以社會的福音的宗教，才可能使教會的生命持續下去……

雜誌中另有一篇文章讓我深思。在一個「無神論學會」的建議下，基甸會聖經被從一家有六百個房間的旅館中移除。緊接著第二天夜晚，有兩百個人詢問這些不見的聖經的去處。這件事似乎顯示出，儘管有人持相反的論調，一種深沉的宗教情操還是默默在美國之中發展。

記得很久以前，我為一件事情多麼生氣：縱使一群人之中並沒有其他人感興趣，還是有一個人堅持討論無神論。當時我很想對他說，「不用你告訴我們說，上帝是一位專制者，而我們的舒適是一種幻象，這個世界就已經足夠讓人迷亂了。如果你只會嘲蔑我們這座象徵『不確定』的大洋中的信仰之島，那麼你這樣做是很不人性的。」

今天晚上有一個人在廣播中禱告。波麗注意到他像唸鵝媽媽的押韻詩一樣喋喋不休地說出禱詞，多麼不同於他的哥哥的真誠、小心發音的禱告。我很遺憾常常聽說，很多虔誠的美國禮拜者在吟唱或禱告時沒有表現出韻律感或美感。

二月二十二日

今天早晨在尋找一些誤放的文件的檔案時，偶然看到亞瑟・皮爾遜（Arthur Pearson）在二十七年前送給我的一張浮雕似肖像。我記不起最後一次觸碰它是什麼時候，但我的手一接觸到它，他本人就似乎出現在我身邊了。我的內心溫柔地重述他的故事——中年失明、放棄了主要的工作、開始辦報與刊物，他拒絕看向失明災難性的一面。他一再投身於事業中，推動「國家盲人協會」的活動，在大戰開始時籌措「威爾斯王子救濟基金」，創立「聖丹斯提盲人兵士與水手旅店」。就像他告訴我的，他創建旅店是為了讓出院的盲人「可能進入一個小世界中，忘記他們不能做的事，而主要關心的事在於他們**能夠**做的事。」我想起他提議免費提供我想要閱讀的任何點字版書籍，甚為感動。他所為我製作的書中有屠格涅夫的《春潮》（*Spring Freshets*）和《煙》（*Smoke*）、康拉德的《青春》（*Youth*）和《黑暗之心》（*The Heart of Darkness*）以及《在西方人的眼下》（*Under Western Eyes*）、史文朋（Swinburne）的《亞塔蘭妲》（*Atalanta*）和《日升前的歌》（*Songs Before Sunrise*）。我在他的肖像中所觸碰到的仁慈臉孔，確實喚起了相當豐富的快樂回憶。

二月二十三日

今天很難得，波麗有足夠不被打擾的時間，為我讀出大量經常等著我們的信件。然後我坐很久的時間回信，在書和照片上簽名，由波麗包好，寫上地址。經過十七小時之後，我們才開始要放鬆一下。

我剛剛大發雷霆，因為有些人一再試著要處理我的事。讓我覺得此事更加奇怪的是，我自從十七歲以來都一直安排我自己的生活。二十二歲時，我開始努力工作，過去三十四年所賺的任何錢都是這樣得來的。我自動負起在美國和其他國度的公共責任。「老師」的健康出現情況後，我單獨做了很多工作，波麗的手提供我訊息，她的聲音強化我蹩腳的言詞。然而，還是有些人似乎認為他們有責任根據他們的想法改變我的生活方向！我年輕時在尋覓值得做的事時感到迷惑，那是可以原諒的。但是母親和「老師」比任何其他人更加了解我，而她們不曾支配我所應該遵循的行動方向。總是有其他有力量的朋友為盲人推展工作，他們尊重我身為人類追求自由的願望。想到他們的合作已經增加了我的快樂，並使我可能完成任何事情，感覺真好。然而，除非我很留心那種雖然善意但卻不需要的干擾，否則他們就無法幫助我，就像他們無法幫助很脆弱地讓自己的意志屈服於別人意志的任何其他人。

二月二十四日

波麗和我今天早晨很早就有約會，她是八點半要到辛德爾醫生那兒去處理耳朵的問題，我則是九點半要到服裝師那兒。我在那兒停留了一個半小時。我知道日本之行需要很多衣服；在事情緊迫的情況下準備這麼多衣服是很困難的，不管女人可能多麼喜歡漂亮的服裝。

早上十一點第一次拜訪一位文學代理人卡洛爾．希爾（Carol Hill）夫人，我確知她的忠告會很有助於我成為作家的新經驗。

回家吃中餐。巴爾妮（Barney）⑲三點來喝茶，我們閒談了很長的時間——我們以前沒有機會告訴她有關拜訪蘇格蘭或巴黎的事情。妮拉．布拉迪（Nella Braddy）⑳來這兒吃晚餐。她提供她自己的消息，也聽我們的消息（今年冬天我只寫給她一次信）。我們談到「老師」以及她似乎昨天還在這兒，還有我如何在心中與她一起計畫所有的事，無論早晨或夜晚都留心著她。妮拉給我看希拉姆先生寫給「達波德．多倫出版公司」的信，是有關我拒絕《中流》雜誌省略我對列寧的評論。希拉姆先生在信中暗示說，他們會以權威的姿態向我施壓，要我履行我對德國

---

⑲原註：色波特夫人（Mrs Saybolt），海倫凱勒家庭醫生的妻子。

⑳原註：奇茲．亨妮夫人（Mrs Keith Henney），原名妮拉．布拉迪，《安妮．蘇利文．梅西，海倫凱勒背後的故事》一書的作者。

出版公司的義務。妮拉說，達波德出版公司的每個人都跟我一樣認為我有言論自由的權利，他們會寫信給希拉姆先生表達此意。

今天什麼都沒寫。荒謬又令人驚惶的是，就在我最想要安頓下來持續努力工作時，環境卻阻礙著我……

二月二十五日

今天主要的新聞是軍備並不會令人安心。去年，美國和英國有數百萬人靠救濟金過活，很多國家面臨工人嚴重缺乏像樣住宅的問題。然而，一些國家卻一共花費一百一十億元繼續表現備戰的瘋狂行為。現今英國政府正計畫花費七十五億元強化陸軍、海軍和空軍，以便「對付一個被清楚指出但沒有被指名的潛在敵人。」

有一個消息證明：耶穌曾宣稱，無論什麼地方有兩、三個人以主的名義聚集在一起，主的力量就會跟隨著他們。兩位教會領導人物，即慕尼黑的大主教麥可．佛哈伯樞機主教，以及「德國福音教認信總部」的牧師，已經領導虔誠的信徒進行勇敢的活動，阻止納粹控制教會以及利用教會做為政府的宣傳管道，就像利用大學一樣。值得觀察的是，希特勒是否會實現他的命令。教會自由投票以及充分的自決。

甘薯除了做為食物之外，在很多工業中也可以做為澱粉之用，我知道此事後心中很興奮。這是喬治・華盛頓・卡佛博士（Dr. George Washington Carver）的天才所創造的另一種化學方面的奇蹟。如果我可能見到卡佛博士，那會是一種美妙的經驗，因為我很尊敬他，視之為傑出的科學家和聖者。享受到愛與教育所能賜予的每種好處的我，很謙卑地沉思著他一生的故事——他的出生沒有記錄，不知道父母是誰，童年在奴役狀態中度過，藉由不斷的勞苦工作才得以受教育，熱烈地希望服務自己的人民，而布克・T・華盛頓（Booker T. Washington）邀請他到塔斯基吉大學，他的這個願望才得以實現。這個人表現得很脫俗，是那麼像基督，為了人類的利益把自己的實驗結果免費奉獻出來，拒絕十萬元的薪資；有誰能夠對他冷酷無情呢？他從花生之中抽取三百種物質，從甘薯之中抽取一百種產物，其中存在著多麼無可計數的財富啊！而他只要求將之用來促進整個南方的白人與黑人的福祉。在我們的時代的歷史性名言中，後代無疑會最時常引用卡佛博士對他的學生所講的話：「當你以不平常的方式做生命中平常的事情，你將會引起世人的注意。」

我的老朋友亞歷山大・吳爾柯（Alexander Woollcott）㉖邀請波麗和我到他的公寓，我們今天下午就去了。這次的造訪氣氛平和、令人愉快。我們談到「老師」以及她的往生在我們的家中

㉖譯註：美國新聞記者、批評家、作家。

所造成的差異時，他表現出溫柔的體貼之情。他說他要在三月二日的晚上的廣播節目中提供對「老師」的讚詞，並問我有什麼有關她來的那一天的記憶。我記得那一天我站在走廊的門旁，感覺到母親從車站回來的腳步聲，以及「老師」擁抱我、但我卻沒有認出來的愛意手臂。我多麼狂野地想要逃避，不知道那是一個朋友，手中握有一把鑰匙，要把我從最可怕的獄卒——孤絕與怒氣——手中釋放出來！對照是多麼驚人啊！我記得那天，「老師」帶著尖叫的我上樓要為我上課，還有那個美妙的早晨，我發現字語是獲得我想要的任何東西的方法，也發現知的歡樂照亮我的黑暗。下一個話題是日本之行。由於吳爾柯先生曾到日本旅行，他就笑著忠告我說，在出發之前要練習坐在地板上。我們討論日本人的禮儀，想到我可能犯很多錯，身體不禁發抖。他說，有一次他受邀去參加一次餐宴，一個可愛的藝妓一直送酒給客人。每次她來到吳爾柯先生身邊時，他就點頭、微笑，意思是他的酒杯要再斟滿，但是，讓他很驚奇的是，酒杯還是空的。之後，他發現這女孩認為他婉拒酒，他應該拿出酒杯讓她倒酒。

我們談著時，一隻柔軟如鴨絨被的可愛深黑色貓咪依偎在我身上，而吳爾柯先生那隻也是黑色的美麗德國狼犬「公爵夫人」一直把頭靠在我的膝上。「公爵夫人」是一隻導盲犬，知道如何很快跟我做朋友。我當場決定要送給吳爾柯先生一隻雪特蘭小狗，身體黑色，尾巴頂端是白色——我認為牠們會在色調上非常相配。何況，吳爾柯先生是一個真正愛狗的人，我確知「老師」會希望吳爾柯先生獲得這樣一隻高雅的寵物，回報他對她的所有仁慈表現。

二月二十六日

今天早晨很早又到服裝師那兒待了很長時間。從那兒，波麗和我去買衣料，要縫製更多服裝。安德麗亞跟我們一起去。跟她一起購物是一種享受，她有完美的品味，像「好心仙女」一樣幫助解決困難，相當可喜。

我們三個人在「吉祥物」吃飯，那是一家透露迷人的安靜氣息的法國餐廳，位於安德麗亞很熟悉的六十八街。我們點了一道我特別喜歡的菜，是用蘑菇調味料烹調的魚，加上一杯「貓酒」。波麗和我敘述我們在巴黎的歷險，安德麗亞談到她在第二次旅程中所坐的飛船「興登堡號」。我們彼此告訴對方說，我們將搭乘第一架越洋客機飛渡大西洋。安德麗亞跟以前一樣，是可愛、生氣蓬勃的「多情人」——所有的美與智慧集中在一個人身上。難怪每個人都為安德麗亞的美和卓越的智力所吸引……

空中充滿了雪已有一段時間。回家時，水蠟樹樹籬上的輕柔、純潔小雪丘，以及前門爬籐上的白色花綵讓我感覺到一位新英格蘭人的喜悅。雪片很大，明天或星期日就會消失，但像這樣的美麗暴風雪是令人很難忘的，特別是對於一個在冬天時厭倦城市中的堅硬鋪道和磚頭建築的人而言。

二月二十七日

整天工作，但也有愉快的思緒讓工作輕鬆。今天早晨我接到好消息：經過長年的努力後，奧勒岡州已經成立一個盲人委員會，今年春天華盛頓州也可能成立另一個委員會。自從我一九〇六年在麻州的第一個委員會服務以來，已經有三十個州成立委員會。只有奧勒岡州這個委員會讓我感覺到，我幾乎一生努力工作，要讓人們關心殘障者，終於得到了回報。但今天讓我感到驚喜的是，聽說有一位叫杜芙夫人的人也許聽到了我一九二六年為華盛頓特區的「基金會」發言，於是捐給了我們十萬元！我本來認為這樣大筆的捐款永遠是過去式了，因為經濟不景氣已經使得美國很多慈善活動受阻或停頓。現在我敢再度希望可以籌募第二個一百萬元，讓「基金會」基礎變得穩定，成為一個國家的機構，對這個國家每個部分的盲人提供有效的服務。米格爾先生正在計畫明年十月開始的一次活動，他認為這次活動會成功。我們並不是像在這之前那樣舉辦會議，而是要拜訪不同群組的有影響力捐獻者，請求他們捐款。「基金會」現今似乎已經在社會人士中奠定基礎，而甚至最反覆無常的慷慨捐款者也對這些社會人士持樂觀的看法。

這種有希望的遠景眷顧著我，我對所募得的第一個一百萬心存極度的感激；我是在兩年的時間中，於一百四十三個城市的公開聚會中一塊錢一塊錢累積起來的。

二月二十八日於靠近費城北部的「拱門」

波麗和我於下午兩點前往費城時，天氣很陰暗，但想到與我們待在「拱門」時總是讓我們感到快樂的華爾茲夫人，好像陽光就為我們出現了。坐火車時，波麗在《紐約時報》上讀到拉・佛雷特州長那種政治家似的演講，支持總統改革「最高法院」的計畫。我比以前更體認到，多麼令人遺憾的情況是：少數法官阻礙對一億三千萬人的有利的立法。如果美國民主要有所進步，就要謹防憲法被扭曲與誤解，被用來聲援既有的利益和偏見。

我心雀躍，向大阪的勇敢藝妓致敬，她們罷工不僅是為了更多的薪資，也為了教育、美好的生活和個人自由的人權。這些女人表達了日本人心中最高貴的心聲。

我知道英國不希望作戰。英國對帝國的渴望已經獲得了滿足，我希望英國人那可怕的軍備計畫可能以神祕的方式擋住渴求軍國主義的國家的欲望。但是如果此事發生，那麼，英國將證明在帝國史上是絕無僅有。它的勝利將只是「心」的勝利，不是「力」的勝利。

有一首詩騷動我內心，好像是來自「老師」那重振精神的呼叫：

堅韌的心面對陡峭的山！
土地會在你後面熔解。
信念穩定意志堅！

沒有迷霧會阻礙你的視野。

爬呀，爬上峭壁，勇敢地努力下去，
堅韌的心面對陡峭的山，
永遠朝星星的方向走去！

華爾茲夫人在車站歡迎我們，顯得很高興。她用她的車子載我們到「拱門」聳立的郊區——「拱門」高大，充滿愛意，明亮中透露出她的歡樂之情。有幾分鐘的時間，我們坐在陽光客廳，一面聊天，一面喝茶。華爾茲夫人剛好告訴我們說，艾德華．波克（Edward Bok）夫人今天下午要在離這兒不遠的「公民俱樂部」演講，我渴望去參加。我已多年沒有見到波克夫人；她的友誼成為我的經歷的根基。我從不會忘記她的丈夫表現得非常熱心，敦促我為《婦女家庭雜誌》寫自傳。我很讚賞他有眼光，創辦這個期刊，刊登我以關心盲人及防盲為目標的文章，儘管在那個時代，其他主編視這個話題為禁忌。我很興奮地回憶他曾以流利的口才加上五千元捐款，讓我在一九二四年的十一月為美國的盲人進行很堂皇的活動。他在讚美「老師」為偉大的女人時所表現的熱情，則是另一種可貴的記憶。「老師」去世後，波克夫人都持續關心我；當障礙似乎無法克服時，她的同情心就重振我的勇氣。

我們到「公民俱樂部」。由於波克夫人要發表演講，我不想打擾她，但聽到我的名字後，她深情地向我致意。她走上講台時，溫柔地觸碰我的臉頰，說道，「我希望妳可以為我的言詞添加力量——我擔心妳可能會覺得題目很枯燥。」

不會的，真的！這個題目特別吸引我——社區生活。

波克夫人是她的丈夫所創立的「社區協會」的主席，她也對不了解的年輕人說明這個協會的工作。這個協會進行著很多建設性的活動——在需要的地方創立學校、操場和商店，維護大眾健康，在任何可能的地方栽種樹和花，培養真正的文明所依賴的敦親睦鄰精神。如果類似的協會可以在每個城鎮和城市成立，美國就會有多麼多的機敏、健康的男女，秩序井然的城市，以及詩情畫意的鄉村生活。

三月一日

早餐之後，我們跟華爾茲夫人以及她的兒子艾德華一起坐在陽光客廳中，浸淫在春日的溫暖中。我們跟對於空中旅行深具興趣的艾德華談談有關飛行的事情。他說——我也能夠相信——根據意外事件的統計數字，坐汽車比飛行更危險。我強烈地意識到這一點，所以每當任何人坐車離開我的家時，我總是很緊張。很多朋友儘管非常小心，還是在汽車的衝撞中受重傷。我個人比較喜歡坐地鐵或高架鐵路。「我很想知道多少人能夠忍受暈機，」我對艾德華說，很高興聽他說，一萬呎的高空地方是很安靜的，很少人會在那種高度中感到痛苦。艾德華預測，不久就會有飛得更高、更快的飛船建造出來。多麼令人興奮的遠景——早晨離開紐約，及時到倫敦吃中餐。

跟像華爾茲夫人這樣的朋友談話會令人精神為之一振，因為她喜愛畫、花、年輕人，在簡單的東西中發現美，無論到什麼地方都為別人和自己創造歡樂……

我們於下午四點半到達華盛頓，跟蕾諾爾（Lenore）與菲爾（Phil）㉑度過晚上的時光。在車站時我大喜過望，因為他們美麗的女兒康絲坦絲走下月台來見我們。才去年十二月我曾很傷心地聽說她患了小兒痲痺症——康絲坦絲，十七歲，我所認識的最聰明、最活潑的女孩之一。我那時並沒有預期到她能夠再不用枴杖走路，但此時她卻朝向我們走過來，好像不曾有任何事情擊倒她。她的例子證明：當這種可怕的病出現初症時趕快處理，就會有多大的成果啊！

我們發現蕾諾爾臥床，因為腳踝骨折，可能三個星期無法活動。自從十一月二日最後一次看到我們之後，她就非常渴望聽到我們的消息。我在懊悔中體認到，我寫信給我最親近的親人與朋友們，進度多麼落後啊！我坐在她的床上時，其他的情景在我心中湧現——她一知道「老師」瀕臨死亡時，就立刻來我們家；在波麗和我感到痛苦時，她很溫柔地照顧我們；她每一個小時都在幫助我們，包括打電話、與人見面，以及在葬禮的安排上提供意見。在記憶中，「老師」的骨灰安放在華盛頓「國家大教堂」的「亞利馬太的聖約瑟夫教堂」的那天下午，當我們坐在一起聆聽非常動人的禮拜儀式時，我感覺到蕾諾爾以及菲爾握著我的手，令人感到舒慰。如此，那種在大學的日子中把「老師」和我與這兩個親愛的人結合在一起的友誼，因「老師」的去世而變得更加甜美。

蕾諾爾的快樂談話把我帶回到當下的時光；我們很快就深深沉迷在日本之旅一事中。我們回憶起一件事：我以前在這兒時，一位傑出眼科醫生戴維斯博士曾敦促我到中國，目的是要減少東方盲人的可怕普遍性。我剛接到一封上海「盲人學校」主任佛萊爾先生的電報，請求我到中國，為中國眾多的盲人請命。我們藉由電話聯絡到戴維斯博士；他今天晚上來訪了。他仍然熱衷於我訪問中國的想法；我進一步從他那兒所聽到的內容，將決定我的下一步。

康絲坦絲和她的妹妹凱莎琳讓我再度感到年輕。我很喜歡跟菲爾「大談」「老師」和我跟他、蕾諾爾和約翰在劍橋和倫瑟姆度過的快樂時光。

㉑原註：菲立普．史密斯博士和夫人（Dr. and Mrs. Philip Smith），是海倫凱勒上大學以後的朋友。史密斯博士是「美國地質鑑定協會」的阿拉斯加主要地質學家。

三月二日

我們今天早晨跟菲爾與蕾諾爾道別，匆匆去趕搭一點鐘的飛機；只有這樣我才可以及時回家見一位要在三點半來的日本記者。地上吹著強風，但我們升空時，情況變得較安定。我們在飛機上已有幾次見過駕駛員了。他跟我們講話，我很驚奇地聽他說，這一次比上次我們從華盛頓出發會快速很多。到達紐瓦克才花了一小時二十分鐘，天氣很好，飛行很完美。當飛機爬風而上，在陽光和雲層中飛速前進，我感到很自在。到達目的地時，我卻感到很難過，因為在享受了免於家中與街上的生理緊張狀態的美妙時光後，又要再度為這種緊張所苦。

我坐在飛機中時經常會意識到很多激動的感覺。我把捉到馬達的悸動，它就像一種很有振動力量的管弦樂中的擊鼓聲。我感覺到飛機顫動著，像一個有生命的東西。我感覺到它向上猛拉、拖曳，就像強風拖曳一棵樹；我從向下滑動的移動知道我們何時回到地上。

赫伯特在飛機場迎接我們；波麗說，他看起來很病弱的樣子。雖然他很痛苦，還是盡力把我們帶回家。我們立刻請色波特醫生來；他發現赫伯特的膽囊有嚴重問題，囑咐他明天住院。波麗和我在被打斷的情況下盡可能跟來訪的記者談話。記者問我是否要送一則口信給日本女人們；我在打字機上為他打了出來。

晚上七點半，亞歷山大·吳爾柯在廣播中發表了一則對「老師」的動人讚詞——〈我們的時代，或任何時代，偉大女人之一的紀念碑〉。他的言詞充滿很有見地的溫柔之情，在波麗拼出來時，對我的手指有撫慰作用。波麗說，吳爾柯以很美的方式說出來，聲音中悸動著感情。我的眼睛噙著淚珠，因為他說，五十年前的明天，安妮．蘇利文「開啟了一項工作，世人都體認到它是人類心靈的動人勝利之一」。我感到最得意的是，他說她「是由創造萬物的原始材料所構成」。我的責任感讓我身體顫抖，因為他談到火炬從霍維（Howe）博士傳到蘿蕾．布利格曼（Laura Bridgman）手上，從蘿蕾傳到安妮．蘇利文手上，從安妮傳到海倫凱勒手上，從海倫傳到……」當他以下面這句話結束讚詞時，我們緊抓著手：「這是獻給要前往遠東的海倫凱勒和波麗．湯姆遜。我們的祈禱——也許也是安妮．蘇利文的祈禱——我們所有人的祈禱，都跟隨著妳到日本又回來——現在如此，一直如此。」

聽完廣播之後，我靜靜坐在火旁，狗兒們圍繞在我四周，我的思緒遠飄到「老師」生活在我身邊的每個快樂的三月三日。我決定有生之年的每個三月三日都要不辜負她的信念，決意要快樂地沐浴在陽光中，堅強地在陰影中忍受著。

三月二日

赫伯特今天早晨仍然非常痛苦。他不想讓我們自己處理事情，但我知道他必須去醫院，所以波麗就帶他去了。

在悶悶不樂和沮喪的心情中，我去看狗兒溫蒂和牠的可愛小狗們。撫摸牠們可愛的身體，注意到牠們長大，令我感到舒慰。從牠們不明確的動作中，我知道牠們還沒有張開眼睛。

波麗一回家，我們就匆匆趕去取她的歸化文件。理查茲法官盡他最大的能力加快處理事情，但我們花了一個半小時。法官問她無數的問題。然後我被叫進去當證人，跟我們一起去的巴爾妮帶我到桌旁。我被要求舉起手發誓我是支持美國政府的公民。然後，法官把我的指頭放在他的唇上，問我的名字與住處。我回答，然後他轉向巴爾妮，要她重複他說的話，同時我從她的嘴唇讀出以下的內容：「妳承認湯姆遜小姐是美國公民嗎？」色波特醫生也當了證人。

波麗畢竟沒有拿到文件，因為移民局官員不十分滿意一些細節，她必須在秋天再出現在他們面前。那些涉及外國人的法律非常令人生氣，也令人困惑。

我們五個人在「波英諾克鄉村俱樂部」吃午餐時，已幾乎三點了。那天是理查茲法官的生日，波麗和我安排了一次慶祝的午餐。我應該盡量設法讓自己處在歡宴的心情中：理查茲法官寬宏大量又熱情，從不錯過對我們表現仁慈的機會。

在醫院待了幾分鐘，是去探望赫伯特，然後我寫作，一直到吃飯時間以及吃完飯後。這是我所度過的最奇異、最悲傷的三月三日；「老師」似乎從來沒有像今夜那麼遙遠。

三月四日

天氣在夜晚時變得非常冷；爐火熄了，今天早晨，波麗發現一隻小狗生病了。她給牠喝了一點威士忌，把牠放在另一個房間中。我把溫蒂和其他小狗放在我的書房中保持溫暖。

又到服裝師那兒試了一次衣服。我們從那兒接到家中的電話說，那隻小狗快死了。我們儘快趕回家，希望挽救牠的生命，但還是枉然。最可憐的莫過於：一隻小巧的動物在還未經歷生命亮光的歡樂之前就死了。

寫信給吳爾柯先生，感謝他播出那篇完美的讚詞，並要求一份複本，讓波麗可以為我製成點字版，放置在「美國盲人基金會海倫凱勒紀念室」的珍貴紀念品之中。

赫伯特情況沒有好轉，明天要照X光。波麗黎明就起床做事，把狗放出來，準備早餐。一個叫蕾娜的女孩幫助打掃房子，但她年輕，無法像赫伯特那樣把煮飯和無數的事情做得非常好，我們在家事方面已經克服很多障礙，但不曾遭遇過這樣的障礙，無論如何，我很感激有一雙手可以做寫作以外的其他工作。

三月五日

繼續寫作。我要有一兩天不見任何人，一直到我趕上一個月下來所累積的工作，以了解「我是處在什麼情況中」。

狗兒溫蒂仍然有乳脹熱的問題。波麗帶牠到獸醫那兒，但已經回來，波麗每隔幾小時就餵牠牛奶。

三月六日

天氣仍然很冷。波麗在夜晚起床，又在六點起床，照顧溫蒂。我告訴波麗不要同時成為同伴、祕書、家庭主婦、國際性工作人員以及護士，結果要了自己的命。最後，她把溫蒂和小狗處理得很妥當，讓牠們感到很溫暖，把牠們送回獸醫那兒，我知道牠們在那兒會獲得適當的照顧。

岩橋先生寫來一封長信，送來我們的旅程表和計畫書。聽起來好像我們在每個城市都要發表六場演講。這在生理上是不可能的。我要跟米格爾先生商量，看看有什麼辦法。時間表這樣緊湊，我們會無法接受邀請，無法看看這個國家，也無法遵循客人不應疏忽的禮節。應岩橋先生的要求，我寫了一封向日本人民致意的信，會在我們到達前寄達。

今天下午，波麗和我跟亞米莉亞一起去看《理查二世》這部戲。自從女孩時代以後，我就沒有讀這部戲劇了；我很遺憾沒有機會重溫這部戲。莫利斯・伊文（Maurice Evean）扮演理查二世的角色，悲劇性的力量深深騷動我的內心，特別是交出王冠的那一幕，還有就是伊安・濟茲（Ian Keith）扮演波林布洛克所表現的超級尊嚴、王后在花園中哭泣的情景，以及「貢特的約翰」的演講。我對於奧古斯汀・鄧肯（Augustin Duncan）特別感興趣，我認識他的妻子瑪格麗妲・沙珍特，我們是雷克利夫學院的同班同學。鄧肯先生扮演「貢特的約翰」的角色，透露特殊的吸引力，因為他本身就是盲人。我內心充滿喜悅的自傲：一個行走於黑暗路徑的人，竟然在一部很多人認為是多年來紐約最優秀的戲劇演出中扮演如此動人的角色。

我們邀雷斯利（Leslie）㉒、簡・維希雷斯基和他的妻子來吃一頓遲請的飯。蕾娜在飯席中的服務很棒，每個人都似乎很快樂。「偉大的歷險」——日本——讓他們感到相當興奮。

此時客人都走了，狗兒梅妲正在請求我上床睡覺。牠站起來，把藍煙色的頭靠在我的膝蓋上，這時牠的前爪滑下去，轉動牠的頭，那模樣讓我想起一個中國洋娃娃。我想知道「湖地㹴狗」在地上挖洞時是不是這樣做。

㉒原註：雷斯利・佛倫懷德（Leslie Fulenwider），「著名聯合特稿社」的管理人。

三月七日

米格爾先生和夫人以及萊特（Wright）先生㉓今天下午來這兒。我們討論日本之行計畫書，全都同意計畫書執行起來會太辛苦。米格爾先生說，他要寄一封航空信到日本，建議延長我們的訪問時間，或把天數減半。他特別希望我明年十月人在這兒，精神昂揚地進行活動，完成「捐贈基金」的籌募。

我很高興看到萊特先生。他是自從我十四歲以來關心所有涉及到「老師」和我的事情的另一個忠心的朋友。他很高興我要為盲人以及聾人發言。「日本的聾人甚至比盲人更需要朋友，」他說。

波麗今天晚上看到赫伯特，他看起來比較有生氣，但他也許這個星期需要開刀。

三月八日

今天早晨的《紐約時報》登載消息說，「賓州盲人協會」匹茲堡支會支持下的盲人工作者，已經進入第二星期的「靜坐」罷工。我自然站在他們的一邊。

妮拉整天待在這兒，幫助波麗和我準備我們在日本發表演講所需要的資料。

赫伯特昨天晚上又病得很重。X光照出了需要摘除的膽囊。這次唯一令人舒慰的想法是：那種讓我們的日子顯得暗淡的塵世雲翳，並沒有影響到「老師」的上天祝福。我工作、工作再工作，對我是很好的。困惱不可能完全離開我，但工作會迫使煩惱在我的生活中處在正常的地位；煩惱不會比很多其他經驗更加重要。

三月九日

經過三十年後，鋼鐵企業家們，身為有組織的勞工的最大敵人，正要屈服於「產業公會聯合會」，重大的一章正在美國歷史中寫著……

㉓原註：約翰・萊特先生（Mr. John Wright），紐約「萊特聾生口語學校」的創辦人與校長。海倫凱勒小孩時代曾就讀此校。

三月十日

早上九點去貝倫斯醫生那兒，我的眼瞼發炎幾個星期了，他正在為我進行治療。然後我到服裝師那兒，到「希雷夫茲餐廳」匆匆吃午餐。在牙醫師那兒待了一小時後，我們下午其餘時間都在「本多爾百貨公司」購物。雷斯利在那兒跟我們見面，然後出去吃晚餐，雷斯利那南方人的迷人行事作風和令人愉快的談話正是我需要的。赫伯特要進行重大手術的消息沒有紓緩我的緊張神經。

三月十一日

我今天早晨正在寫作時，手指竟然滑離打字機的鍵，我發現自己低著頭。我睡著了，因為天氣忽然從奇冷轉變為像六月那樣陽光照耀，我跳起來，清理我的小衣櫥抽屜，如此來驅除睡意，跟以前一樣振作精神，回到桌旁。哥倫比亞廣播公司一個很可愛的女人卡絲琳·柯拉文斯今天下午訪問我，她很有趣地談到她身為廣播員的工作。當我獲知我們兩人都喜愛「美」、「旅行」和「狗」時，我就知道我們彼此很了解。她的五隻白色絨毛狗依偎在她腳旁時，想必是多麼迷人的畫面！我們兩人都認為生命是一場美妙的遊戲，並決心要玩到終了；我們相信勇氣是治癒每種悲愁的靈藥。柯拉文斯小姐以溫柔的巧妙語氣問我：沒有「老師」在身邊，我生活其中的世界是什麼樣子？她很明智地了解到我的愛之沉默：我只說，從我早晨醒過來的時刻，到我夜晚躺下來時，我心中都有一種永不停歇的痛。

波麗和我今夜看到了赫伯特五分鐘之久，我的精神處在十分崩潰狀態。波麗注意到，赫伯特像極了「老師」在世最後幾天的樣子，不禁哭出來。我很擔心赫伯特心情會很沮喪。我時常聽到有關大手術和所要忍受的痛楚方面的事，但真正情況令我很驚駭。赫伯特只能經由血管吸收營養。我小心地撫摸那一點一滴餵食他的管子，他的身體要六小時才能吸收液態食物。他唯一康復的機會是：身體經常都保持在很強壯又健全的狀態，又有很好的衛生習慣。我知道「老師」多麼愛他，就對他說，他必須為了「老師」、為了波麗和我盡力好起來。

三月十二日

在牙醫那兒待了一小時，早晨其餘的時間待在商家購物，回家吃午餐……

還有另一幕要在我們的日本之行戲劇中演出。檀香山方面邀請我在國會為夏威夷的盲人發表演說，我將表示同意，因為船在那兒停留一日。

希拉姆先生寫給我一封長信，回應我的信。這意味著：等我可以空出一小時，就要進行另一場戰鬥。

波麗下午兩點要動身前往史崔特先生的辦公室時，口氣含糊地說道，「那可怕的所得稅！申報表必須在十五日星期一準備好，如此把我想給妳和其他人的寶貴時間剝奪掉了。」我處於同樣的困境——我甚至還沒有為我要在日本發表的演講理好思緒。

今夜有一隻可憐的小黑貓來到我們的後門，牠不斷哭著；波麗讓牠進來，試著餵牠牛奶，但狗兒們幾乎瘋狂地吠叫，貓很緊張，波麗只好又讓牠出去到外面的冷天中。

三月十三日

今晨下雪，讓狗兒狄利亞斯和梅妲很高興，牠們喜愛在從「冬之翼」掉落下來的白絨毛中打滾。

謠言漫天飛，糟蹋了我對於日本之行的興趣。一個朋友寫信說，她聽說我們要到土耳其，這是連我們自己也無法了解的。

「醫生」和巴爾妮特別要我們這個週末到他們位於賓州的農場度過。我們本來很喜歡：這會是我們的演講開始前的一點點可喜的娛樂。但我們不能去，目前我們心頭上有太重的負擔。

赫伯特繼續在生死關頭掙扎，而離我們前往舊金山的日子只剩十二天了。

三月十四日

波麗和我在吃早餐時，往昔的孤獨感襲我而來，讓我受不了，我禁不住說，「我永遠、永遠無法習慣這間沒有『老師』在的房子。」

「我也是，」波麗回答，「沒有了她，這間房子整個二十四小時中沒有一會兒似乎像我們的家。」

「不知怎麼地，這間房子似乎不是她的生命的一部分，」我繼續說，「這樣就增強了我的肉體與靈魂之間的分離感。『老師』的真正自我跟我們生活在一起，然而卻永遠不曾生活在這間房子之中。她的『人格』之家是在倫桑姆；我所無法控制的一種力量把我的思緒轉到在那兒的她。只有她受折磨的可憐肉體寄居在這兒。不！甚至在我最孤獨的時刻，我也不希望她回到這兒。無論如何，這種奇異的感覺讓我很困惑……」

今天下午在跟波麗去看赫伯特之前，我穿上在「布雷德雷」所買的那套衣服，認為赫伯特看了會高興。巴爾妮好心用她的車子載我們去，跟我們一起進去。注意到赫伯特的情況有明確的改善，我心中很感激。餵食管已移去，他能夠很清楚地講話，他的手不像星期四晚上那樣無力。他說，「我不久就要回家了。」然而，他必須有兩個月的時間非常小心。

在回家途中，我們經過兩座湖，是「博覽會」的一部分。波麗的手興奮地揚起：「哦！海倫啊，它們已經帶來這麼多海鷗了！有點像康沃爾的路爾湖——妳記得那些海鷗如何催『老師』入眠。」

晚餐前我完成了很多工作，把要在日本發表的八、九篇演講整理就緒，這樣對我以後很忙碌的兩週會有非常大的幫助。

真舒服——坐在起居室中的火旁，吃星期日例行的三明治晚餐，狗兒浴在火的暖氣中，外面下著雪。

狗兒溫蒂幾乎康復了，牠的小狗們一天天長大了。

三月十五日

九點四十五分到牙醫那兒。天半下著雨，半下著雪，風很強。我在離開房子之前關上窗，感覺到凍雨敲擊著窗玻璃。冰冷的風在玻璃上所造成的振動，感覺像是一隻大鳥的嘴喙在輕啄著。腳下感覺很糟。我很高興有了毛外衣，雖然太重，不得已才穿。它相當有助於我多次冬天長程坐車，因為我無論晴雨都要來回坐車去參加盲人的聚會，但那種日子已經過去了。前天我穿上格拉斯哥外衣，這件外衣除了很暖外又不笨重；我當時發了脾氣，因為波麗說，衣服看起來很邋遢，我不能穿著它到城鎮。（我稱它為格拉斯哥外衣，因為是我幾年前在格拉斯哥買的。衣服有很好看的毛領，讓我感到很愉快。）之後，我為了讓像這樣的小事傷害到我的好性情而譴責了自己一番……

晚餐後，我們坐地鐵到紐約去見伊莉莎白·本恩的朋友亨特少校，他在那艘將於六點半停泊的「卡雷多尼西號」船上服務。船和我們同時到達。少校似乎真的很高興看到可以講話的人；他說他很孤獨。我觀察到他情況很不好，心裡感到難過。我們到「賓州旅館」，努力要讓他感覺稍微自在一點。雷斯利在吃飯時加入我們的行列；少校說出我很高興聽到的有關本恩夫妻的消息。他談到毀了他的健康的世界大戰，以及軍人所苦於的失眠。他看不出有脫離另一次世界性衝突的途徑，對這一點他顯然很沮喪。雨整天沒有一秒鐘停下來，我們在十一點半回家時大雨傾空而下。

三月十六日

從上午九點到中午都在《紐約時報》攝影室接受拍照。我的日本行需要很多照片。瑪麗恩（Marion）㉔的可愛微笑、比爾（Bill）㉕的愉快逗弄，加上一位記者要有關我在日本的工作的詳情，有助於我以敬業的精神面對鏡頭。

「老師」和我過去多麼時常到《紐約時報》大樓去接受拍照或訪問！那兒的每個人都多麼美妙地了解「老師」和我在工作方面的默契，以及從她的心靈中閃進我的心靈中的智慧亮光！「老師」那激勵思考的談話以及快速的笑聲，時常在那間攝影室中釋放出來。

波麗和我在攝影室時，芬雷醫生走進來，以那隻深情的大手——那看不見的愛——向我致意。「如果芬雷醫生和海倫一起合照會多麼棒啊！」瑪麗恩說。芬雷醫生跟我一起照相，我確實很自傲！自從我在年輕時代跟他見面以來，他的友誼就是我為盲人所做的努力中的珍貴支持力量。他的興趣範圍非常廣，不斷有人找他，視之為從事建設性美好工作又努力爭取認同的台柱人物，在這種情況下，他還是隨時準備把字語的亮光送進盲人的黑暗中，真是令我驚奇。那種寬宏大量的情操和同情心，從他的內心的無止盡寶庫中流瀉出來，好像是拋置在公路上的財富。它們不只是對慈善事業的一種貢獻，也以信念豐富了我們的生活。他看出並顯示那隱藏在人與物中的善——只有不凡的心靈才能覺察出這種善，並且幾乎沒有人具備資質，可以以有趣的方式把這種善呈現在眾人不留心的眼前。所以，芬雷博士在講台上以及經由《紐約時報》為了和平與國際友好所發揮的影響力，在他的時代烙上了印記，為紐約的人道主義活動提供了特別的光采。

《紐約時報》無數次在言詞流利的社論中，在有關我們的聚會的敘述中，在用語巧妙、使得大眾心目中認為問題很急迫的呼籲中，為我們高舉著盲人的大纛。

波麗和我帶瑪麗恩到「沙爾迪」吃午餐，在那兒進行了一次安靜、舒適的探訪。由於我們這個冬天沒有看到瑪麗恩，所以我們有很多關於國外之旅的事要告訴她。她談到「老師」時說道，「海倫啊！我跟妳一樣感覺到，妳的這位親愛的人兒並沒有離開妳。『老師』只是走在較前面的地方，為妳照亮一條到達新目標的路，這就是妳沒有看到她的原因。」沙爾迪先生和他的妻子表現出義大利人的真誠向我們致意。

在牙醫那兒待了半小時，然後到「本德爾」商店，歷經三小時的折磨，試穿、試戴晚禮服、帽子和鞋子。但這種折磨卻調和以店裡的女孩表現出慈善的態度幫助我們，以及我們非常幸運發現了我想要的簡單、涼快、柔軟的夏天禮服。每個人都喜歡我，特別是當我穿著一身加勒比海藍巴里紗服裝的時候。

忙完事之後回家，我們累得要命，但我們知道赫伯特在等我們，所以吃完飯後又到醫院。

㉔原註：即瑪麗恩．摩根（Marion Morgan）。

㉕原註：即威廉．佛利色（William Freese）。

他的情況不像星期一那麼好，我擔心他會在經歷一些折磨之後才確實康復。

三月十七日

今天早晨要大量處理電話、信件、還未寫的信，以及未兌現的書和照片簽名承諾。我收到克蕾梅、巴哈夫人一封可愛的信，感謝我送給她一本有關「老師」的書㉖，以及寄給她的我的照片。還有一封信是留維斯．B．張伯林博士（Dr. Lewis B. Chamberlain）寫來的，他是為盲人出版《約翰．密爾頓雜誌》以及為盲童出版《發現》的「約翰．密爾頓基金會」的總裁。他要我幫助《發現》籌募基金；《發現》是為年輕人帶來心靈歡悅的聰明又具提示力量的小信使。很遺憾，我必須婉拒，因為我要花所有時間和精力為「美國基金會」募款。

一位討人喜歡的日本女子前野夫人今天下午來訪。她是東京一家盲聾綜合學校的校長，正在造訪美國的盲人學校，學習如何把手工藝教給日本盲人。她的丈夫本來在東京經營這間學校，去年去世，她很勇敢地承擔起他的工作。她不會講英文，但有另外兩個日本人陪著來當翻譯；她所說的話充滿美妙的智慧，讓我很著迷。她穿著結婚禮服，認為我會喜歡看到一位日本新娘。衣服觸碰起來感覺很豪華——一層又一層的絲綢，柔如花瓣，閃亮著各種色彩。她繫著一條絲製寬腰帶，握著那支小刀；根據日本的習俗，她曾在結婚典禮中，把小刀放進丈夫手中，我相信這支刀象徵家與純潔美德的保護力量。

前野夫人送了我一些禮物。其中一件禮物我可以感覺出來——是她根據日本天皇有時會騎的白馬製作出來的英姿模型。波麗為我描述另一件禮物——是前野夫人複製自日本名畫《櫻花宴》的絲綢畫，畫的是衣著華麗、坐在草地上的年輕女孩，其中一位在彈日本箏，另一位在唱歌，其他女孩在開滿玫瑰色花朵的櫻花樹下跳舞。她也以精緻的圖畫般文字為我摹寫天皇所說的兩句話：

「擔子很重，但我會為了國家而承擔。」

「雖然我無法跟其他人一起賽跑，但我會走正道。」

我問前野夫人，她的國家中有多少聾盲人？如果我的記憶沒錯的話，她回答說：「大約十萬聾人和六萬盲人，其中只有四千人接受教育。」

她很深情地請求一件事：我們彼此祈禱，努力要向所有殘障者伸出手。

今天晚上，波麗和我跟赫伯特待了半小時。波麗說，他看起來活潑多了，我也知道他的手比較有力。他急著要回家，而我擔心他會努力要比應該的時間更早回家——在我們前往舊金山之前。

㉖原註：即《安妮・蘇利文・梅西，海倫凱勒背後的故事》一書，妮拉・布拉迪（Nella Braddy）著。

三月十八日

今天早晨的陽光像五月份，我把書房的暖氣關掉，一直到現在才又開。狗兒梅妲和狄利亞斯在草地上打滾得很過癮。地上的雪已融，所以牠們進到房子時，看起來像小泥丘。波麗和雷娜盡力除去「泥濘的衣服」，但牠們的長毛黏著看起來像樹根的草皮，我都認不出牠們了。

今天下午，伊色兒．佛利曼、她的侄子腓特烈和他美麗的妻子以及他們的小女孩佳布莉爾跟我們一起喝茶。我以特別快樂的心情歡迎他們，因為在我兒時，「老師」和我常去拜訪住在靠近波士頓地方的伊色兒家人。艾德華．伊維雷．霍爾醫生那時還在世。我很喜歡回憶一件事：當我們在玩遊戲或說故事時，他會順道來訪。我們長大後，我很少看到伊色兒，但我們的友誼歷經幾年還是很甜美。今天，我很快樂地想到我們的年輕時代。我們記得有一次是春天的時候，我在雷克利夫學院念書，我們一起有了一次愉快的史密斯學院拜訪之行，也記得一九一四年一個晚上我在南安普敦演講，遇見布利爾克斯先生。伊色兒仍然很想知道，布利爾克斯先生和我是如何設法彼此了解對方：他不講英文，而我只能稍微用法文敷衍。然而，當我努力說我很尊敬他，視之為一個真正的英雄，打破社會對性與衛生問題的拘謹沉默，他都說中了我的意思。我也宣稱，他和蕭伯納一定會推翻很多象徵「無知」和「懦弱的做作」的巨人。我告訴他說，我身為年輕女人，堅持公開討論新生兒目盲的原因及其補救方法。

伊色兒告訴我說，她在「旅途終點」這個機構時是多麼快樂。她在那兒時繼續在每個夏天提供窮人假期，讓他們出外到田野和森林中。她也畫畫和寫作，我聽到她說最近開始學習捏陶，並不驚訝——她總是在培養新的興趣，我很喜歡她剛完成的一個很可愛的小孩頭部，她對於狗兒赫爾佳很溫柔，這隻金色的丹麥狗舉起爪要她愛撫牠——賜給牠一種特別的恩寵。

「妳和波麗在從日本回來後，一定要來『旅程終點』，」伊色兒說，「這樣妳就會認識我這個人的另一部分，我會捏赫爾佳的模型。」我將會帶著很強烈的快樂心情期待這次令人舒適的拜訪。

今天晚上跟妮拉在花園城吃飯，談話的話題轉來轉去——包括我們認識的人，「不屈服的雷穆斯」（是狗兒梅妲所生的一隻小狗，我去年十一月送給妮拉），以及電視。我問她的丈夫奇茲，他對於以太的神祕的探究到達多大的程度，但卻聽到他說，很多科學家不相信有「以太」這種東西，他們不知道什麼媒介光會穿過太空。當我再有空讀科學書時，我想知道我會發現多少有關宇宙的理論「已經隨風而逝」……

「達波德．多倫出版公司」的毛爾先生和他的妻子在之後進來，我們談得很愉快。毛爾先生很親切的說：「達波德．多倫出版公司」對我感興趣，我聽了很高興。他討論出版新版《中流》一書的計畫，然後提到我們兩人從希拉姆先生那兒所收到的大量信件。他確知，如果我詳細回信，希拉姆先生會繼續以郵件為自己辯護好幾年之久。他建議我簡短地寫說，我已把事務上的細節轉給我的美國出版社處理，然後就結束這個話題。毛爾先生非常慷慨地說，就算他不同意我對俄國和其他問題的見解，他也會站在我這一邊。他認為，希拉姆先生會信守承諾，不再出版《中流》，但這一點他也無法確定。「妳知道，德國人可能把契約稱之為片片的紙，就像他們對條約也這樣稱呼——我們最好有心理準備，去面對令人驚訝的不快事情發生。」

妮拉為我拼出對方所說的所有話，讓波麗很寬心。妮拉激起我對讀《飄》（*Gone With the Wind*）一書的欲望，我將在旅程中讀這本小說。我們各自問對方是否認識某一位作家，結果兩人都很遺憾地說沒有。然後我們約定：如果我讀希格麗．翁色特（Sigrid Undset）㉗的作品，妮拉就讀努特．哈姆笙（Knut Hamsun）㉘的作品。這表示，有一天我們會有彼此交換意見的美好時光。

三月十九日

貝倫斯醫生對於我的眼睛迅速改善感到很高興。我們從他的辦公室匆匆趕到牙醫那兒，之後在「聖雷吉斯旅館」跟愛迪絲．古柏吃午餐。她有最近到墨西哥旅行的有趣事情告訴我們——雇農的無知令人難以相信；他們每年送十六億披索到羅馬；人們崇拜基督教的聖者，但也崇拜阿茲特克神祇；墨西哥嬰孩是多麼美……

在「本德爾」商店待了一小時，然後到「邦妮．麥克李利的工作室」。邦妮．麥克李利完成了「老師」的手的雕塑，認為這會讓我感到很舒慰。這是由一位真正的藝術家所創造出來的針對「老師」的動人讚詞。我盡可能鎮靜地從暗示「愛」的L字母去觸碰手、拇指和食指的優美輪廓。我在手掌中追尋每一個非常清晰又真實的線條——好像是從死神的無情波浪中攫取的一種相似性。我禁不住像以前一樣感到心傷；眼淚落下來，講不出話。讓我很困惱的是，我無法以更適當的方式感謝這位藝術家，雖然她已經真誠地努力要表達一種動人的想法來安慰我。

今夜我很高興發現赫伯特的情況好很多——波麗說，他看來已經在相當程度上恢復到以前的樣子。

三月二十日

我整天準備日本之行的演講，包括不斷練習。這樣的話，無論「老師」在哪裡，她都不會感覺到自己的辛苦完全白費工夫。我就像一個沒有手杖的跛子，非常悲傷地想念她在發音和聲

㉗譯註：挪威小說家。

㉘譯註：挪威小說家、戲劇家、詩人，一九二〇年諾貝爾文學獎得主。

音品質方面的巧妙忠告，但波麗正在盡最大力量使用她健全的耳朵來保存我的演講。

我感動得流淚，因為有另一大批信件湧進來（波麗已經將它們謄寫好），其中有捐款，反應我去年十一月為「美國基金會」所提出的呼籲。有很多沒有什麼好提供的人表現出明確的真誠之情說，如果能夠的話，他們會樂於提供更多。那些喪失妻子、丈夫或朋友的人說出了很溫和的言語。一個女人寫道，「親愛的海倫凱勒，我知道妳的心就像我的心一樣，為妳所愛的人呼叫，而我們唯一的安慰是：在這個世界中盡我們所能做好事。」另一個女人（她不是靈媒）相信，她能夠與另一個世界溝通，希望可以提供這種可喜的能力做為她的禮物。有一位捐款者是聾子，另一位則苦於失眠，還有一位患關節炎；所有的人都說，一旦探究某種黑暗狀態，他們就會對那些為陰暗所監禁的盲人感覺到同志之誼。無論那些世故的人如何貶低人類，他們就是無法否認展現在我眼前的有關人心之善的無數美麗故事——故事之中閃現著浪漫之情、冒險精神以及如下的預言：有朝一日人類將臻至我經常很興奮地瞥見的高貴境地，且保持它於不墜狀態中。

今天晚上我們大約五點從醫院探訪赫伯特回來，波麗突然在門口停下來。「海倫啊！哦！海倫，有一隻鳥兒唱出那麼可愛的歌。」鳥兒一直在一株長春籐上不斷鳴囀；不知怎麼地，我們感到很興奮，好像我們在房子之中發現了「老師」……

三月二十一日

通常我都在星期日休息，但這一次演講的事佔據了我的每一刻時間，因為我知道我們要在今天下午離家。

「上帝的聲音」特別動人——它經由我今天早晨所讀的「以賽亞書第四十章」對我說話：「你們要安慰我的子民，要安慰我的子民」。每個星期日，我的內心都為大群的人呼叫，他們在辛苦的日日夜夜之中，都承擔著沉重的焦慮，內心無法振作起來。但今天我比往昔更強烈地經歷到這種情緒，因為我讀到消息說，美國有很多年輕人犯罪，有工人們在為生活掙扎時失去了信仰。我很高興，史坦利．瓊斯醫生（Dr. Stanley Jones）已經組織了一個工作團，要把教會團結在一起，更緊密地一起辛苦努力工作。無論工人可能贏得什麼利益，如果他們要讓自己的心靈堅強，要維繫國家的理想於不墜，則他們一定要擁有更充分的精神財富。物質的貧窮可以且必須消除，但總是會有很多心靈貧瘠的人，需要有和平的狀態來改善他們的日常例行工作，需要有抱負來豐富狹窄的環境，需要有明燈來照亮介於此生和「永恆」之間的黑暗。

米格爾先生今天下午待在這兒。他談到我們這次的旅程，說他希望總統可以寫給我一封信，傳達美國對日本的善意信息。我很興奮地想到，這會是多麼美麗的姿態，但我體認到，首先必須取得國務院的准許，而結果必然是不確定的。

米格爾先生也討論明年十月要開始的一次活動的計畫，是要完成「捐贈基金」，讓「美國基金會」有獨立的能力服務全國的盲人。我告訴他說，我早就準備好；除非籌募了第二個百萬元，否則我不會安心。他說他認為此事可以完成——願上帝祝福他！

在下午四、五點之間，波麗和我去參加留維斯夫婦於「格拉梅西公園」的公寓所舉行的茶會。（「湯瑪斯・潘恩紀念碑學會」是透過留維斯先生，要我在潘恩的雕像揭幕時在巴黎演講。）在客人中，我很高興又看到李莉・拉・努克斯。我預期一九三六年會有這種榮幸，我希望屆時我們可以在法國南部聚會。蘿希卡・希溫墨在場；我是在愛因斯坦教授於一九二八或一九三〇年發表演講的和平會議中見到她，並聽到她發言。我被介紹給聲音豐潤、騷動靈魂的夏洛蒂・倫德（Charlotte Lund）。她唱〈離別〉一曲，悲愴的反覆句「我給了妳一朵玫瑰，但，哦，妳取走我的心！」柔和地混合以我每日的感覺：最親愛的、最激勵我的力量，已經從我的塵世生命中消失。我很驚奇地發現了我多年沒有聽到消息的一個朋友——以前在威斯康辛大學教心理學的約瑟夫・雅斯磋羅教授。他的名字多麼愉快地把我帶回到我在讀「學院」時「老師」和我在倫桑姆的沃洛莫拿波湖上一間小屋度過的那個夏天，以及他那一次的來訪。我在微笑中想到他當時問了無數有關我的心智運作過程、官感和夢的問題。他是以迷人又多變的方式問這些問題。他已學會了手操字母，以便跟我更自由地交談。我以後在《我所生活的世界》（*The World I Live In*）一書中所寫的很多內容，都要歸功於那些充滿幽默感的討論過程。

波麗和我見了雷伊（Leigh）先生，他是一位藝術家，在「亞歷桑納沙漠」度過了很長的時間。他告訴我說，對於畫家、詩人和作家而言，那兒是一個多麼美妙的地方。我談到一九二五年的那一天，一些朋友和我去造訪哈羅德．貝爾．萊特（Harold Bell Wright）㉙的房子，房子是由在「亞歷桑納沙漠」撿拾的大石頭建成，離吐斯孔有幾小時的行程。萊特先生不在家，但有人帶我們去看古趣的石頭壁爐，以及萊特先生在一張皮桌上寫作時所坐的那張安樂椅，還有各種印第安人古玩。我知道雷伊先生在納瓦荷印第安人之中度過幾年的時光，就要他告訴我一點他們的歷史。有人不斷來跟我們講話，所以很難持續說話，但我還是聽到迷人的故事，是有關拿瓦霍人、霍皮人以及其他所謂的「印第安」部族的故事。他們在兩、三千年前划著獨木舟從亞洲——一個古老的文明國家——渡過白令海峽，到達一個未為人知的大陸。令人訝異的是，我在學生時代從不相信以下這個古老的說法：東方人被暴風雨所迫，越過太平洋，安頓在美洲。他們坐在那些古老的年代所建造的簡陋小船中，如何可能行駛那麼遠的距離呢？雷伊先生也談到從格陵蘭伸延出來，穿過南美到荷恩角的馬雅帝國。我以驚奇的心情想到這樣廣大的版圖，以及此時留在美國、不斷減少的幾千名印第安人。然而，雷伊先生卻認為，印第安人不會消失於南美或墨西哥，特別是他們正在學習開明的治理觀念。「誰知道呢？」我沉思著，「他們也許是聖經中所談到的『少數殘餘的人』，將引導白人走在整個西半球的唯一和平與真正進步的途徑上」……

蘿希卡．希溫墨爾和我談到軍國主義顯然到處獲勝。我希望羅斯福總統有關美國人之間更

㉙譯註：美國暢銷小說家、散文家。

加團結的計畫，可以促成建立世界和平的任務。蘿希卡．希溫墨爾說，我們需要另一位湯瑪斯．潘恩，具有不可抗拒的說服力，闢出一條世界各國聯盟的路，使得任何國家都不可能不經其餘國家的同意就亮出它的戰鬥武力。啊呀！我們何時才會有這樣一種理想的人類機構呢？這個拯救人類的日子現在真的似乎很遙遠。

大約下午六點，波麗和我與貝絲．赫伊見面；她來「森林山」度過晚上的時光。跟她有一次親密的談話真好；她以前總是對「老師」很親切。我第一次能夠在談到「老師」在世的最後日子時不會全身發抖，但我還沒有勇氣在日記中回想那些令人痛苦的細節，雖然我認為這樣會讓我的內心免於夢魘之苦：當我的注意力沒有專注在一件困難的工作上時，夢魘就會降臨。貝絲告訴我有關她的家人的最新消息——就是在丁格沃地方的赫斯家人，我們以前時常去探訪他們。當我們在回憶中漫遊羅斯郡時，通常都會有一股思念的浪潮襲我而來。特別令人感到悲傷的是，「老師」在接近終點時曾在我的手中拼出以下她的心意：「讓我們回到南阿坎的『老農屋』吧；也許我能夠發現妳在那些金色小巷走來走去時充滿妳心中的那種平和氣息。」

三月二十二日

我在五點起床，知道我將整天不在。巴爾妮在八點鐘開車來接波麗和我。我們先到辛斯德爾醫生㉗那兒，然後波麗想起另一次約會。約會已來不及取消，使得她無法帶我到牙醫那兒。我們打電話給安德麗亞，由她帶我去。她非常親切，把牙醫的指示告訴我，這是我無數次的幸運時刻之一，因為雖然我比較喜歡手操字母的方式，但這一次可以讀懂別人的嘴唇。

安德麗亞和我與波麗會合後，我們逛了一下。在某一個地方，當我把手放在櫃檯時，手指接觸到人造花，其栩栩如生的精緻特性讓我很驚奇——山谷的百合、秋牡丹、水仙花和長壽花。我記得在佩皮斯（Pepys）的日記中讀到一則記事：他看到一張畫，是一個花盆中的一種植物，植物看起來很真實，他必須用指頭去觸碰才相信那只是一張畫。我在微笑中想著：只因花沒有氣味，我才免於被騙。

跟妮哪・羅德茲吃午餐。自從那個傷心的時刻之後，我就沒有再見過她。當時她走進「老師」在昏迷中躺著的病房，溫柔地愛撫著她不曾親眼看過的「老師」的臉，然後把我抱在她懷中，激動地說不出話。今天，當妮娜跟我打招呼時，她似乎從來不曾那樣散發出青春心靈的亮光。到那間公寓拜訪她總是一件賞心樂事。那間公寓擺滿幾乎所有類別的點字書，她已花了七

㉗原註：伊雷・辛斯德爾醫生（Dr. Ira Hinsdale）。

十年中大部分的時光快樂地與它們為伍。我們一起笑著，回憶往昔時光：她和我臂挽臂走在紐澤西海岸她的夏日別墅的圍籬廣場中，在冗長的辯論中消磨幾小時之久；我很喜歡她，因為她表現出寬容的可愛模樣傾聽我說話。

雖然我仍然像亞當斯㉚家族一樣有好辯特性，但卻越來越不喜歡這種特性了。這使我很強烈地想起一支劍在適當時間也在不適當的時間出鞘。不是每個人都像妮娜那樣表現幽默的好脾氣面對這種特性。雖然她的保守主義堅如磐石，但當我們討論激進主義時，她不曾輕蔑地駁回我所說的話。今天下午她說，明年冬天她要送我一本列寧傳，因為這本書的作者很真誠地努力要去看到這個讓人困惑又多面的人的每個面向。一小時後，她在服裝師那兒跟我們相見，跟我們一起開車回家，這樣她就有更多時間看到我們。她無法留下來喝杯茶，我感到很抱歉。

我帶著恐懼的心情、顫動著身體準備我的演講（一共也許會有十篇或十二篇），直到吃飯時間以及之後。我的心如擊鼓一樣跳動，因為我不知道我的演講能夠達到多好的程度。如果一個人有一大堆的工作要做，使他無法像應該做的那樣每天練習一小時半，而到了夜晚就算他非常有心，疲倦也會把他擊倒，那麼要努力把他的演講保持在一個特別的標準上，是極為困難的。

三月二十三日

又是在五點起床。跟我們一起睡的狗兒梅妲，把牠那可笑的短爪放在我的膝蓋上，好像在說，「妳為何在這樣一個前所未聞的時辰工作？光線太暗，我無法看到妳，除非是用我的鼻子。」巴爾妮很早就載我們到城裡，因為我們希望如果可能的話在今天完成我們的差事。

波麗和我匆匆趕到「巴特利公園」去處理她的護照的事，然後到海關，她和人員在那兒進行慣例的詢問與回答。我們處理好我們的票，及時到達「鄰居」餐廳，我們已經邀請安德麗亞．留維斯夫人和她女兒柯蕾與李莉到那兒吃午飯。地方很擠，不容易進行談話，但安德麗亞在四周散播自在和愉快的氣息，我們午餐吃得很愉快，雷吉．亞倫進來，以「老師」所喜愛的燦爛、青春微笑向我們致意。如果「老師」在，她會多麼熱烈地跟他談笑啊！她會對他身為「費城交響樂團」經理的非凡生涯多麼感興趣啊！另一個驚喜是：在另一張桌子那兒看到了亞歷山大．吳爾柯。他說他會試著明天下午來訪。

我很高興，同時當我發現赫伯特在家時，又擔心他會工作過度。他說，醫生「非常好，讓他回來，讓他可以在我們離開時聽到我們最後的指示，」但醫生堅持赫伯特必須坐救護車回去。我們請了一位看護羅倫夫人，她去年十月曾跟「老師」在一起。

㉚譯註：海倫凱勒全名是海倫．亞當斯．凱勒（Helen Adams Keller）。

正當我仍然忙著準備另一次演講時，那本無情的記事簿警告波麗和我：我們必須在五點三十分到色波特醫生那兒接受檢查。他很滿意我們的健康狀態，但非常真誠地對我們說重話，勸我們不要太過持續工作以及過度興奮。

今夜我將工作到午夜，收集好我旅行時所需要的文件和筆記，絕對必要！

三月二十四日

我再度違背醫生的誡律，從早上五點工作到現在晚上十點。又完成了五篇演講，等著要背起來，加以練習。波麗和我在經常的打斷和電話鈴響之間辛苦工作，處理完無法等的信件。收拾好三個扁衣箱以及十幾個箱子，因為需要用它們來裝大量文件和裝前所未有的社交和演講場合所要穿的各種衣服。這可真是艱辛的工作。

赫伯特身體仍然虛弱，但他以強調性的拼字法宣稱：回家對他而言比任何的藥更有用。今天早晨，我剛好看到他斜躺在床上，為我們的行李寫名牌——赫伯特就是這種人。我盡可能強烈地責罵他，同時又不會對一個病人表現得太殘酷，他笑著……

狗兒狄利亞斯在我每次下樓時都追著我跑，緊緊黏著我，我每走一步幾乎絆倒在牠身上。

牠是一隻膽怯的狗，以前不曾這樣。我很確定，牠知道我們明天要離開。赫爾佳也阻擋我的路，一跛一跛地走著，推著我，要引起我的注意。我一陣哽咽，心中想著有一五〇天的時間我將離開世界上最有愛意的狗。可憐的溫蒂，牠又有兩隻小狗死了，不知道其餘的會不會活下去，也不知道牠何時會從獸醫那兒回來，我非常不喜歡沒有給牠一個再見的擁抱就離開牠……

如果可能的話，我要取得杉本夫人的《武士的女兒》一書，在前往舊金山的途中閱讀。我已選了《飄》一書在旅途中閱讀，這本書將是我所喜歡的既輕鬆又嚴肅的讀物。

三月二十六日，在從紐約前往芝加哥途中

回想起來，昨天可真讓我喘不過氣，黎明時，我整理好兩個箱子，然後波麗開始趕進度，檢視未完成的工作，為六個月的不在所要做的事做個收尾。我們在我的書桌旁吃早餐，以免被人打擾，一直到吃午餐才離開書房。

巴爾妮來看看能夠為我們做什麼事。她加入羅倫夫人和雷娜的行列，收拾衣箱和手提箱。我們沒有一會兒的時間給予她們指示。因此，我們不知道她們把我的東西放在什麼地方。現在我們正在花無止境的時間，在「二十世紀有限公司」的擁擠客廳中重新檢視所有的行李，但想

到她們很渴望幫助我們，我們內心就感覺到一陣感激的溫暖……

下午四點鐘時，波麗和我還在工作。其他三個女人要我們停下來穿好衣服。巴爾妮的手和我的手在比快，我們一起鎖了我的打字機，把點字寫作機放進原來的盒子中，把餐桌整理乾淨。如果我在忙亂中忘掉東西，一直找不到，我也不會驚訝。

我們說再見時，赫伯特哭出來：這不是他的本性，而是純然的身體虛弱。下樓時，我把狗叫來，拍拍牠們，表示離別。赫爾佳和梅妲有所回應，但可憐的小狄利亞斯就是不來，巴爾妮把牠抱在懷中，我愛撫牠時，牠看起來多麼悲傷啊！我很想知道牠是否忽然變得很聰明，看到行李被帶出房間，知道牠的兩個女主人有很長、很長的時間不會回來。

女人們以親吻和擁抱的動作簡直把我們推出房子，雨傾盆下著，她們擔心我們可能會耽擱時間，趕不上火車。箱子塞進巴爾妮的車中，幾乎沒有一呎的空間可以坐。巴爾妮焦慮地穿過擁擠的車陣；由於我們很緊張，就認為交通每個時刻都變得更糟，我們不敢看錶，唯恐會崩潰。

在車站時，一群人聚集在我們四周；當小手把一束可愛的櫨子花別在我的毛皮衣上時，我感覺到它們顫動著。我問波麗那人會是誰，她說是來送行的日本代表團的一位女士。她們默默站在四周，我在時間允許的情況下盡可能和很多人握手。走上月台時，更多的朋友圍繞我們——米格爾先生、亞美莉亞、雷斯利、李莉、瑪麗恩、留維斯夫人。他們簡直在我們身上堆了很多禮物、祝福以及保重的叮嚀。在火車的階梯上，波麗和我接受媒體拍照，我們幾乎不知道一次獨特的旅行已經開始了。

吃完飯後，我們打開四處散放在火車客廳中的禮物。有各種可愛的東西，對我們說出朋友們愛意的「一路順風」祝福——信件、電報、玫瑰、山谷的百合、水果、蠟燭、精緻的香囊和香水。我做了什麼事，哦！我做了什麼事，值得他們把這麼大量表示親切的禮物塞進我手中？

說起來奇怪，我並沒有像預期的那樣感覺到思鄉之情，反而覺得很舒慰，把沒有獲得滿足的渴望拋諸身後，因為這種渴望每個小時都在一個熟悉但卻透露悲劇性的不同氣氛的家中追逐著我。讓我覺得振奮的是，我將投進一次我不曾經歷過的冒險——有一段時間要生活在一個傳統、習俗和哲學對我而言都是陌生的國度中。只有當日本代表團在「中央大車站」歡迎我們時，我才體認到一個事實：孩童時代那種造訪遠東的夢想已經實現，我興奮得難以入眠。

我喜歡上鋪勝過下鋪。上鋪給我更多的自由，而其彈動具有催眠的效果。但昨夜，車頭也許過分承載著沉重的火車，甚至在夢中震動著我，好像我是果凍，每次它停下來時，都像抽搐般猛然搖動著。

今天早晨我們迅速穿過一片白色的風景。我認為我感覺到了昨夜吹過車廂的冷風，是報紙所報導的襲擊「水牛港」的大風的尾巴。現在太陽照得很溫暖，春天似乎更接近了。

我的內心剛掠過一種想法：這一次，我意識到的翅翼正在把我提升到遠離思鄉之情的境地，並正在為日本之旅投下一種魅力。翅翼告訴我說，平衡在半空中的鳥是一幅象徵安詳與信任的畫，並且似乎有看不見的手在把它向上撐起。這是當我拍動著新翅膀進入一個象徵新機會和新觀點的早晨時，我所經歷到美麗、持續的經驗。

我讀到約翰．尊克瓦特（John Drinkwater）以五十四歲之齡去世的消息，既驚奇又遺憾。他是在力量達最高峰時去世；如果他不這麼早逝，我們是無法衡量他的可能成就的。但是他的戲劇《亞伯拉罕．林肯》與我們同在，是象徵勇氣和理想主義的永恆燈塔。我認為，雖然他不是一個偉大的詩人，但他卻表現出內心的智慧強有力地描述一八六〇年代美國生活的萬象，描述其粗魯的特性及其嚴重的問題，其瀕臨崩潰卻仍然聚集著新力量的民主。他以詩意的印象派手法把很多細節結合在一起——一個手勢、一個片語、一個字母、一個幻象——形成有關孤獨的林肯的一幅畫；閱讀它的每個人將會記得：林肯是服務同胞的美國人，是把衝突和憎意導進新的善意管道中的政治家……

在從芝加哥前往堪薩斯市的途中

今天在芝加哥下車時，我們又面對報紙的攝影機鏡頭。一位記者阻擋我，問我，「妳支持還是反對羅斯福總統？妳贊同他的最高法院計畫嗎？」

我回答說，只要能更確定保護「獨立宣言」中所楬櫫的人民的自由，則任何計畫都是合宜的，並且我希望總統在「最高法院」方面的改變可能證明是有益的。

那位來自紐約、認識我們的朋友華爾特．史各特上校的特魯多夫人，在車站等我們，要帶我們去搭另一班火車。米格爾先生曾寫信給她，告訴她有關我們的事；她對我們表現得非常親切，所以我們感到十分自在，米格爾先生的兒子理查昨天已搭飛機到芝加哥，要祝我們一路順風；他也在那兒了。在轉車的過程中，他們協助我們很容易就完成轉車的每件事！我們以前從來沒有在芝加哥這麼快速地從一個車站換到另一個車站。可以說，這種情況就像米格爾先生在我們的旅程中伸出了手來幫助我們。當我們安頓下來準備坐一天的車到堪薩斯市時，花和糖果又大量堆在我們身上。

我唯願我們能夠在芝加哥待久一點，觀察到我自從一九二三年在此地發表演講的日子以來相信會在這兒發生的那些變化。芝加哥總是讓我很感興趣，因為它有四十哩長的公園、高度的公益精神，以及五顏六色的密西根湖，每當波麗和我有空時，都會沿湖散步。還有那間「布拉克史東旅館」，餐食很精緻，房間很舒適、吸引人。尤其對「老師」而言，這是我們在經歷中西部的演講過程中的糟糕旅館和差勁食物之後，很高興回到了文明。

事實上，當火車駛離城市時，波麗只能看到軌道、工廠大建築，以及貨物場。現在我們正要經過一個個單調乏味的城鎮；我感到至心失望，因為自從我們上次旅行經過這個區域以來，這方面並沒有改善。

我在《點字週刊》中讀到一篇文章：在馬德里四周所進行的可怕戰爭中，反法西斯主義的士兵領軍攻打他們的同胞。那些在國外打仗的人，手中拿著一支兩面刃的劍。這應該是對政府的另一種警告：不應允許志願者到一個分裂的國家去參與任何作戰。我讀到一則報導，情節很激動：那個由為西班牙政府軍作戰的美國人所組成的「亞伯拉罕．林肯軍團」之中，有一半以上的人已經喪命了。

三月二十七日於堪薩斯市

昨天下午，波麗和我再開始做被中斷的收尾工作，一直到八點半才停下來。但我們不介意身體疲累，吃了一餐輕食，急忙把分散的東西收集在箱子中，在頭中發出嗡嗡叫聲和手臂中滿是包裹的情況下，我們置身在堪薩斯市的月台上，在堪薩斯市停留，與布萊遜．瓊斯和艾麗絲．瓊斯㉘度過復活節。忽然，我感覺到「老師」接近我們；這也難怪，因為每次我們越過大陸在那兒停留時，這兩個美麗的朋友都會歡迎和款待我們。時間、距離和幾乎沒有信件來往，並沒有減少她們堅固的情誼。我們無法形容她們如此以好客之情，讓我們兩個孤獨的女人在她們的家中的每個時刻都顯得很有活力。

正當我們晚上十一點要上床時，一位記者來訪，為我們拍照。艾麗絲提供了迷人的訪談，為我們解圍，過一小時後，我就進入了「夢鄉」，「免除了眾人的騷擾」。

由於義大利無法阻止志願軍湧入西班牙，報紙的版圖充滿了火藥味。一切都是多麼枉然啊！英國非常清楚，首先，它應該在義大利還沒有開始入侵之前，採取快速的措施幫助衣索匹亞。英國也知道，如果它表現出堅強的態度，阻止義大利和它自己的志願軍進入西班牙，情況就不會像現在那樣危險。希特勒和墨索里尼都充分意識到他們正在扮演的侵略者角色，然而，他們與英國的關係一下子緊張到臨界點，他們卻表現得很驚奇。他們不應彼此責罵，而是應該運用智力、規劃和平策略，避免征服者和被征服者的覆亡，而凡是稍微明智的人都會害怕這種覆亡的命運。

這個房間是最容易讓我們獲得休息的地方。為了我們將待在這兒的短短兩天，艾麗絲讓我們使用兩間臥房以及一間迷人的書房，讓我們可以在想要的任何時候寫作。啊呀！電話整個早上轟炸我們，我們幾乎沒有寫出任何東西。艾麗絲親自回應每則口信，讓波麗能夠為我讀一些重要的信和文章。她以圓滑和幽默的方式擋掉那些糾纏我們要去參加茶會、聚會或餐會的人。有一個人把事情搞得讓我們全都很不愉快，我認出是她，她幾年前曾寫了一封卑鄙的信，說我疏忽了我的親屬，然後要我寫一篇自傳性的文章，唸給她的英國同學聽。我無論如何不見她。我知道，並說出來：自從我開始接受教育以來，她就不曾對我表現一點點的興趣。她非常不禮貌地告訴艾麗絲說，她之所以沒有跟我聯繫，是因為蘇利文小姐阻止我們兩人見面或通信。這是最可惡的謊言。「老師」不曾認識她，因此不可能對她有恨意。

在這次遭遇之後，艾麗絲仍然表現出微笑、安詳的本色，不讓波麗去回應很多口信，以免

㉘原註：海倫凱勒、梅西夫人和湯姆遜小姐的老朋友。

花費她寶貴時間。

今天下午，艾麗絲邀請一些人來喝茶，包括亞歷山大．吳爾柯的童年朋友德拉吉夫人、《堪薩斯市星報》的社論作家哈斯克爾先生和他的妻子。哈斯克爾先生問我是否記得《堪薩斯市星報》的老闆納爾遜上校（Colonel Nelson）。

「我怎麼可能忘記這個人？最令我感激的快樂記憶之一就是跟他結合在一起的，」我大聲說。「難道不是他那無畏的改革精神打破了人們對兩種導致新生兒目盲的最可怕疾病的懦弱、有害的沉默嗎？」

哈斯克爾先生以很生動的姿態告訴大家，「老師」和我如何到納爾遜上校的辦公室訪問他，讓他知道有關新生兒目盲的事實，以及為了預防此事所應該採取的快速、有效、簡單的措施，還有，這位反抗貪污與不公的高貴鬥士，如何為無辜地註定終生面對黑暗的小嬰兒哭泣。他說，「只要妳針對這個問題寫一篇文章，我都會把妳所說的任何事情登出來。」

我寫出了這樣的文章，因我的幫助而免於眼瞎的人時常感謝我。但卻是這位英勇的上校，以百分之百真誠的精神為堪薩斯市數以千計的人創造出這種福報，再經由他們帶給美國其他地方無數的人。

我上次和這一次度過的復活節，多麼不同於所有其他的復活節啊！除了復活節自身對人類的祝福訊息之外，每個復活節都以一種新的方式為我帶來一種興奮的感覺；當「老師」以一個字語、一次觸碰把我從我所能想像的唯一死亡——沒有語言、目標或信仰的暗黑沉寂——之中喚醒時，我就會興奮地感覺到我自己的復活。一九三六年的復活節像一個憂傷的幽靈走過我身邊。「老師」病得很重，我第一次擔心她永不會好轉。現在，她已不在塵世上向我致意，而那仍然在我心中震顫的痛楚壓制了其他年份的快樂鐘響。但「老師」的人格仍然留下令人屏息的成分——此時此地存在著的奇蹟讓我敬畏、讓我著迷、催促我前進。這種經驗為基督復活的「福音」提供一種新意義：祂與承擔悲愁的凡人共享那種由愛來詮釋的永恆之樂。願祂的存在滴下越來越多的振作精神的甘露，直到束縛和傾軋從所有的人身上解除，而「祂的和平的美」在他們那沒有恐懼的生命中閃亮著！

當我小聲唸著這則禱詞時，我不會忘記明顯存在於每種文明中的令人沮喪的衰退景況。時代已經改變，否定人權的最惡劣專制形態，已經奴役了三個本應該有所進步的民族，他們正讓自己被引進軍備的擴增中，可能導致各地的集體屠殺。他們沒有審慎地評估這種情況，也沒有表現出自尊，只是逕自支持那些公開踐踏自由、踐踏自我表達、與踐踏人性結合在一起的文化的政府。

然而，這些象徵社會黑暗的症狀，並不會令我沮喪，它們只是以強調的方式告誡在「復活」中扮有角色的我們要堅定不移。就算我們所追求的較高理想受到壓抑或被消滅，也只會局部或暫時顯得黯然無光。它們將會經由根深柢固的「神聖」力量成長，因為這種力量會把一些膽怯、單純的崇奉者轉變為向善的建設性力量，在人類的理想和俗務方面都創造出歷史。我相信，就是因為這些理想正在比以前更用力向前推，所以世界才處於這樣騷動的狀態中。它們正在造成其所釋出的各種力量的更強烈對立——貪婪、憎意、恐懼、偏見和不容忍。今日就像開始時一樣——「黑暗籠罩在深淵表面，上帝的『聖靈』在大洋的表面上移動。」亮光終將越來越強烈地照進一個真正的復活節之中，而在這亮光中，我們將看到一種塵世天堂的文明……

我剛在四月份的《讀者文摘》上讀到佛拉格先生論女人之美的文章。他所說的話多麼真實啊！數以千計的現代女人的美都是粗俗、不令人滿意的！她們的抱負是生理的完美，而在追求這種完美時，她們卻使心靈挨餓，抑制了靈魂的成長。真正美的女人具豐饒的心靈、泰然自若的心情、嚴肅討論事情的力量，以及將笑聲結合以內心之芬芳的資質。艾麗絲・瓊斯很難能可貴地擁有這種「散發心靈亮光」的美。

三月二十八日

我們很愉快地跟布萊遜和艾麗絲談到一件事：她們在困境中所交到的很多有才賦的年輕人中的一位朋友荷馬・科雅瑪（這個名字多麼像波斯詩人奧瑪・開儼！）波麗注意到他所畫的亞利桑納沙漠的畫很優美，對他的用色和效果的精緻驚嘆不已。布萊遜告訴我們說，他和艾麗絲給了荷馬一個機會離開位於沙漠中卑微的家，到「堪薩斯市藝術研究所」念書，但荷馬從白人的藝術哲學中幾乎沒有獲得什麼，或完全沒有獲得什麼，又回到原始的環境，因為只有在那兒，他才能享受與「大靈」的真正交流。瓊斯夫妻以一種溫和的哲學態度看待荷馬。他們跟我一樣感覺到，除非人類忠於他們的種族天賦，以及宇宙與他們對話時所使用的語言，否則他們無法對藝術或文明有所貢獻。

中午十二點，瓊斯夫婦帶著波麗和我到佛蘭克·雷吉醫生和他的妻子的迷人公寓，去跟他們吃早餐。雷吉醫生的專長是醫藥地理學。他以很有趣的方式談到他與不同地區和氣候的病人之間的經驗。他說，治他們的病的唯一方法時常是找出他們所住的區域——土壤、他們所喝的水、他們的生活和工作環境。例如，如果他們的水缺少碘，就時常會患甲狀腺腫大，除非在水中放進適量的碘，否則就無法治好病。如果考慮到醫生和科學家努力要在廣大的領域中讓人類免於一度似乎不可避免的疾病，那麼，一個人自己的努力似乎多麼無能啊！

雷吉夫婦有兩隻柴犬爭著要取悅我們。牠們的外表不是在最好看的狀態中——牠們在傾盆大雨中出去散步，長毛乾了之後感覺像是片片裹糖的橘子皮黏在整個身體上，但我喜愛牠們表現出歡樂的友善模樣。

我們回來時雨還在下。現在我必須停止工作，開始寫作，直到進行我們的第三段旅程的時間到來。

三月二十九日從堪薩斯市前往舊金山途中

昨天我還沒有離開之前，芭希亞和露希亞．多麗斯㉙帶來他們可愛的孩子來尋覓復活節蛋，玩著形狀像大鴨子的氣球。我花了幾分鐘的時間注意著他們；當我抓住他們所丟進空中的汽球時，他們都很高興。一個可愛的小孩，四歲大的史坦利，看到我在讀他母親的唇，一點也不害羞地問了有關這次旅程的問題。讓我很驚奇的是，儘管他說話有嬰兒腔，我還是很容易了解他。「妳要坐什麼船到日本？」我說要搭「淺間丸號」（Asama-Maru），他就問這個字是什麼意思，於是我告訴他，這隻船是根據一座著名的火山命名的。「凱勒小姐，這兒白天時日本是晚上嗎？」他問，上仰的臉孔中那種生動的困惑神情真是逗人喜愛。

站在火車旁很難跟艾麗絲和布萊遜說再見。波麗和我感到很沮喪，很像我們去年一月離開「老牧師住宅」時的感受，生命時常似乎只不過是一連串相遇與分別。

火車帶著我們越過堪薩斯市時，亮光夠強，波麗可以看到中西部特色的穀物磨坊和青貯塔。陽光幾乎整天陪伴著我；我的手指在冷冷的打字機鍵上移動時，陽光溫暖我的手指，我一直工作到現在晚上八點半，除了吃中飯和晚餐才停下來。

自從我們今天早晨停在丹佛以來，波麗就看到一次又一次的雪暴，為一陣陣突然出現的陽光所中斷，所有的山脈籠罩在雪白之中。雖然我們非常希望坐飛機到加州，但我們的朋友卻不讓我們這樣做，現在我們了解原因了。讓我們很失望的是，我們要到凌晨一點才會到達鹽湖城。波麗很喜歡再度看到那座堂皇的山聳立在城市四周。

三月二十九日

我們正要越過內華達山脈荒漠。陽光很強，我盡量堅定意志，以免在看到大片荒蕪的粗草、似乎沒有長出任何東西的無止境土地時感到很難過。

更多的山蓋著雪和可怕的冰柱。剛剛波麗告訴服務員說，她可以在雪中看到動物的蹤跡。「不，不！」服務員說，閃亮著白色牙齒，「我一直在這些地方旅行，有三十年之久，不曾看過任何獅子或老虎。」我聽到他對我發出大笑聲，心裡很高興。

「海倫啊！樹！」我可以在波麗的指頭中感覺到喊叫聲。「第一次出現的樹！很小，但在丹佛和西內華達之間一大片荒蕪之後，看到它們真好。」

「春天！春天！」她說。「我的眼睛在享受柔軟、綠色的草。」

㉙原註：芭希亞・瓊斯（Barcia Jones）和露希亞・多麗斯・瓊斯（Lucia Doris Jones），是布萊遜和艾麗絲的女兒。

「鋸齒山脊和松樹在那兒開始出現了，」波麗在一小時後說道。我的鼻孔第一次嗅到來自有生命的土壤的可喜氣味。波麗又做了另一個興奮的手勢：「我正看進一大片松海之中。它們的樹枝交錯在一起，你幾乎可以一路上從一棵走到另一棵。」

「海倫啊！我多麼希望妳可以伸出手臂夠長的距離，碰得到山邊那些毛絨絨的波濤似花朵——李花、桃花和櫻桃花，」她繼續說。「整個鄉村似乎是一大束粉紅、白色和玫瑰色花，哦，那些令人愜意的溪流，在流經沙漠之後，讓人看了不禁興起悠閒的感覺！」

過了沙加緬度之後，火車所停的幾乎每個地方的名字，都讓我回想起為盲人們所舉行的聚會或在舞台上的現身。當時母親和「老師」看到沿著這段路出現的那些開花的可愛水果樹在閃閃發亮，有如在夢境中，她們是多麼快樂啊！那時我感覺到的每種快樂都更加甜美，就因為我跟她們共享。但此時卻覺得多麼令人可望不可及：感覺到她們越來越接近，卻無法把我心中滿溢的新經驗傾瀉進她們耳中，無法在我所進行的最奇異、最迷惑人的旅程中捕捉到她們那種令人放心的言語。當我沉思著自從死亡之幕在她們和我之間落下來之後，我生命中所出現的無盡變化，這個鄉村，而不是日本，似乎成了外國了。

我們剛在柏克萊停留。當初我們第一次經過這條路時，尼德．霍姆斯在這兒見到我們，為我帶來一束「天息花」，花發出一種令人狂喜的香味，滲透我的感覺……

三月三十一日於舊金山（「聖佛蘭西斯旅館」〔St. Francis Hotel〕）

昨夜我突然停止寫作，因為波麗說，「趕快來這另外一邊。那是舊金山新橋——另一個世界的奇蹟！海倫啊，我需要一種新的語言來描述它的華美。它看起來像一片浩瀚的琥珀亮光。」

在仍然因為興奮而顫動身體的情況下，我們下了火車，立刻為記者和攝影機所包圍。另一個日本代表團接見我們，盲人朋友們請求我去參訪某個地方，或者對盲人提供某種信息。我跟平常一樣希望我是一個六人組，可以在只有二十四小時的一天中同意緊急的要求。

兩位年輕的記者幫助我，讓我很感動；他們看到波麗和我只兩個人，就引導我們到渡輪那兒，一路上從奧克蘭陪伴我們到舊金山。其中一人曾有一段時間被雇用去建造連接兩座新橋之間的電纜；他說出評語，讓我在興奮中意識到建造這兩座橋所耗費的巨大勞力。我內心再度充滿那種驚奇感，就是我橫越舊金山灣——舊金山市的靈魂——的時候總是加速我的脈動的驚奇感。我想到一件事很難過：不久之後，那些渡船將不再悠閒地依偎在白天彩色多變、夜晚一片繁華、微微閃亮著山影和巨大建築物映影的海水上。

我們走進旅館房間，發現家具和每個角落都滿是摘自一位朋友的花園的玫瑰、梔子花、果花小枝和連翹。來自國內的另一大堆「祝你們順風」的電報和信件，正是各處的友善心思以及希望我們身體健康、安全回國的祝禱，讓我們感覺到甜美的衝擊力量。

今天可真令人難忘——像是《天方夜譚》中的一頁。今天早晨，波麗在我手中放進一封羅斯福總統寫給我的信。她的手指揭露了總統美麗的善意信息，要經由我傳達給日本的殘障者，於是我們的旅程就具有了一種浪漫的意義。總統的高貴語詞加深了我對那些盲人的責任感，他們仍然等待著整個東方之中的一個朋友。

一九三七年三月二十日，喬治亞州「溫泉」

親愛的凱勒小姐，

我獲知妳回應了代表日本不同協會並由日本政府發起的「接待委員會」的邀請，將於今春訪問日本，發表一連串演講。我確信，妳的出現對那些生活於生理殘障的困境中的日本人，將證明是一種永恆的激勵，並且，妳跟日本那些有興趣於人道主義工作的個人和團體結合在一起——無論時間可能多麼短暫——將有助於促進美好的國際關係所依賴的美日人民之間的友誼和善意。妳很有資格向日本人傳達美國人的真摯情意，我利用這個機會表達我希望妳任務成功……

我很感謝總統寫給我非常棒的信。然後，好像有一種我無法抗拒的力量拉起我的手，寫下以下的文字：

有一件事會是很美妙的：如果有一群男女可以把善意的信息從美國帶到一個仍然在恐懼與憤怒之中摸索的世界。這樣，就算所有的軍國主義者和獨裁者結合在一起，也無法促成另一次戰爭以及戰爭所一定會造成的殘障人數的可怕增加。我悲傷地沉思著：總統這些友善的言詞也許只會成為耳邊風，但世界的和平不能一直只是一種微弱地鼓勵人心的夢想而已。

從「淺間丸號」要停留一天的檀香山傳來很長的電報，為旅程增加了更多的光采。我被邀請到國會演講，以催促議員們為夏威夷的盲人成立一個福利局處，撥出足夠的款項。他們正在安排讓我在一場午餐會中跟「檀香山獅子會」進行一次非正式談話。在那兒負責為盲人工作的葛蕾絲．哈曼夫人先前寫信給我說，在見面後，她會陪著波麗和我到檀香山各地看看。想到這兒我都喘不過氣來！只要再一星期的時間，我們就會看到「威基基的海灘」、火山以及世界上最為人熱心讚美的氣候！

我寫給總統的信確實夾在從早上十點持續到下午一點的報紙訪談和拍照之間。波麗忙於接電話，無法為我被問及的問題進行拼字傳意，也無法告訴我拍照時要看什麼方向。很幸運的是，有一位記者主動要為波麗接電話。他那快快樂樂又有效率的服務，又一次讓我們順利度過這一天在舊金山節目很密集的難關。

今天下午，波麗和我跟這個城市的「基督教女青年會」日本分會進行對話。波麗先問我一些問題，這樣他們就可以習慣我的不完美的言詞，然後，我告訴他們說，我多麼高興正在前往從小就夢想著的國家的途中。然後我談到快樂的心情，以及一些傷心經驗有時動搖我們在這世界上追求「善的目標」的信念。「我們以恐懼和懷疑的心情環顧四周，好像一道亮光突然熄滅，我們被遺留在黑暗中。最初我們很驚慌，但我們內心有著強烈的逃離黑暗的衝力。過了一段時間後，我們感覺到了我們所靠著的那道牆，看啊！有一道我們可以到達的門出現了……我要你們知道，那道在我深陷於憂愁時為我打開的門，就是前往日本的通道。」

波麗為我描述穿著傳統服裝的可愛年輕日本女孩。其中一人表演了兩支有名的日本舞蹈，一支是古代的，另一支是現代的。之後，她讓我觸摸她的衣服以及她所織的仙女似的扇子。她那閃動的雙腳和雙手富有美妙詩意，讓人想起鳥翼和花瓣在風中飄飛。另一個女孩用日本箏彈了一位盲人音樂家所寫的曲子。我坐在靠近她的蓆子上，可以看著她彈奏。我驚奇地注意到，她用指尖上的象牙多麼巧妙地彈動琴弦，美妙的音符像瀑布一樣落在我的手上，像雨滴落在秋葉上！時而，一陣驚人的痛苦叫聲突然從顫動的樂器中響出。聲音揚起時更加尖銳又悲傷，然後回歸到柔和的渴望之情中。她的近處是一座日本屏風，前面是單單一株纖弱的植物；波麗說，只需要這樣的布景就可以強化美與和諧的效果。

他們拍攝我和舞者、日本箏彈奏者的合照，然後是波麗和我合照。在這場聚會後，很多人跟我們握手，有很多話要跟我們說，在離開大廳時，我們都感到十分疲弱無力了，但這並不奇怪，因為我們已經有很長的時間沒有參與大眾生活了。

也來參加聚會的伊兒希・史培利（Elsie Sperry）㉚用車子載我們到她在柏克萊的家，在那兒吃一頓家庭餐。我們越過此時連接舊金山和奧克蘭的橋，橋長八哩，包括兩端的入口。史培利先生有一本相簿，都是在連這座橋期間所拍的照片——波麗在看相片時我多麼羨慕啊！除非剛好有一棟建築物或一座橋的模型在，否則我無法想像出正確的畫面。然而，讓我特別感動的，並不是這些工程的雄偉光采，而是創造這些工程的理想、人類的勞力、技巧以及受苦……

四月一日在「淺間丸號」（Asama-Maru）上

為什麼，哦！為什麼我明明知道多年來生活一直很忙碌還要記日記？如果寫信都幾乎不可能，那麼，嘗試任何種類的自我記錄似乎是極為荒謬的。事實上，我只能攫取短暫的時刻，寫下零碎的段落或想法，並沒有時間發揮，就像一個飢餓的人攫取一口口的食物。但日記已進行到這個地步，我現在不能放棄從遺忘境地中找回的素材；這種素材將在我回顧時讓我的枯燥時刻變得很生動。

㉚原註：奧斯汀・史培利夫人（Mrs Austin Sperry），是一位老朋友。

今天早晨可真是手忙腳亂。正當我感覺最沒有想法的時刻，偏偏有記者要跟我進行臨別訪談，談談我對舊金山橋的印象……

凱蒂．佛雷（Kate Foley）㉛來訪。她學會手操字母。我們已是長時間的同志，為了盲人的更快樂世界而努力，所以我們一起度過了很舒適的一小時。我們之間還存在著另一種緊密的關係。她的姊姊具敏銳的同情心和強烈的助人精神，度過了無數的難關，但卻在去年過世；凱蒂跟我一樣十分孤獨地走在暗黑的路徑上。我比以前更加讚賞她表現出歡欣的勇氣，把新近才變盲的人從失望中拯救出來，並推展防盲的活動。她那謙卑的單純特性讓我很驚奇，因為她說她要自己一個人去參加在多倫多舉行的盲人會議；她——凱蒂．佛雷——既跛腳又目盲。

在喘不過氣的匆忙中完成收拾行李的工作，波麗和我坐在伊兒希的車中，快速穿過傾盆大雨又擁擠的街道。「淺間丸號」預定中午啟航；我們到達時，我感覺到了汽笛最後一次警告的鳴響。一大群人——美國人和日本人，包括聾人和盲人——向我們致意，而我幾乎被一大堆溫室花和花園花所遮蔽。伊兒希和她的狗兒「柳絮」停好車，但眾人顯然把她們推開了；當波麗和我上到甲板要揮手道別時，並看不到她們。波麗以手指緊急拼出一句話，「海倫啊！拍照。」雖然雨傾盆而下，我們還是為攝影機擺出一個姿態。我已經知道，在前往東方以及回來途中，日本人會經常想要跟我們拍照。

當我們駛過「金門」時，一名神祇拉起我的耳朵——羅馬人會這樣說——用翅膀把我的記憶送回到二十二年前的「塔莫佩斯山」。某一個秀麗的日子，「老師」、波麗和我坐在那兒，舊金山灣閃閃發亮，透露綠色、金色、藍色，巨大的紅杉森林就在我們下方。尼德・霍姆斯講些浪漫的故事，把我們迷住了。他說，有船隻進入港口，載著來自東方的碧玉、象牙、桃花心木、沒藥和乳香。我們在傾聽著時，波麗和我決定（我當時不知道我們同時有同樣的願望），有一天我們要循那些船所行駛的途徑，從「金門」前往東方。我心中充滿神奇的感覺，感覺到「淺間丸號」在阿拉丁神燈的命令下，像一隻巨靈一樣載我們穿過那個世界門戶。雨霧之中，我們在幾乎完成的巨大「金門橋」下慢慢行駛，通過從海中拔起的峭壁。然後我感覺到好像我們從一個生命中掉落進另一個生命中——掉落進未知的浩瀚經驗中……

然而我並沒有迷失感，反而在狂喜中想到新的視野在我心中展開。也許，那時我就開始解脫那種折磨人的感覺，不再覺得一個世界已隨著「老師」的往生而消失。她確實似乎比最後一次親吻我時更接近了。我的目標被重新賦予生命力，好像她在天上的家對我說話，鼓勵我走進還未透露出希望的黑暗與沉寂。家的可愛又熟悉的氛圍隨著她在塵世的身體一起消失了；也許現在我需要做的工作是：從我無疑將帶回美國的情感與印象中昇華出一個新的自我。我的心仍然像一間朋友們來來去去的房子，但沒有別人能夠讓我覺得像「老師」、母親或父親那樣，這意味著：一間私密的臥房關著，要一直到我也離開的那天才開啟。我沒有丈夫也沒有孩子，所以我不知道是否其他房間會被開啟，以滿足人類關係，但是「上帝在我前面，也在我後面，一

㉛原註：加州成年盲人的州聘家庭教師。

切都美好」。

我們的房艙像一間溫室。舊金山的日本女人送了一籃不尋常的花。這種非常感人的舉動代表了十六個團體——佛教徒、神道教徒、基督教徒。費爾菲（Pfeiffer）先生㉜送了一籃可口的水果，附了一封溫馨的祝福信，以及給波麗和我的支票，他希望我們用支票去挑選一件我們在日本特別喜歡的紀念品。

我認為施比受更有福——而在這兒，我正在接受的遠超過我將來所能夠付出的。但大量的這種仁慈的心思與祝禱很令人欣慰，因為它們源自那種讓我這幾年能夠為美國盲人籌募基金的寬宏心胸……

船離開港口後不久，金子船長來訪。從他的握手，我知道我們將會很喜歡他的友善個性。我們在航程中所遇見的第二個日本人是伊支先生，他是橫濱的富有茶商。

我們幾乎被花擠出了房間，於是請人把它們拿到餐室，讓其他乘客觀賞。在海上航行的第一天自然會感到睏倦，再加上長時間的興奮，我受不了了，撲倒在床上，一直沒有動，直到波麗叫醒我吃飯。

四月二日

今天早晨睡得很晚。仍然下雨、有風、很冷。關心的朋友們給了我們很多有關日本食物的指示，我們幾乎沒有吃午餐，只喝了一兩口湯，還有魚、煮不到半熟的雞肉、蘋果、芹菜沙拉和起司。我當然是很餓，但是一兩天後，我相信我們將會習慣那些適合地球遠方的旅人的新食物。

令我感到愉快的是，我去觸碰棕櫚、日本矮松樹、雲杉以及整艘船上的其他植物，看到人員多麼費心保護它們，免於海風侵襲。我想讀小泉八雲的《來自不熟悉的日本》一書。此書談了很多日本花園，不像世界上其他花園。但是一種令我痛苦的責任感把這種美妙的喜悅和休憩的感覺驅離內心。在離開家之前，我知道我很珍愛的一位朋友因為我說了一句話而相當傷心。那是一次可怕的誤解，會傷害到最深厚的感情。在這種關鍵的時候，我其實是可以免除這種額外的負擔的。我用下午的時間寫信，詳細向她說明情況，但我體認到這樣的工作很少會有很大的幫助，痛苦的感覺壓著我的內心，就像一塊石頭。

㉜原註：G・A・費爾菲（G. A. Pfeiffer）先生，「美國盲人基金會」的受託人。

四月二日

雨減弱成毛毛細雨，然而在甲板散步還是不很舒服。整個早晨很忙，要簽名，要準備在檀香山的演講，還要去讀過去讓人喘不過氣的十天不得已沒讀的信。

我們在船長的船艙與他一面喝茶一面進行愉快的小訪談。我問他是否讀過任何康拉德（Conrad）的作品。他回答說，「讀過。我讀過《青春》，非常喜歡。」

我說，康拉德對海和水手的禮讚，是我所讀過的最高貴禮讚。

「每個地方的海員藉由一種兄弟之誼和寬容精神團結在一起，」他回答。「如果他們對世界大事有置喙的餘地，就不會有下一次的戰爭。」

我同意他的看法，因為我認為海員的影響力在每個港口都變得越來越強有力，而他們的聲音很可能壓制「恐懼」和「國家主義」這兩種狂熱情緒。

檀香山的歡迎委員會今天下午打來一通真誠的「阿羅哈」電報。一共已經有三次的電報從那兒傳來，問我是否同意把我的演講廣播給夏威夷以外的七座島嶼的人聽，我也已經有三次簽名表示同意。難道他們可能沒有接到我的兩次回應嗎？情況似乎很奇怪。無論是什麼問題，「夏威夷其實很近」，這一點現今是令我興奮的真實，波麗正在激起我等不及要到達那個「福島」的不耐煩心理，因為她在回憶她幾年前在一次環遊世界的旅程中看到了環繞檀香山的藍之又藍的山脈。她說，它們很像牙買加島上的那些山；去年十月的一年前，「老師」和我們曾一起坐船到牙買加島享受最後一次的旅行。

每次我想到牙買加，心就痛苦地糾結在一起。那次旅行是「老師」的一次努力表現：她努力要克服那種正在破壞她的生命能量的病痛。她無法享受所希望的奇妙十月天空下的航行；在我們到達後有幾天的時間，她無法凝聚足夠的力量去坐汽車。我那時內心深處非常痛苦，體認到一個事實——雖然我甚至自己也不會承認這個事實——那就是，任何的休憩，任何壯觀的景色，甚至她那顫動、詩意的靈魂曾為之狂喜的波多黎各，也不會讓她恢復健康。她勇敢地努力要以最後的一絲視力去分辨廣闊的香蕉林、光滑的竹籬，以及令人目眩但雜亂的壯麗山景，我們快速行駛其上的道路對她而言似乎是無止盡的。一直到我們抵達島另一邊的「聖安妮灣」，她才發現了那些讓她回想起波多黎各的景色——令人心蕩神怡的山色、海灘、加勒比海，以及浸在水中、激起無盡波浪沙沙聲的椰子樹。但她筋疲力盡，我都懷疑她是否值得來到那麼遠的地方，追逐那微笑的「喜樂幽靈」。她錯失了她曾在波多黎各每個轉彎處看到的詩情畫意教堂和神龕。我們盡快回到「森林山」；我們三個人顫動著身體，摸索著度過另一年的黑夜，去年春天，在眼睛手術失敗後，「老師」又為恢復健康而奮鬥。我流著淚，在回憶中嗅著那些樅樹和松樹，這些樅樹和松樹位於那奇妙的人行道上。赫伯特在我們曾帶「老師」去度過夏天的「加拿大山脈」中的大圓木營地上，為我建造了那條奇妙的人行道。我在位於阿尚博堡的邊緣的安靜小木屋旁走來走去；「老師」曾在那兒努力要睡覺，傾聽波浪的喃喃聲、款乃的槳聲，以及鳥鳴，心中存著這一切可能舒慰她的一絲希望。焦慮的日子過去了，她的情況並沒有改善。我心中悶悶不樂，在六月最後一天她要回到紐約去諮詢醫生時，幫助她穿衣服。「親愛的，要等我，要鼓起勇氣，」她在被抱進汽車時這樣說。她不曾再看到那美妙的營地——只要她脫離痛苦，就會在這另一個地方之中發現平靜。

我無法停止這種急流般的悲傷回憶。「老師」在「長島」上海邊的小屋中試圖擺脫病魔的最後努力……她徘徊在生死之間的住院那個月……她想要回家的那種可憐的渴望之情。當我回想起她身體越來越瘦的情景，我的全身都發痛。我按摩她的身體，並注意到，讓我一度感覺胸部和肩膀的堅實柔軟的地方，皮膚和骨骼都不一樣了；我很高興我在按摩時，她看不到我的眼睛在流淚。

我回憶她在塵世的生命的最後幾分鐘：經過八小時掙扎著維持氣息後發出了喉嗚——她充滿愛意的手在我手中變冷——房間中散發濃重的鴉片劑氣味——悲傷的朋友把我拉開，以便對她的身體進行葬禮的準備工作——一小時後，我觸碰不到「老師」神聖的臉孔，只觸碰到已經沒有表情的僵硬五官，我好似穿越了耶穌的蒙難地。我再度感覺到那種畏縮，那種不自禁發出的叫聲：「那不是老師，那不是老師！」……接著我所知道的事情是，我坐在閣樓書房中的椅子上，努力要抹掉那冷冷的靜止影像——對我而言是最終的，就像堆在棺木上的最後一鏟泥土的聲音對那些聽得到的人是最終的。在那兒的陽光中，在她眼睛能夠看到時坐著為我朗讀的窗子旁，一種慈悲的「力量」回應了我祈求的手指，讓她的臉色恢復只有靈魂才能傳達到臉上的溫暖、有生氣又溫柔的輪廓。

在她嚥下最後一口氣後，不知怎麼地，那種她希望我能持續下去的信念變得比以前更強烈。我俯身對她說，「妳知道，最親愛的，妳不知道嗎？生命又開始了，因亮光與平和而呈現一片榮耀的光景。」然後我憬悟到，她正在想到與她的小弟弟團圓的喜樂，我談到她的小弟弟，感覺到他很生動地出現在近處。我很想知道她的內心是否在遠方回應我的內心；洶湧的記憶襲我而來，我記起那些令人舒慰的最初快樂日子，我們彼此快速地拼著語詞，生命是一種持續的「偉大發現」……我們在倫桑姆的那間白色農屋，風兒在長春籐中颯颯響……我們在由古老石牆隔離的草地上散步，穿過森林地的沉寂，她所喜愛的亮光濾過樹葉。當我對她喃喃而語時，我仍然感覺到她臉中的靈氣有了不明確的反應。我以後所感覺到的改變是我所無法忍受的。一切都變得很模糊。好像我從此以後會走在死巷般的路徑上，爬著通往烏有之地的階梯，因為它們無法把我帶到她那兒。

但是，當我在她所珍視的書中與她交談時，我卻有了一種新的意識：「肉體只不過是靈魂的陰影」。我知道她永遠不會在很遠的地方。我們並肩走過的路徑仍會綻放著象徵她個性的花；生命會經由我們一起做的事情對我談到她。

一直到現在，甚至用字語做成麻醉劑，也是不可能稍微緩和這種累積的悲傷。如此把持著我的縈繞不去的記憶，也許不久就可以紓解了。我不相信特別的「天意」，因為這意味著特別的忽視，但我確知，如果我們讓上帝去做的話，祂會給我們力量去接受更沉重的考驗；經由這次旅程，祂正在引導波麗和我臻至一種新的「善之意向」。

四月四日

今天早晨，陽光突然穿射雲層，我心中也一陣明亮。我很高興地想到，我離檀香山更近一天了。我的幻想等不及衝向在珊瑚沙上歌唱著的藍色波浪、從浪花濺起的眩目水花、有心形的火又有棕櫚樹爬上斜坡的山、「懸在自身的綠色天堂中」的金色水果，還有——我本來要說月光下的烏克麗麗琴琴聲很有蠱惑人的力量，但是我將在那兒只待到下午五點；我說不準環境的專制是否會讓我再經過這條路……

中午時，永不會完成的工作讓波麗和我覺得很疲累，我們躺靠在甲板上，浴在陽光中。我開始讀點字版的《飄》。書分成十二卷，我不知道何時會讀完，因為我只在甲板或床上享受閱讀的奢侈。如果我要在今年春天歸還這本書，就要犧牲睡眠的時間，而我是急著要歸還的，因為其他盲人正渴望地等著要這本書。

這本書以一座喬治亞州農場上的平靜生活為開始，多麼迷人！我認識像歐哈拉夫人一樣的女人——助人為樂的天使，手中擁有舒慰人的力量，有著不幸的人喜歡聽的聲音，然而卻非常昧於極重要的事實。這種女人會疏忽不愉快或不得體的事情，她們會不知不覺創造出一種庇護所，潛伏的罪惡在其庇護下，像鐵銹一樣腐蝕社會的結構。例如，有很多女人在涉及性病時倔強地沉默不言，而現在人們才正要打破這種沉默，這樣幾乎不可能去討論如何抑制以可怕速度增加的性病的方法……另一位女性角色「媽咪」表現出溫馨的忠貞，可笑的獨斷，慢吞吞地說著方言，可真迷人。我完全不喜歡郝思嘉；我怕她會成為一個完全自私的人，像《李爾王》中的蕾根或凱莎琳大帝……

有一個女人在我們的門口徘徊，顯然想要以無意義的閒談浪費我們的時間。在這樣的時刻，我會想要爬進一個兔子洞中。那些執拗、固執又頭腦空空的人是最難擺脫的，一個處於像我這樣情勢的人必須記住：有些惡意的人甚至會把別人最需要的自衛行為誤解為自傲或勢利。

我們一直到到達橫濱之前都嚴格地把持自己，我們知道以後的三四個月時間會完全為別人的事情所佔據。現在我有很多個人的責任要履行；我很同情詩中那個住在鞋子中，有很多孩子的老女人。比喻來說，我甚至不確定我應該給哪些孩子麵包或湯，或者我應該打哪些孩子的屁股，要他們上床睡覺！……[31]沒有回的信一直在我手中出現，譴責著我；我的思緒繞著錯亂、停斷的演講詞和備忘錄快速轉動。我懷疑巨響沒人聽到；它對我而言是那麼真實又那麼令我驚慌。我懷疑為何會這樣，也許，那些迫使我們兩人步履蹣跚的需求，只是整個世界的不安和靈魂飢渴的一部分……

從這個月的《齊格勒報》（*Ziegler*），我讀到消息，使我對盲人的勇氣既難過又自傲：匹茲堡「賓州盲人協會」工作坊的靜坐活動還在進行中，工人有一七三位，其中一〇七位已經佔領

---

[31] 譯註：詩的內容是這樣的：「有一個老女人住在一只鞋中。／她有很多孩子，不知道如何處理他們；／有一些孩子她不給任何麵包只給湯；／然後著實地把所有孩子打一頓，要他們上床。」

了工廠。

有時盲人的要求是非常不理性的。他們忘記，明眼人並不可能了解盲人的強烈黑暗現實，也不可能完全把盲人重新安置在一個看得到和聽得見的人的世界中。其他人可以自由地反叛，經過很大努力後有機會改善生活情況，而盲人必須思考良久、迅速採取行動，才去進行可能失去小小利得的冒險，我自已是一位反叛者，我已請求他們只要表現得體面或有氣魄，就要先走到半路上，是的，甚至走到三分之二的路上，去面對他們的那些看得見的同胞。

我帶著開心的認同心情讀著刊登在《英國醫學期刊》上一篇有關營養方面的演講中的詩行：

吃仁慈的大自然所賜給的所有東西；
它們會在下面結合在一起。
如果你的心同意，那就是同意，
但是如果你一旦開始懷疑，
胃液就會知悉。

這將是我吃日本食物時所要採取的態度。到目前為止，我很喜歡所嚐過的大部分食物。主要的問題在說出食物正確的名字……

有一種令人不快的喜劇成分，見之於德國的那種連續性的壓抑悲劇中。在柏林，有一個男人被撤除了政府職位，因為他懼內。我在沉思一件事：有人認為，如果這個男人在妻子面前抬不起頭，他就缺乏在公眾生活中負起重大責任的堅毅精神，這種說法是否真實呢？

我很高興注意到一件事：明眼人所喜歡的每種有文學價值的作品都盡快應付需求，製作成點字體。例如雨果的《海上勞工》（*The Toilers of the Sea*），我記得在我大約十二歲時，「老師」開始為我朗讀，但不曾讀完，因為她在讀完前幾章後，視力不好的眼睛發生問題了。還有，我認為將需要整整一個夏天的假期才能完成的《悲慘世界》。還有，奧麗維．希倫尼爾（Olive Schreiner）的《一個非洲農場的故事》。我記得多麼清楚，「老師」和波麗在我們從加州坐船穿過巴拿馬運河回家時，曾為最後這本書大聲哭泣呢！

四月五日

又是藍色太平洋中另一個像燦爛笑容的日子，空氣愛撫著船隻平穩又快速的移動……

真是驚喜啊！一通亮光似的祝福電報橫越我們還未穿過的遠方，在我眼前閃亮——「歡迎到櫻花的國度」。日本確實似乎很接近，我明確地感覺到與人類的另一部分合為一體，心中很滿足。

美國似乎也很接近，因為波麗和我今天早晨在甲板上遇到我的美麗朋友威廉．穆爾夫人的一位姪女。布拉德夫人和她的兩個迷人的女兒珍恩和卡蘿兒正坐船環遊世界。我告訴她們說，穆爾夫人曾在她紐約的家款待我們幾次，她是多麼可愛，引導我們參觀每個房間，把我的手放在她的一些最精選的藝術寶物上——碧玉中國花瓶以及可以回溯到好幾百年前的碗缽，還有象牙雕像、觀音和可怕的龍的淺浮雕。「哦！我們一面聊天一面喝的那種芳香中國茶，是從荷葉上的露滴蒸餾出來的。」我又補充說。布拉德夫人談到她在聖塔芭芭拉的家。我希望我們將會更常看到她。在一次像這樣重大的航程中，有這樣一個具同情心的人在身邊，讓人感到欣喜。

我們在這些日子所生活其中的氣氛並不很陌生——凡是涉及人類的事物對我們而言都不是陌生的——但這種氣氛具有其獨特的本質。就像一種新的語言一樣，這種氣氛支配著我的注意力，測試我的學習能力，引誘我去追尋新奇的發現。有英俊、安靜的日本貴族，也有活潑、精明的商人。其他人表現出對體育很有興趣；甲板運動看起來很迷人。其他人，像船長，思慮周到，為世界的混亂和痛苦感到很困惱。但這些不同類型的人卻透露無法轉化的種族變異狀態。我也在他們之中意識到古代文明和現代之間的衝突。年輕人和老年人似乎都同樣被迫朝這個方向前進，並且是藉由對立的力量；如果他們要保有他們的國家的生命，就必須努力快速了解這種對立的力量。有些人透露出緊張的不自在模樣，好像試著要適應那些正在改變地球的西方理想和方法。不屈不撓地忠於他們的皇帝，加上強烈的愛國精神，這兩者仍然是他們的心智配備的一個基本部分。同時，他們比美國人更具國際觀。當他們表現得非常進取時，也表現出確實比武力更具征服力量的禮貌。就算一種狂熱的軍國主義驅使他們更進一步建立帝國，我也確知他們的普遍性或他們仁慈的友善表現永不會消失。

船長認為，日本女人多年來都讓日本在精神方面和社會方面保有活力。「家中的女人已經是國家的忠實守護者，」他說。他對女人表示真誠的同情，因為她們從黎明工作到黑夜，很少去享受生命的歡樂。他希望盡可做所有的事情，促進她們的教育，豐富她們的生活，但他認為，她們的地位仍然是在家。我觀察到我的國家中的很多「自由」的女人顯得不滿足、貪得無饜又茫無目標，所以我懷疑船長的看法正確的程度是否很大。他對於一件事微微感到遺憾：他認為，古老的日本文化及其精神之美與藝術力量已消失。他相信，女人只有待在家中，才能為她們的孩子保有一部分這種無價的遺產。確實很少有國家像日本那樣每個世代都保持年輕、前瞻。唯願日本人在適應多變的環境時只接受最佳的現代觀念。

四月七日

在檀香山的一日。

現在，《天方夜譚》比起昨日及其閃亮的羅曼蒂克記憶似乎遜色了，那是很多東西合而為一——由像心跳一樣快速又充滿光采的時刻所編織成的花環，有著一次又一次的聚會，急切的程度令人頭昏目眩，紗罩似的夢在我腳下展開，短暫地接觸一個與世界其餘部分隔離的地區，回顧時將會激起我在有空時回來探險這個地區的強烈渴望。今天早晨我是那麼疲累，好像我日夜工作達一星期之久。但是，我們受到詩意般的好客之情所款待，各方面都讓我很確定我的造訪會有助於夏威夷的盲人，所以疲累的感覺獲得很大的補償。

我們是在凌晨六點到達夏威夷。我一起床，一份點字版的當日節目表就送到我這兒了。我注意到，兩次額外的聚會安插在國會議員的聚會和獅子會的午宴之間，這意味著要即席說些話。

波麗和我早晨七點到甲板。有一個委員會歡迎我們，領隊是夏威夷州長的助理把德國海軍中校，包括盲人、聾人和獅子會的代表。然後花環——我在狂喜之中觸碰起來像是真正有生命的珠寶——堆積在我身上，我的衣服幾乎在花環下方消失。根據波麗所列舉的顏色，花環想必呈現彩虹的光彩——白色、紅色、粉紅、橘色、金色。它們那混合的香氣讓我陶醉——槴子花、白毫（很像有香氣的紫籐）、雞蛋花、桑橙——所以我忘記頸子上花環的重量與熱氣。

「阿羅哈—歐伊」的音樂於我第一次造訪檀香山時在每個詞語之中表達了出來，在每一種慈善的表現中顯示了出來。

當我們坐車穿過寬闊、令人愉快的街道時，我從氣味中知道它是一座花園城市。「視力保存與盲人工作」的主任葛蕾絲、哈曼夫人帶我們到她家吃早餐。波麗從她家可以看到天堂般的碧海，浪花在遠方的暗礁和「鑽石頭」拍擊著，一片白茫茫。（我喜歡它的夏威夷名字「來哈喜」。）

參議員伊爾希．威爾柯斯、康寧罕夫人和W．J．希恩護送波麗和我到從前是皇宮的建築物中的州長辦公室。波恩德克斯特熱誠地向我們致意。我很感動，因為我知道，他是特別為了我從醫院出院。他告訴我說，辦公室以前是莉留歐拉拉妮王后的臥室，而下議院議員在樓下以前的王座室開會。我說我讀過這個王后女孩時代的可憐故事；我聽說夏威夷人在她退位後都關在房間哭著，我眼淚流了出來。從窗子望出去的景色再度使波麗著迷，而我可以想像，這位王后的眼光想必透露一種詩人的強烈愛意，停留在那柔和、華麗的綠意上。

幾個代表人員從辦公室護送波麗和我到我們要發表演講的房子那兒。演講的反應激勵了我們；我確知夏威夷的盲人會爭取到他們所需要的福利局處。我感到非常榮幸，因為議員們通過很長的決議文，要代表夏威夷的人民歡迎我。

向全體議員發表演講是很有趣的事，因為議員們廣泛代表島上不同族群——中國人、日本人、夏威夷人、葡萄牙人和盎格魯—撒克遜人。我相信他們正在緩慢但很確實地想出一個解決種族之間的問題的方法。很幸運的是，夏威夷在地理上的位置稍微離開那種束縛人心的偏見以及粗俗的國族主義，不至於阻礙那臻至永久和平境地的努力。當地的土著比較容易在政治上和商業上採取一種超然的態度，強調共同一致的部分，而不是他們之中的差異。他們比較能以開放的心智接受有關「人類之為一體」的生理事實，接受基於開明的經濟、不以虛假愛國主義傳授的歷史。雖然我譴責那種強迫夏威夷接受外國人統治的帝國主義，但我認為，他們正在發展互相幫助和互相扶持的結合力量，力量可能強大到足以抗拒那種涉及種族優越感而令人疏遠、痛苦的宣傳。我將以特別關心的心情去追蹤有關不同國家背景的夏威夷美國人的消息；這些人正從過去的對立之中度過，人類的混亂和盲目階段，臻至內心的健全狀態，如此調整他們的欲望，以善意和明智的合作做為基調。我在心中剛剛激起了一種和平新希望，因為我讀了一篇文章，是由休姆．福特先生所寫的論夏威夷種族群體之間的和諧關係，還有一封很傑出的信，是「泛太平洋聯盟」的一位成員夏特史威特夫人寫給我的。（後者是我昨天會過面的「檀香山商業與職業女性俱樂部」的成員。）她詳細描述「泛太平洋聯盟」努力要以和睦的方式討論和解決瀕臨太平洋且佔有世界一半以上人口的十四個國家所面臨的問題。

波麗和我從王宮出來時，一大群男學童和女學童圍繞我們。他們要我在樓廳地方對他們講幾句話。之後，我們被帶到「盲聾人地區學校」；來自「檀香山少年聯盟」、「日本少年聯盟」、「醫院社會服務團」、「青商會」與學生的代表，在我身上堆了新的花環。然後，我知道那些藝術作品的意義——編織花環的人黎明即起，採擷大量的花，花很多小時把花瓣一片一片編織在一起。多麼奢侈、多彩的歡迎花環加諸一位訪問者身上啊！我算算，頸上的花環有二十到三十個之多。我特別喜歡由盲童所獻給我的一個淡紫西番蓮花環，以及由聾人所編織的一個櫻桃色桿菊花環。

我很遺憾盲人和聾人是在同一個學校受教。這種混合方法不會產生最佳的結果，因為這樣會使那些教兩種完全不同的殘障群體的老師負擔更重；這樣並不可能給予每個群體它所需求的特別照顧。但我很高興發現，「盲聾人地區學校」的運動場很寬敞，學生可以自由地運動，快樂地發展個性，而山、海、鳥鳴和光亮植物的美呼喚著眼睛或耳朵。

與「檀香山獅子會」和「檀香山商業與職業女性俱樂部」所進行的午宴，是在「佛勒廳」舉行。在我講話之前，由我的一位盲人伙伴所領軍的管弦樂隊奏出深沉、悅耳的振動性音樂，我在很遠的地方都感覺得到。然後我站在這個盲人伙伴旁，在他彈四弦琴時打著拍子。所選的曲子是莉留歐拉拉妮王后所唱的動人心弦的歌〈阿羅哈—歐伊〉。當哀傷的音符在我四周飄動時，好像這是對「朋友」、「快樂」與「王后權力」的最悲傷道別……

我們的迷人的女主人是州長的女兒海倫．波恩德克斯特。州長很仁慈，讓我們使用他的汽車繞檀香山一圈。外面已經變得十分熱，我很高興我們在鳳梨工廠停留，享受我所嚐過的最涼、最可口的鳳梨汁。我感到遺憾的是，我們沒有時間去參觀活火山「基勞伊爾」，但我們開足夠遠的距離進入山中，壯觀的山景讓我們嘆為觀止。波麗說，山似乎飄浮在呈現神祕藍色的海洋中，勻稱的綠色山坡非言語所能描述。我感覺到車子沿著螺旋形的道路蜿蜒而上，道路兩旁是木槿樹籬、棕櫚、竹子叢、鳳梨園，和為了每個方向都有迷人景色而建在山頂上或接近山頂的房子。聾人教師巴爾墨先生隨隊前往。他知道好多傳說、歷史和唸起來聲音清脆的多母音夏威夷名字，而波麗用指頭拼字，色彩活靈活現，加上撲鼻的氣味，印象像尼加拉瀑布一樣傾瀉著，我還沒有確切地加以闡述。

我們出去造訪愛瑪王后的夏宮及其寬闊的涼爽房間。我被允許觸碰土著睡覺的床、王后的繼承者的搖籃、她的縫紝檯以及藺子編織機。廳堂中有用軍艦鳥的細長羽毛做成的王室旗幟。到處都可以看到巨大的花瓶，裡面插有華麗的天堂鳥、「金杯」——像我握著的拳頭一樣大的花，以及無數的百合。一個玻璃箱子打開來，讓我可以看到王后那條驚人的披肩，是用一隻翅膀下長有綠色羽毛的黑色鳥的羽毛製成。要花幾代的時間才能在鳥的脫毛季節收集羽毛，將它們縫合在一起。然後，我們走進國王在其中遠離煩人的國事的「草屋」或涼亭。「草屋」或涼亭的強有力又光滑的竹子圓木之間可看到很多窗子和乾草。它讓人遐想起什麼樣的羅曼史啊——飲酒狂歡的人置身在柔和、夢幻般的傍晚天空下，婀娜多姿、身材苗條的舞女跳著草裙舞，四弦琴把充滿渴望的音符送到海的上方，直到最堅毅的心屈服於愛的魅惑！

我們繼續開往「來哈喜」，在附近莊嚴地聳立的大「帕里」或懸崖。拍打著岩石的大量白色浪花，在陽光中呈現彩虹的榮光。車子撞擊到那個一無遮蔽的地點，車身的振動引起車窗卡拉卡拉作響，真是嚇人，很像我造訪幾次的尼加拉瀑布的怒吼。我聽說，大風曾吹倒很多汽車。

我們在回程下山時，一陣突然的強風吹來，我的心歡喜地跳躍——尤加利樹的芬芳混合著我對洛杉磯的所有記憶。有人為我們指出那棵巨大榕樹，史蒂文生（Stevenson）㉜以前坐在下面寫作或凝視著海。我們繞著它走——樹圍大約一百呎。沒有人知道它的歷史有多久，每個方向的樹枝的大小以及我所攀爬過的驚人樹根，讓我覺得它像小樹枝，但其實它是一棵巨樹。

回到檀香山，我們走在「夏威夷帝國館店」的迷人的地上。這是讓人置身在熱帶灌木、樹木和盆栽植物之中享受戶外用餐的多麼理想地方啊！

在離開島之前，波麗和我在波恩德克斯特州長的房子喝茶，在看了無止盡的美景之後稍微讓我們休息一下。波恩德克斯特小姐載我們到碼頭，我們很不情願地對熱情的朋友們說再見，他們在這一天表現出旭日般的好客之情，賜給我們旭日般的快樂，但他們的「阿羅哈」讓我們很高興地知道，如果我們下次回來，待久一點，我們會很受到歡迎。

阿羅哈意味著對你道別，
阿羅哈意味著再見：
它意味著直到我們再相見。
在熱帶天空下。

㉜譯註：英國作家，《金銀島》作者。

阿羅哈意味著早安
以及經常很忠實，
但阿羅哈最佳的意思
是我愛你。

「淺間丸號」在駛出檀香山時裝飾著華美的長條旗。雖然波麗和我幾乎是忍受疲累之苦，我們還是走上甲板，瞄一瞄美麗的港口以及「來哈喜」。人們對著船揮手、唱歌、喊叫，那些汽車似乎發出「阿羅哈！」的喇叭聲，一直到我們離岸已經很遠……

走進艙房，看到花環在我們床上堆得很高，我們都發出呻吟聲——事實上我都可以尖叫出來，我的鼻孔溢滿過多的喜氣，亟欲在床上伸展身子，所以就把花環丟在地板上。我第一次了解到，看得見的人的眼睛太長久接觸令人目眩的光景，結果會令人感到痛苦。

我們在床上吃飯時，有人拿進來兩個箱子，裡面滿是各種芬芳的花兒。我正要把它送走時，指尖觸碰到一張點字籤條：

這些是長在夏威夷的可愛的花。聾盲人地區學校贈。

我發現，每朵花都繫著點字卡片，寫出花的名字和顏色，透露出阿羅哈的周到心思；有一小時之久，我強迫自己睏倦的內心去加以辨識。此外還有些自然界奇異的古物——一根來自香腸樹的樹枝、蓮篷狀豆莢——一個又長又硬的容器，放滿種子，搖動它就會像格格響的嬰兒玩具一樣振動，還有猢猻木棉（猢猻樹）。我整夜都夢到自己被香氣所窒息，而今天早晨，每次回憶花環壓著肩膀，身體就發痛。

波麗用抽動的指頭盡力拼出筆寫的無止盡檀香山訊息，而我以同樣十分疲累的雙手檢視了點字的「阿羅哈」。現在想到要寫感謝信給波恩德克斯特州長、「聾盲人地區學校」以及其他人，就覺得有壓迫感……

我很想知道我們是如何拖著身體走上甲板的？吃完雞肉三明治後，我們在甲板躺椅上伸展身子，閉上眼睛。我們正在休息時，一位很體面的名人訪問我們幾分鐘——是三谷先生，我相信他跟巴黎的日本大使館有重要的業務關聯。雖然沒有不禮貌的意思，但我想我是很疲弱地表示遇見他是很榮幸的事。三谷先生說，幾年前當我在讀雷克利夫學院時，他的妹妹在那兒當學生，見過我。他又說，這艘船上有三百到四百名日本人要回到家鄉迎接櫻花季。我告訴他說，我對塙保己一多麼感興趣，他就問我，是否可以讓他打電報到橫濱的歡迎委員會，詢問是否可以為我安排拜訪塙保己一的出生地。這會是多麼美妙的事啊！但是我懷疑我們是否會有時間；我覺得行程會很辛苦。

昨天太過度與人握手了，注意到手掌有抽筋現象，我把厭惡人類的心情告知我這台沒有知覺、不會激動的打字機。我決定在日本時不要每天去握每隻伸向我的手，以免手變得癱瘓，也不要從早餐「談話」到午夜，以免無法進行言談。有人時常問我，言談是否很累，我回答說：「你曾聽過女人談話談累了嗎？我今天就那麼一次成為這樣的女人！」

我們被邀請今晚去參加一場日本餐宴，但我不會去。波麗很累，我們認為吃東西小心是上策。我們仍然以謹慎的心理嘗試日本食物，好像是在玩火，而我的頭腦感覺像是軟糊糊的……

四月八日在

五點半時，波麗和我勉強起床。我們已經以嚴肅的心情彼此告知：我們需要運動，而當很少人在場時必須練習「講話」。我們在上甲板走了一小時。那兒很涼爽，感覺很舒服。海是柔和的灰色；船前進時，我感覺到水花輕輕濺散。一些海鷗在頭上方盤旋，我的精神昂揚，對清新、寂靜的早晨唱出讚美詩。對於一個被任務所驅使的人而言，是沒有像「意識到一個早晨的時辰降臨在大地萬物之上」這樣的福氣的。我們遇到一個穿和服的日本人在吟唱，他想必是一位僧侶。我開始練習所準備的演講，然後感到心情很沮喪，因為我不滿意所準備的演講中的三篇，在「森林山」度過七個星期冒冒失失的忙亂時光，我的心緒都不夠鎮靜，無法嚴格地檢視這些演講篇章。

早餐後，我寫了演講，又重寫，後來覺得精神上痛苦到不行。演講必須盡量短，以免我那不順的傳達過程對聽眾造成過度的負擔。我急於在我對日本盲人的請命中，盡可能加進很多有價值的想法。

我們又坐在甲板吃午餐，這樣才不會受到干擾。我沉迷於《飄》一書中的一個部分，因為這部分描述郝思嘉在米蘭妮生產很痛苦時以狂熱的心情看護著她，還有，她逃離亞特蘭大，以及她如何殺死那個竊賊。讀起來不輕鬆——絕不輕鬆！但我很高興看到郝思嘉從一個嬌生慣養的美女轉變成一位有勇氣、負責任的工人。此刻白瑞德沒有角色，讓我如釋重負。他是一個明智但卻無情的人，我會完全避開他，就像避開任何愚人——他極為自私、愛諷刺、尖酸刻薄。我憎惡他以一種等同虛假的輕蔑態度傳達他的真話……

又在演講上花更多的工夫。然後就是拍照和簽名，這些似乎無可逃避。我簽名，簽了一大堆又一大堆，後來感覺像故事中的那個人：當螞蟻攻擊他時，他的手腳被綁著，慢慢死去。

今夜，我們跟金子船長在他的船艙吃了一頓愉快的飯。桌子的中央放著一個小火爐，他在上面煮美味的日本食物壽喜燒。首先他把油放進鍋中，然後在頂端放進各種蔬菜、米、竹筍和多汁的肉。他不斷從爐中把熱熱的美食放進我的盤子之中，盡可能親切地幫我切細。他說，在日本時我會時常吃到壽喜燒。波麗和我聽了很高興，知道我們一定會喜歡。侍者拿來雞尾酒和一些輕淡的清酒，味道像雪利酒，我發現盤子旁放著筷子，最初有點不安；我想像自己每口食物掉出來，醜態百出，但我表現得比預期好。船長很有禮貌，我在進食期間感到十分自在。他表現出單純的尊嚴模樣，大部分的時間都談他閒暇的時刻喜歡做的安靜工作——為報紙寫體育消息以及種花蒔草。

今天晚上我們去看電影。特別讓我感興趣的影片是《馬赫島》，片子展示大甘蔗農場、如何收割甘蔗、在磨坊中壓榨、用鐵路送到船上。我不喜歡這艘船上所演的廉價做愛影片。

四月九日

五點後不久就起床，這樣，波麗和我就能夠在甲板上更多次預習所要發表的演講。甲板和窗子都清洗過，我們四處走動時必須很小心。但在這樣的日子裡，我們不能讓不方便的事情擾亂我們。看著水手們在太平洋黎明的美妙、柔和、灰色的平靜景色中工作，倒是很有趣。

哦，那些惱人的演講啊！每次我複習時，就感覺像是坐在一座火山上。我知道，與演講有關的不可預期情況會爆發，而我不知道他們會給我多少時間演講，也不知道我要如何安排材料，以適合演講場合的目的。由於難以與相隔八千里、為日本盲人工作的那些人講道，所以我們不可能為我們的工作擬定計畫，也不可能預測他們所可能擬定的任何計畫。我不確定日本某些地區的聽眾對於殘障者的態度。啊呀！就算電話、電報、電纜和飛機有其優勢，「距離」對快速、有效的行動還是一種可怕的阻礙。

船長在午餐前進來，提供我一則自傳小品；我知道，如果波麗和我有機會閱讀它，我將會很喜歡。儘管船長身體並不健康，責任又重大，但他還是表現出快樂的安詳模樣，加上他那令人愉快的談話，很有助於我忘記折磨神經的不確定感，於是我又重振精神，開始工作。

《飄》一書雖然時常有重複之處，但仍然讀起來很有趣。它在我心中激起一種思念之情——思念在塔斯坎比亞的那些慵懶又美妙的春天與初夏的日子、紅色的土地，以及巨大、古老的玉蘭樹和活生生的橡樹。我再度嗅到母親各類品種和各類香氣的華美又珍貴的玫瑰、大量糾結著的忍冬和泡桐花，在午後的熱氣中沉重地垂掛著。我四周的空氣再度振動著興奮之情：男人們嚴厲地譴責某一個政治團體，或為美國內戰再度開啟論戰。或者，我的回顧思緒也許是飄向那座巨大的水泉。年輕和年老的黑人都提著水桶到那兒裝水。他們綁著多彩的印花大手帕，透露出詩情畫意，赤著腳，總是在唱歌、跳舞或表演步態競賽，讓我內心感到溫暖。我想念歡樂的黑人小孩，他們性情溫和地扮演那代表我的貪得無厭的俏皮姑娘。但時間令人幻滅的探照燈，已經在幾年前照在那些對我而言是永遠的輝煌遊樂時光的日子上。我傷心地回憶著那些小孩生於其中的可恥貧窮、無知和迷信，以及很多黑人仍然面臨的令人心酸問題。

四月十日

我們在早上六點走上甲板時，船比離開舊金山以後搖晃得更厲害。時而浪花飛濺到我們頭上方，形成光亮的水圈。雲層很厚，預示不久即將下雨，但波麗說，雲層暗灰色，讓眼睛感覺平靜安閒；我則很高興經歷前兩天鬱悶、難受的熱氣之後，終於有了涼爽的感覺……

雖然使盡力氣，我還是無法記住所有的演講。我幾乎陷入失望的低潮中。我只能練習一小時半，聲音才不會沙啞；這樣的時間所能練習的演講不會超過四、五篇。在準備好這些演講後，我發現其他演講已經從心中滑離，好像穿著溜冰鞋溜走。我默默地詛咒著，重新來一遍。我懷疑，它們值得我這樣費心嗎？我的訊息足以讓日本人留下印象、創造實際的效果嗎？

今天下午我接到岩橋先生一封表示歡迎的電報，知道會有好大的一群人在碼頭向我們致意。

今天晚上，我們看了一齣巧妙的日本喜劇《理髮師》，描述一位很會惹事的鄰居導致一個男人和他那一位一直過著平靜生活的妻子之間爆發激烈的口角。演技很靈巧，臉部的表情充滿言語，波麗在聽不懂字語的情況下為我描述此劇。我發現扮演理髮師的是我們的船艙服務員，很為他感到驕傲，我認為，各階級的日本人都表現出美好的戲劇本能以及藝術感性。

八千哩路！我們似乎不可能航行那麼遠；航行在海洋上，我仍然感覺像在家。但就稟性而言，我一直是一位世界公民。我的內心不受空間和時間的限制，這是一種可貴的資質。在這麼遠的距離中，「森林山」及其中我所愛的一切，很生動地出現在我眼前，我知道，在這個夏天離開日本後，這個國家的人與土地將會一樣很接近，很真實。

四月十一日

船在夜晚期間晃動得很厲害。但是，當波麗和我開始散步時，風就停了，我想像就像一隻巨鳥收起翅膀。海與天籠罩在灰霧中，像柔軟的薄綢；大約一小時後，陽光除去了陰翳，寒冷的空氣變得溫暖。

我在工作時，一封又一封的致意電報從日本傳來。皇儲德川送來以下詩意的訊息：「委員會、國人以及櫻花等著妳。」他們打來電報，要求我向《東京朝日新聞》致意，我利用準備演講的空檔送出所要求的致意訊息。他們也要我寫一篇有關如何在船上消磨時間的文章，但我不會寫，因為我知道，一旦我答應了，就會有一大堆人要求我寫同樣的文章。

我們每天早晨見到在吟唱著的那個臉孔表情愉快的男人，似乎顯得很困惱，因為到目前為止，當局並沒有安排在他的城市橫濱聚會的場合，雖然那兒有一間盲人學校。今天，他跟我們詳談這件事，我很難保持自在的臉部表情，因為我對於行程的安排沒有任何說話的權利，並且我甚至不知道要從什麼地方開始，也不知道誰將引導我們走過各個城市。到目前為止，我們唯一的訊息，是船航行之前所知道的訊息——贊助我們的單位是《大阪朝日新聞》、「日本教育部」、「外交大臣」和「內政大臣」。

波麗今天忙得很。她一直在忙著取我們的行李、把美元兌換成日圓、為太過侵犯我們隱私權的人寫出最後通牒、奮力應付眾多尋求簽名的人，以及替我讀電報。我很奇怪，為何一種印象徘徊不去？——這是對我們而言一趟很愉快的旅程，難道我因此就可以在早晨、下午和晚上聽命於每個人？

船長盡可能表現得很親切，很體諒。他告訴我們說，我們的行程可能是多麼辛苦，確實顯得很憂心。他談了很多有關夏威夷的事，要我們隨時去拜訪那位神奇的盲學者所誕生的古老小木屋，我多麼想要在回美國之前完成這件事！

自從我們離開檀香山之後，布拉德夫人就對我們表現出非常愉快和友善的態度。她會在一兩天後到東京，我們希望她可以在「帝國飯店」跟我們度過一個安靜的晚上。我們今天討論了《飄》一書，她說了一件事，讓我覺得很有意思。她說她有一個媽咪，就像《飄》之中「塔拉」莊園的那位一樣忠實，但這位媽咪總是誤引她在莎士比亞的作品中所讀到的金玉良言。例如，她會說：「像一顆阿斯匹靈一樣顫動」㉝。我在經歷幾小時精神上的折騰後，布拉德夫人的女兒們快活的身影讓我感到很安閒。我毫不自負地認為，像波麗和我這兩個處於高度緊張狀態的女人，被迫處在自生自滅的狀態中，卻很有勇氣從事我們生命中最奇異的探險，盡可能不表現得很挑剔。

四月十二日

昨夜我讀到《飄》之中的那個部分，心幾乎停止跳動：郝思嘉發現母親死了，認為自己已經走到末路，陷入沒有退路的絕境。但我一再很堅毅地說道，「我們是棲息在『神聖的胸懷』中，在那兒，一切的限制都會消失無蹤。」

波麗和我散完步一走下來，就接到另一大堆歡迎的電報。「國家基督教協會」、「東京女性俱樂部聯盟」、我的日本出版社，以及很多個人，看了他們的名字我的身體都顫動著，因為很難拼。我旅行了好幾千哩路後心中的滿足感不見了，我的身體發抖，唯恐我對某個名人的無知會是一種冒犯的表現。馬克吐溫說得很對：一旦我們在這個世界安息了，我們就會去憂慮別的事情。

有時我希望這些太過僵硬的限制會消失不見；它們的衝擊確實讓我感覺受傷！日日夜夜，

---

❸譯註：應是歐格登・納許（Ogden Nash）所寫的詩行。

大量的信件，還有如雪片飛來的恭維言詞，都提醒我說：縱使我非常清楚，就永恆的意義而言，我是看得到、聽得見的，但其實是看不見、聽不到的。精神就像海一樣，比它的水裡面的任何感官經驗之島嶼或大陸還偉大。它具有無限的觀念範圍，會帶來符合觀念的新事實以及生活方式。我有根深柢固的感覺，感覺我不聾也不盲，就像我感覺到我是在身體裡面，但並不屬於身體。當然，我知道，就外表而言，我是「聾子和盲人」海倫凱勒。那是一種暫時性的自我；我活在這個世界上的微不足道幾年的暗黑、沉寂歲月並不重要。我利用我的受限之處做為工具，不是做為我的真正自我。如果別人獲得幫助，克服這些受限之處，那對我而言是至極的快樂。「困難之處」在於：永遠專注於聾與盲的問題，使得我更時常無法經由書的窗戶看向外面的宇宙，或傾聽萬物運行「途徑」中的多樣聲音……

有幾個自我同時存在，多麼令人興奮啊！日本之美迫切地對著我的一部分呼叫；讓日本人足夠感興趣，為他們的盲人開啟一種全國性運動，這是一個結果不明確的任務；第三個部分——同等重要的一部分——則正在焦慮地沉思著非常危險的世界情勢。

自從兩星期前讀到一個消息說，希特勒已經下令軍隊準備好，以防突來的政變，我的思緒就充滿了恐懼。他確實不會單獨去嘗試，但是我們沒法猜測到他與墨索里尼見面可能會導致什麼可怕的事件發生。這兩個無情的領導者可能埋下另一次戰爭的地雷。就算德國在瘋狂地追求權力時崩潰了——湯瑪斯・曼（Thomas Mann）這樣相信——但在其他國家還未能壓制義大利難以根除的軍國主義之前，義大利仍然顯得強有力，可能會讓歐洲遭受巨大的挫敗。這對像我這樣的人而言並不是樂觀的遠景，因為我強烈地希望不要再有人在戰爭中變瞎或變殘廢，而現在我正要前往另一個國家，其執政黨並不親近和平。我至盼諾曼．戴維斯（Norman Davis）——少數了解歐洲事務的人之一——可能提出一種建設性的方法，把各個國家的努力導向和平與合作。

四月十三日

看來好像我橫越太平洋之行充滿了來自日本的歡迎之意；自從今天清晨以來，信息就藉由廣播和電報持續傳來。這種真誠的表現可真無法抗拒。我身上的每種機能都祈願有能完成他們所期望的善行的一半。

波麗和我從黎明之前到七點半都待在甲板。然後，我們認為有足夠的時間穿上最漂亮的禮服，去參加船長的餐宴。但掃興的事出現了。我們以前沒有穿過禮服，所以扣好小小的鉤狀釦和環眼、繫好極小的內衣帶子以及夾好夾子，動作都很慢。當我們終於到達時，神經繃得像琴弦那麼緊，但氣氛悅人，我們又恢復了好心情。房間以藝術的手法裝飾著點亮的燈籠、盆栽植物、人工櫻花花環和花綵。還有一些模型，包括一間神廟、一艘舢舨以及一間種有櫻花樹的日本房子，我都可以去觸碰。冰淇淋塑成櫻花的形狀。看著舞者跳舞以及把色彩明亮的氣球拋向每個方向，都是很有趣的事。船長的和藹可親模樣使得一切都令人感到更愉快。

我們的夢變得像其他一切一樣奇異。波麗不斷夢到一隻可愛的鳥兒一直跟著船飛著，試圖要飛進我們的房間，但卻被驅離了。我則夢到一個小孩跟我玩捉迷藏，不過我們不曾發現對方，因為我們之間總是隔著一層霧。

我多麼喜歡剛讀到的這一小篇有關小神祇地藏菩薩的文章！地藏說：「我要把你藏在我的袖子之中，讓你免於所有的罪惡，並跟你玩皮影戲。」

從《飄》一書之中，我第一次開始對於美國南方的可怕「重建」期有了清晰的概念。美國北方讓大量的投機客和無賴漢湧入降服的各州，是非常愚昧的行為，使得解放黑奴的內戰成為可笑的事情。

四月十四日

當波麗和我早晨六點在甲板上享受最後一次的散步時，一陣霧在船四周飄浮，像是香爐中的馨香。我們沉默，但彼此都知道對方在想什麼——「今天是『老師』的生日。」儘管表面上我忙於注意迫切的工作，這個思緒還是繼續整天佔據我的內心。

今天早上醒過來時，我開始找「老師」，設法把我內心的快樂告訴她：這個世界因為她的出生而受到祝福。然後我記起來，整個人在痛苦中呆住了。沒有語言可以描述我渴望「看到」她——不僅經由疼痛的心跳一直接觸到她，並且也「跟她在一起」，成為她那充滿歡樂的另一個家的一部分。我感覺像是德・馬奇利那（De Machlinia）的故事中的那位僧侶。他在一種幻象中跟鍾愛的守護者聖尼可拉斯一起行走，走到「一道壯麗的水晶高牆，其高度沒人可能見到，其長度沒人可能想得出來，大門閃閃發亮，中間有一個十字架。」十字架會為被允許進去的人抬高起來，讓他們自由進入，但會降下來，阻止其他人進去。聖尼可拉斯走進去，拉著僧侶的手，禱告著，祈求他們可以一起被接受，但十字架在他們之間落下來，他只好放開僧侶。僧侶非常傷心，站在關著的大門前，認為自己已經死了，就像我在這種淒清的時刻中所認為的那樣……但是那些時刻只是生命日晷上的陰影。我讓那些時刻回溯到「神聖的太陽」，就再度發現「老師」心靈的亮光跟我在一起，不管有什麼障礙可能阻止我們彼此相見……

自從我開始閱讀有關日本宗教信仰的資料以來，我就強烈地認同佛家對於「不朽」的態度。佛教是一種感情的宗教，不把離開世界的人視為死去，而是視為那些愛他們的人的家庭生活的一部分。他們不為人所看到，卻守護著房子，看顧裡面的每個人。每夜他們都徘徊在神龕之燈的亮光中，據說那顫動的火燄是他們的動態。他們大部分都棲息在牌位中，看到、聽到家庭所發生的一切；他們喜歡四周的聲音和溫暖的氣息，據說，有時他們能夠賦予牌位生命，把它變成人的身體，如此回來幫助與舒慰生者。

雖然這種教義中的膜拜祖先和泛靈論成分並不吸引我，但佛家相信看不見的世界會持續下去，滋養看得見的世界——這種信念在現今模糊不清和不可知論的氛圍中，令人精神為之一振。

我讀了史溫登堡（Swendenborg）有關另一個世界的作品的無數細節後，也存著感激的心情鼓起勇氣。這些作品幫助我藉由想像而共享「老師」無限多樣、多彩、多世界的經驗。中國人在談到死亡時說，「要採擷生命之花」；而在史溫登堡那如畫的文字描述中，那花兒多麼華美地展現在我眼前啊！我想不到什麼東西可以甚至稍微提示那花兒的豐美——除了那象徵「完美」的標誌，即芳香的蓮花開放在早晨的陽光中，曲線優美的花瓣和葉子的閃亮表面，反映了天空的每種情境，並隨著日子的推移而不斷改變色彩。當我對著它沉思時，「老師」和我之間的幕簾就不再是吞食一切的「死亡的沉寂」或「沙漠」，而是由大自然的音樂所詮釋以及「由人性的韻律所標出」的一種沉寂。

在「老師」去世週年紀念的今天，對我而言很具悲劇性的一件事是，我與「老師」的那種閃亮、獨特、激勵人心的人格相處在一起太長的時間了，所以我對一般人無法感到滿足。我將會一直情不自禁地環顧四周，尋求那種火花，因為她是以這種火花迷住了最愚鈍的人，讓他們重新去欣賞美、正義或人類的權利。我的指頭將會呼求她那具有描述能力的寶貴觸碰、她那美妙的溫柔、她那為談話或非點字體的書做總結的活潑模樣。自從孩童時代以來我對她的信任，也是一種不容易被取代的支撐力量。只要一個人知道感情如何「在漸熱的世界熔爐中」枯萎，他就會了解到這種記憶所喚醒的熱情，以及在這種死別之後的孤獨……

無論如何，我確知「老師」在這次旅程中絕對跟我同在。波麗和我都注意到，力量流進我們心中，讓我們去完成我們從來沒有夢想到會有能力完成的任務。「老師」確實就是憑藉這樣一種強烈的欲求，朝這件至上的任務努力前進。她就是為了這件事而辛苦工作，盡最大力量善用我所具備的受限生命。

我在一本有關中國的書中讀到一則故事。一個人擁有一座巖石花園，園中有一個水池、一座涼亭和竹林。他的妻子是詩人，他希望妻子有一個安靜的地方可以冥思，於是他特別為她闢出這樣一個僻靜之處，用矮松樹樹籬將它跟花園其他地方隔開。這個地方才幾碼長，但他在平坦的土地加工，使得土地看起來似乎有很多里長。路徑沿著一處瀑布蜿蜒，穿過山中的樹葉，經過一處散發花香的幽谷，進入一座森林，從一座開著百合花的湖泊旁出現，尋著一條流水緩慢的河流伸延，穿過一片陽光普照的綠地田野，終結於一間鄉村小屋的門口。「老師」甚至也是這樣把知識、美、有用的機會聚集在我可以接觸到的小小範圍之中——看啊！我們在五十年之間所跟循的路徑已經壯偉地曲折橫越這世界，要伸延到日本！她已經走到這麼遠了，她會用一種只賜給那些已經堅毅地深愛和深信的人的內在力量，來強化我的努力。……我今天早晨在黎明的霧中站在甲板上，西望這一次「偉大的冒險」在等著我的那個國度，我認為我能夠感覺到她在我身邊。

內容簡介

「海倫凱勒日記」發表於一九三八年，是她最光采奪目的一部書，展示了三〇年代海倫・凱勒思想的敏銳和廣度。日記起始於一九三六年十一月海倫・凱勒坐船前往英國、再轉往蘇格蘭，終結於她前往日本訪問的途中，歷時約六個半月。在日記中，她對政治、社會各方面的問題都加以評論，筆鋒犀利，立場鮮明；除此之外，日記中不時穿插富有哲理及美感的詩，從中亦可窺見海倫・凱勒在文學藝術上的造詣。

這本書亦是對於重要歷史的再現，藉由海倫・凱勒的所思所想與行旅經歷，記錄了二戰前夕的世局氛圍。日記中也可讀到海倫・凱勒所會晤的名人，包括馬克吐溫、卡內基、卓別林、泰戈爾、愛因斯坦、蕭伯納……等，就某個意義而言，這部日記可說是世界歷史的重要文件。

海倫・凱勒曾說，如果老師安妮・蘇利文・梅西離世，她就會成為「真正」的聾盲人。然而，在這部日記開始之前的兩個月，教導她五十年的老師蘇利文與世長辭，日記中處處可見海倫・凱勒對老師的真誠懷念與孺慕之情。而在失去如同其眼睛、耳朵的老師之後，她對世界的觀察與理解，更有許多動人之處。

（本書譯自 *Helen Keller's Journal*, Cedric Chivers Ltd., 1938）

作者簡介

海倫．凱勒 Helen Keller

美國作家，社會運動家及講師，被認為是美國歷史上最偉大的女性之一。

幼年因病失明及失聰，在家庭教師安妮．蘇利文．梅西的指導下學會閱讀和說話。於一九〇四年取得哈佛大學拉雷克利夫學院（Radcliffe College）文學學士學位，成為有史以來第一個畢業於高等院校的盲聾人士。

海倫．凱勒一生致力於為殘疾人士造福，建立慈善機構。一九二四年組成海倫．凱勒基金會，並加入美國盲人基金會，擔任其全國和國際關係顧問。陸續訪問三十五個國家，爭取在世界各地興建盲人學校。被美國《時代週刊》評為美國十大英雄偶像，榮獲「總統自由勛章」等獎項。一九六八年逝世，享壽八十七歲。

譯者簡介

陳蒼多

知名翻譯家。一九四二年生，國立師範大學英語研究所碩士，曾任國立政治大學英語系教授。從五〇年代起，大量翻譯西洋文學著作，譯作數量極其可觀。

國家圖書館出版品預行編目 (CIP) 資料

海倫凱勒的戰前歲月：1936-1937日記 /
海倫凱勒(Helen Keller)著；陳蒼多譯.
-- 新北市：立緒文化，民108.04
面；　公分. --（世界公民叢書）
譯自：Helen Keller' s journal, 1936-1937
ISBN 978-986-360-131-9（平裝）

1. 凱勒(Keller, Helen, 1880-1968)　2.傳記

785.28　　108004693

海倫凱勒的戰前歲月：1936-1937日記
Helen Keller's Journal, 1936-1937

出版——立緒文化事業有限公司（於中華民國 84 年元月由郝碧蓮、鍾惠民創辦）
作者——海倫・凱勒 Helen Keller
譯者——陳蒼多

發行人——郝碧蓮
顧問——鍾惠民

地址——新北市新店區中央六街 62 號 1 樓
電話—— (02) 2219-2173
傳真—— (02) 2219-4998
E-mail Address —— service@ncp.com.tw
Facebook 粉絲專頁—— https://www.facebook.com/ncp231
劃撥帳號—— 1839142-0 號 立緒文化事業有限公司帳戶
行政院新聞局局版臺業字第 6426 號

總經銷——大和書報圖書股份有限公司
電話—— (02) 8990-2588
傳真—— (02) 2290-1658
地址——新北市新莊區五工五路 2 號
排版——菩薩蠻數位文化有限公司
印刷——祥新印刷股份有限公司

法律顧問——敦旭法律事務所吳展旭律師

ISBN —— 978-986-360-131-9
出版日期——中華民國108年4月（1～1,500）

定價◎ 350 元　立緒

大旗文化 閱讀卡

姓　名：

地　址：□□□

電　話：(　　)　　　　傳 眞：(　　)

E-mail:

您購買的書名：________________

購書書店：________市（縣）____________書店

■您習慣以何種方式購書？

□逛書店 □劃撥郵購 □電話訂購 □傳真訂購 □銷售人員推薦

□團體訂購 □網路訂購 □讀書會 □演講活動 □其他________

■您從何處得知本書消息？

□書店 □報章雜誌 □廣播節目 □電視節目 □銷售人員推薦

□師友介紹 □廣告信函 □書訊 □網路 □其他________

■您的基本資料：

性別：□男 □女　婚姻：□已婚 □未婚　年齡：民國______年次

職業：□製造業 □銷售業 □金融業 □資訊業 □學生

□大眾傳播 □自由業 □服務業 □軍警 □公 □教 □家管

□其他________________

教育程度：□高中以下 □專科 □大學 □研究所及以上

建議事項：

愛戀智慧 閱讀大師

廣告回信
北區郵政管理局登記證 北臺字8448號
免貼郵票

立緒文化事業有限公司　收

新北市 231

新店區中央六街62號一樓

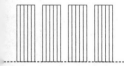

請沿虛線摺下裝訂，謝謝！

立緒文化 閱讀卡

感謝您購買立緒文化的書籍

為提供讀者更好的服務，現在填妥各項資訊，寄回閱讀卡（免貼郵票），或者歡迎上網http://www.facebook.com/ncp231即可收到最新書訊及不定期優惠訊息。

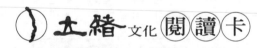